Autoridad Internacional de los Fondos Marinos

REGLAMENTOS Y RECOMENDACIONES CONSOLIDADOS SOBRE PROSPECCIÓN Y EXPLORACIÓN

Edición revisada

2015

Publicado en Jamaica por
La Autoridad Internacional de los Fondos Marinos

© Autoridad Internacional de los Fondos Marinos, 2015

Todos los derechos reservados. El contenido de la presente publicación no podrá ser reproducido, almacenado en un sistema de recuperación de textos o transmitido en cualquier forma o por cualquier modo, por medios electrónicos o mecánicos, fotocopias u otros medios, sin la previa autorización del titular del derecho de autor. La solicitud del permiso correspondiente, junto con una declaración del objeto y la extensión de la reproducción, se debe cursar a la Autoridad Internacional de los Fondos Marinos, 14-20 Port Royal Street, Kingston, Jamaica.

ÍNDICE

INTRODUCCIÓN

I. REGLAMENTOS

1.	ISBA/19/A/9	Decisión de la Asamblea de la Autoridad Internacional de los Fondos Marinos relativa a las enmiendas al Reglamento sobre Prospección y Exploración de Nódulos Polimetálicos en la Zona
2.	ISBA/19/C/17	Decisión del Consejo de la Autoridad Internacional de los Fondos Marinos sobre el Reglamento sobre Prospección y Exploración de Nódulos Polimetálicos en la Zona y cuestiones conexas
3.	ISBA/16/A/12 /Rev.1	Decisión de la Asamblea de la Autoridad Internacional de los Fondos Marinos en relación con el Reglamento sobre Prospección y Exploración de Sulfuros Polimetálicos en la Zona
4.	ISBA/18/A/11	Decisión de la Asamblea de la Autoridad Internacional de los Fondos Marinos sobre el Reglamento sobre Prospección y Exploración de Costras de Ferromanganeso con alto Contenido de Cobalto en la Zona

II. RECOMENDACIONES Y PROCEDIMIENTOS

5.	ISBA/19/LTC/8	Recomendaciones para información de los contratistas con respecto a la evaluación de los posibles efectos ambientales de la exploración de minerales marinos en la Zona
6.	ISBA/19/LTC/14	Recomendaciones para la orientación de contratistas y Estados patrocinadores relativas a los programas de capacitación de conformidad con los planes de trabajo para la exploración
7.	ISBA/21/LTC/11	Recomendaciones relativas a las orientaciones de los contratistas para la presentación de informes sobre los gastos de exploración efectivos y directos
8.	ISBA/21/LTC/15	Recomendaciones para orientar a los contratistas respecto al contenido, el formato y la estructura de sus informes anuales
9.	ISBA/21/C/19*	Decisión del Consejo de la Autoridad Internacional de los Fondos Marinos relativa al procedimiento y los criterios para la prórroga de un plan de trabajo aprobado para la exploración de conformidad con lo dispuesto en la sección 1, párrafo 9, del anexo del Acuerdo relativo a la Aplicación de la Parte XI de la Convención de las Naciones Unidas sobre el Derecho del Mar de 10 de diciembre de 1982

INTRODUCCIÓN

En esta edición revisada del volumen *Reglamentos y Recomendaciones Consolidados sobre Prospección y Exploración* se recogen los reglamentos aprobados hasta la fecha por la Asamblea de la Autoridad Internacional de los Fondos Marinos y las recomendaciones sobre cuestiones técnicas y administrativas formuladas para la aplicación de las normas, los reglamentos y los procedimientos de la Autoridad.

En la primera parte se incluyen tres conjuntos de reglamentos que se refieren únicamente a la prospección y exploración de los recursos minerales marinos en la Zona. Desde la publicación de la primera edición, la Autoridad ha hecho nuevas modificaciones a esos reglamentos. Esas modificaciones se insertan en los lugares correspondientes de los textos para proporcionar una versión consolidada oficiosa de estos; además, se destacan con una fuente diferente, se escriben en negrita y van seguidas de llamadas a notas de pie de página como referencia. Los reglamentos modificados son:

- Reglamento sobre Prospección y Exploración de Nódulos Polimetálicos en la Zona (aprobado el 13 de julio de 2000 y modificado el 25 de julio de 2013 y el 24 de julio de 2014)[1];
- Reglamento sobre Prospección y Exploración de Sulfuros Polimetálicos en la Zona (aprobado el 7 de mayo de 2010 y modificado el 25 de julio de 2013 y el 24 de julio de 2014)[2]; y
- Reglamento sobre Prospección y Exploración de Costras de Ferromanganeso con Alto Contenido de Cobalto en la Zona (aprobado el 27 de julio de 2012 y modificado el 25 de julio de 2013)[3].

Estos reglamentos son parte del régimen normativo general de la Zona, que se establece principalmente en la Parte XI y los Anexos III y IV de la Convención de las Naciones Unidas sobre el Derecho del Mar de 1982[4] y el Acuerdo relativo a la aplicación de la Parte XI de 1994[5].

En la segunda parte se incluyen las siguientes recomendaciones que la Comisión Jurídica y Técnica de la Autoridad ha formulado para orientar a los contratistas y ayudarlos en la aplicación de las normas, los reglamentos y los procedimientos de la Autoridad:

- Recomendaciones para información de los contratistas con respecto a la evaluación de los posibles efectos ambientales de la exploración de minerales marinos en la Zona[6];

---

[1] ISBA/6/A/18; ISBA/19/A/9 e ISBA/19/A/12, ISBA/20/A/9.
[2] ISBA/16/A/12/Rev.1 e ISBA/19/A/12, ISBA/20/A/10.
[3] ISBA/18/A/11 e ISBA/19/A/12.
[4] A/CONF.62/122 y Corr. 1 a 11. *The Law of the Sea: Compendium of Basic Documents* (Autoridad Internacional de los Fondos Marinos/The Caribbean Law Publishing Company, 2001), pág. 1.
[5] A/RES/48/263, anexo. Incluido también en *The Law of the Sea: Compendium of Basic Documents* (Autoridad Internacional de los Fondos Marinos/The Caribbean Law Publishing Company, 2001), pág. 206.
[6] ISBA/19/LTC/8.

- Recomendaciones para la orientación de contratistas y Estados patrocinadores relativas a los programas de capacitación de conformidad con los planes de trabajo para la exploración[7];
- Recomendaciones relativas a las orientaciones de los contratistas para la presentación de informes sobre los gastos de exploración efectivos y directos[8]; y
- Recomendaciones para orientar a los contratistas respecto al contenido, el formato y la estructura de sus informes anuales[9].

También se incluye el siguiente documento:

- Decisión del Consejo de la Autoridad Internacional de los Fondos Marinos relativa al procedimiento y los criterios para la prórroga de un plan de trabajo aprobado para la exploración[10].

---

[7] ISBA/19/LTC/14.
[8] ISBA/21/LTC/11.
[9] ISBA/21/LTC/15.
[10] ISBA/21/C/19*.

I. REGLAMENTOS

Autoridad Internacional de los Fondos Marinos

ISBA/19/A/9

Asamblea

Distr. general
25 de julio de 2013
Español
Original: inglés

19º período de sesiones
Kingston (Jamaica)
15 a 26 de julio de 2013

Decisión de la Asamblea de la Autoridad Internacional de los Fondos Marinos relativa a las enmiendas al Reglamento sobre Prospección y Exploración de Nódulos Polimetálicos en la Zona

La Asamblea de la Autoridad Internacional de los Fondos Marinos,

Habiendo examinado las enmiendas al Reglamento sobre Prospección y Exploración de Nódulos Polimetálicos en la Zona, aprobado de manera provisional por el Consejo en su 190ª sesión, celebrada el 22 de julio de 2013,

Aprueba las enmiendas al Reglamento sobre Prospección y Exploración de Nódulos Polimetálicos en la Zona, que figura en el anexo de la decisión del Consejo[1].

142ª sesión
25 de julio de 2013

---

[1] ISBA/19/C/17, anexo.

Autoridad Internacional de los Fondos Marinos

ISBA/19/C/17

Consejo

Distr. general
22 de julio de 2013
Español
Original: inglés

19º período de sesiones
Kingston (Jamaica)
15 a 26 de julio de 2013

Decisión del Consejo de la Autoridad Internacional de los Fondos Marinos sobre el Reglamento sobre Prospección y Exploración de Nódulos Polimetálicos en la Zona y cuestiones conexas

El Consejo de la Autoridad Internacional de los Fondos Marinos,

1. *Aprueba* las enmiendas al Reglamento sobre Prospección y Exploración de Nódulos Polimetálicos en la Zona que figuran en el anexo del presente documento;

2. *Decide* aplicar de manera provisional el Reglamento enmendado a partir de la fecha de su aprobación por el Consejo, a la espera de su aprobación por la Asamblea de la Autoridad Internacional de los Fondos Marinos;

3. *Solicita* al Secretario General que, en el caso de una solicitud de aprobación de un plan de trabajo para nódulos polimetálicos que se hubiera presentado antes de la entrada en vigor de las enmiendas al Reglamento, consulte con el solicitante antes de la firma del contrato de exploración, con el fin de incorporar las revisiones necesarias a las condiciones estándar del contrato;

4. *Solicita* a la Comisión Jurídica y Técnica de la Autoridad que formule una recomendación para que el Consejo la examine en su 20º período de sesiones con miras a ajustar el artículo 21 del Reglamento sobre Prospección y Exploración de Sulfuros Polimetálicos en la Zona[1] al artículo 21 del Reglamento sobre Prospección y Exploración de Costras de Ferromanganeso con Alto Contenido de Cobalto en la Zona[2];

5. *Decide* que, hasta tanto se reciba la recomendación de la Comisión Jurídica y Técnica mencionada en el párrafo 4, no se aplique el artículo 21 1) b) del Reglamento sobre Prospección y Exploración de Sulfuros Polimetálicos en la Zona;

---

[1] ISBA/16/A/12/Rev.1.
[2] ISBA/18/A/11.

6. *Solicita además* a la Comisión Jurídica y Técnica que examine las disposiciones del Reglamento sobre Prospección y Exploración de Nódulos Polimetálicos en la Zona, Reglamento sobre Prospección y Exploración de Sulfuros Polimetálicos en la Zona y el Reglamento sobre Prospección y Exploración de Costras de Ferromanganeso con Alto Contenido de Cobalto en la Zona relativas a la monopolización de las actividades en la Zona y la opción de ofrecer una participación en una empresa conjunta con miras a intentar armonizar los tres conjuntos de normas a este respecto y que formule una recomendación sobre este tema para su examen por el Consejo en su 20º período de sesiones.

190ª sesión
22 de julio de 2013

Anexo

Reglamento sobre Prospección y Exploración de Nódulos Polimetálicos en la Zona

Preámbulo

De conformidad con la Convención de las Naciones Unidas sobre el Derecho del Mar de 10 de diciembre de 1982 ("la Convención"), los fondos marinos y oceánicos y su subsuelo fuera de los límites de la jurisdicción nacional, así como sus recursos, son patrimonio común de la humanidad, cuya exploración y explotación se realizarán en beneficio de toda la humanidad, en cuyo nombre actúa la Autoridad Internacional de los Fondos Marinos. Este Reglamento obedece al propósito de regir la prospección y la exploración de los nódulos polimetálicos.

Parte I
Introducción

Artículo 1
Términos empleados y alcance

1. Los términos utilizados en la Convención tendrán igual acepción en el presente Reglamento.

2. De conformidad con el Acuerdo relativo a la aplicación de la Parte XI de la Convención de las Naciones Unidas sobre el Derecho del Mar, de 10 de diciembre de 1982 (en adelante denominado "el Acuerdo"), las disposiciones del Acuerdo y la Parte XI de la Convención se interpretarán y aplicarán en forma conjunta como un solo instrumento. El presente Reglamento y las referencias que en él se hagan a la Convención deberán interpretarse y aplicarse de la misma manera.

3. A los efectos del presente Reglamento:

   a) Por "explotación" se entiende la recuperación con fines comerciales de nódulos polimetálicos y la extracción de minerales en la Zona, incluidas la construcción y utilización de sistemas de extracción minera, tratamiento y transporte para la producción y comercialización de metales;

   b) Por "exploración" se entiende la búsqueda de yacimientos de nódulos polimetálicos en la Zona en virtud de derechos exclusivos, el análisis de esos yacimientos, la utilización el ensayo de sistemas y equipo de recuperación, instalaciones de tratamiento y sistemas de transporte y la realización de estudios de los factores ambientales, técnicos, económicos y comerciales y otros factores apropiados que haya que tener en cuenta en la explotación;

   c) El "medio marino" incluye los componentes, las condiciones y los factores físicos, químicos, geológicos y biológicos cuya interacción determina la productividad, el estado, la condición y la calidad del ecosistema marino, las aguas de los mares y océanos y el espacio aéreo sobre esas aguas, así como los fondos marinos y oceánicos y su subsuelo;

   d) Por "nódulos polimetálicos" se entiende uno de los recursos de la Zona constituido por cualquier yacimiento o acumulación, en la superficie de los fondos marinos profundos o inmediatamente debajo de ella, de nódulos que contengan manganeso, níquel, cobalto y cobre;

e) Por "prospección" se entiende la búsqueda de yacimientos de nódulos polimetálicos en la Zona, incluida la estimación de la composición, el tamaño y la distribución de esos yacimientos y su valor económico, sin ningún derecho exclusivo;

f) Por "daños graves al medio marino" se entienden los efectos causados por las actividades realizadas en la Zona en el medio marino que constituyan un cambio adverso importante del medio marino determinado con arreglo a las normas, los reglamentos y los procedimientos aprobados por la Autoridad sobre la base de normas y prácticas internacionalmente reconocidas.

4. El presente Reglamento no afectará de manera alguna a la libertad para realizar investigaciones científicas, de conformidad con el artículo 87 de la Convención, ni al derecho a realizar investigaciones científicas marinas en la Zona, de conformidad con los artículos 143 y 256 de la Convención. No se interpretará parte alguna del presente Reglamento como una restricción al ejercicio por los Estados de la libertad de la alta mar con arreglo al artículo 87 de la Convención.

5. El presente Reglamento podrá complementarse con otros reglamentos y disposiciones adicionales, en particular acerca de la protección y conservación del medio ambiente marino. Este Reglamento estará sujeto a las disposiciones de la Convención y el Acuerdo y demás normas del derecho internacional que no sean incompatibles con la Convención.

Parte II
Prospección

Artículo 2
Prospección

1. La prospección se realizará de conformidad con la Convención y con el presente Reglamento y únicamente podrá comenzar una vez que el Secretario General haya informado al prospector de que su notificación ha sido registrada de conformidad con el artículo 4 2).

2. Los prospectores y la Autoridad aplicarán el criterio de precaución enunciado en el principio 15 de la Declaración de Río sobre el Medio Ambiente y el Desarrollo[3]. La prospección no se iniciará cuando haya pruebas fehacientes de que existe riesgo de daños graves al medio marino.

3. La prospección no podrá realizarse en un área comprendida en un plan de trabajo aprobado para la exploración de nódulos polimetálicos o en un área reservada; tampoco podrá realizarse en un área en la cual el Consejo haya excluido la explotación por el riesgo de daños graves al medio marino.

4. La prospección no conferirá al prospector derecho alguno sobre los recursos. No obstante, el prospector podrá extraer una cantidad razonable de minerales, la necesaria para las pruebas de ensayo, pero no con fines comerciales.

---

[3] *Informe de la Conferencia de las Naciones Unidas sobre el Medio Ambiente y el Desarrollo, Río de Janeiro, 3 a 14 de junio de 1992* (publicación de las Naciones Unidas, núm. de venta: S.93.I.8 y corrección), vol. I, *Resoluciones aprobadas por la Conferencia*, resolución 1, anexo I.

5. La prospección no estará sujeta a plazo, pero la prospección en un área determinada cesará cuando el prospector reciba notificación por escrito del Secretario General de que se ha aprobado un plan de trabajo para la exploración respecto de esa área.

6. La prospección podrá ser realizada simultáneamente por más de un prospector en la misma área o las mismas áreas.

Artículo 3
Notificación de la prospección

1. La persona o entidad que se proponga proceder a una prospección lo notificará a la Autoridad.

2. Las notificaciones de prospección se harán en la forma prescrita en el anexo I del presente Reglamento, serán dirigidas al Secretario General y se ajustarán a los requisitos enunciados en el presente Reglamento.

3. Las notificaciones serán presentadas:

   a) En el caso de los Estados, por la autoridad que designen a tal fin;

   b) En el caso de una entidad, por sus representantes designados;

   c) En el caso de la Empresa, por su autoridad competente.

4. Las notificaciones se harán en uno de los idiomas de la Autoridad y contendrán:

   a) El nombre, la nacionalidad y la dirección del interesado en la prospección y su representante designado;

   b) Las coordenadas del área o las áreas generales dentro de las cuales se realizará la prospección, de conformidad con la norma internacional más reciente e internacionalmente aceptada que aplique la Autoridad;

   c) Una descripción general del programa de prospección en que consten la fecha de comienzo de las actividades y su duración aproximada;

   d) Un compromiso escrito, contraído en forma satisfactoria, de que el interesado en la prospección:

   i) Cumplirá la Convención y las normas, reglamentos y procedimientos de la Autoridad relativos a:

   a. La cooperación en los programas de capacitación relacionados con la investigación científica marina y la transferencia de tecnología a que se hace referencia en los artículos 143 y 144 de la Convención; y

   b. La protección y preservación del medio marino;

   ii) Aceptará que la Autoridad verifique el cumplimiento de lo que antecede; y

   iii) Facilitará a la Autoridad, en la medida de lo posible, los datos que sean pertinentes para la protección y preservación del medio marino.

Artículo 4
Examen de las notificaciones

1. El Secretario General acusará recibo por escrito de las notificaciones presentadas de conformidad con el artículo 3, especificando la fecha en que las recibió.

2. El Secretario General examinará la notificación y tomará una decisión dentro de los 45 días siguientes a la fecha en que la haya recibido. Si la notificación cumple los requisitos previstos en la Convención y en el presente Reglamento, el Secretario General inscribirá los pormenores de la notificación en el registro que llevará a esos efectos e informará de ello al prospector por escrito.

3. El Secretario General, dentro de los 45 días siguientes a la fecha en que reciba la notificación, comunicará por escrito al interesado en la prospección si la notificación incluye una parte de un área comprendida en un plan de trabajo aprobado para la exploración o explotación de cualquier tipo de recursos, una parte de un área reservada o una parte de un área en la cual el Consejo haya excluido la explotación por entrañar riesgos de daños graves al medio marino o porque el compromiso escrito no era satisfactorio y remitirá al interesado en la prospección un informe escrito motivado. En tales casos, el interesado en la prospección podrá presentar una notificación enmendada en un plazo de 90 días. El Secretario General dispondrá de 45 días para examinar la notificación enmendada y tomar una decisión.

4. El prospector deberá informar por escrito al Secretario General de cualquier cambio en la información contenida en la notificación.

5. El Secretario General no revelará los pormenores que figuren en la notificación, salvo con el consentimiento escrito del prospector. Sin embargo, el Secretario General comunicará periódicamente a todos los miembros de la Autoridad la identidad del prospector y las áreas en que se estén realizando actividades de prospección sin especificarlas.

Artículo 5
Protección y preservación del medio marino durante la prospección

1. Cada prospector tomará las medidas necesarias para prevenir, reducir y controlar, en la medida de lo razonablemente posible, la contaminación y otros riesgos para el medio marino derivados de la prospección, aplicando un criterio de precaución y las mejores prácticas ambientales. En particular, los prospectores reducirán al mínimo o eliminarán:

    a) Los efectos ambientales adversos de la prospección; y

    b) Los conflictos o las interferencias reales o posibles con las actividades de investigación científica marina existentes o previstas, conforme a las futuras directrices que se establezcan al respecto.

2. Los prospectores cooperarán con la Autoridad para preparar y aplicar programas de vigilancia y evaluación de los posibles efectos sobre el medio marino de la exploración y la explotación de nódulos polimetálicos.

3. El prospector notificará inmediatamente por escrito al Secretario General, utilizando el medio más eficaz, todo incidente dimanado de la prospección que haya causado, esté causando o amenace con causar daños graves al medio marino. Al

recibir la notificación, el Secretario General actuará de conformidad con el artículo 33 del presente Reglamento.

Artículo 6
Informe anual

1. El prospector presentará a la Autoridad, dentro de los 90 días siguientes al final de cada año civil, un informe sobre el estado de la prospección y el Secretario General lo presentará a la Comisión Jurídica y Técnica. El informe contendrá:

   a) Una descripción general del estado de la prospección y de los resultados obtenidos;

   b) Indicaciones sobre el cumplimiento del compromiso estipulado en el artículo 3 4) d); y

   c) Información sobre el cumplimiento de las directrices que se establezcan al respecto.

2. El prospector, si se propone resarcirse de los gastos de la prospección como parte de los gastos de inversión que haya efectuado con anterioridad a la producción comercial, deberá presentar un estado financiero anual conforme a los principios contables internacionalmente aceptados y certificado por una empresa de contadores públicos debidamente acreditada sobre los gastos reales y directos que haya realizado con ocasión de la prospección.

Artículo 7
Confidencialidad de los datos y la información contenidos en el informe anual

1. El Secretario General protegerá el carácter confidencial de todos los datos y la información que consten en los informes que se presenten en cumplimiento del artículo 6, aplicando, *mutatis mutandis*, las disposiciones de los artículos 36 y 37 del presente Reglamento, con la salvedad de que no se considerarán confidenciales los datos y la información que se refieran a la protección y preservación del medio marino, en particular los procedentes de programas de vigilancia ambiental. El prospector podrá solicitar que los datos no se divulguen durante un período de hasta tres años contado a partir de la fecha de su presentación.

2. El Secretario General podrá en cualquier momento, con el consentimiento del prospector de que se trate, revelar datos e información relativos a la prospección en un área con respecto a la cual se haya presentado la notificación correspondiente. El Secretario General podrá revelar dichos datos e información si, tras hacer gestiones razonables durante dos años por lo menos, determinase que el prospector ha dejado de existir o que se desconoce su paradero.

Artículo 8
Objetos de interés arqueológico o histórico

El prospector notificará inmediatamente por escrito al Secretario General el hallazgo de cualquier objeto de interés arqueológico o histórico real o potencial y su emplazamiento. El Secretario General transmitirá a su vez esa información al Director General de la Organización de las Naciones Unidas para la Educación, la Ciencia y la Cultura.

Parte III
Solicitudes de aprobación de planes de trabajo para la exploración en forma de contratos

Sección 1
Disposiciones generales

Artículo 9
Disposición común

Con sujeción a las disposiciones de la Convención, podrán solicitar de la Autoridad la aprobación de un plan de trabajo para la exploración:

a) La Empresa, actuando en nombre propio o en virtud de un arreglo conjunto;

b) Los Estados partes, las empresas estatales o las personas naturales o jurídicas que posean la nacionalidad de Estados partes o sean efectivamente controlados por ellos o por sus nacionales, cuando las patrocinen dichos Estados, o cualquier agrupación de los anteriores que reúna los requisitos previstos en el presente Reglamento.

Sección 2
Contenido de la solicitud

Artículo 10
Forma de la solicitud

1. Las solicitudes de aprobación de un plan de trabajo para la exploración se presentarán en la forma indicada en el anexo II del presente Reglamento, se dirigirán al Secretario General y se ajustarán a los requisitos del presente Reglamento.

2. Las solicitudes serán presentadas:

a) En el caso de los Estados, por la autoridad que designen a tal fin;

b) En el caso de una entidad, por sus representantes designados o por la autoridad designada a tal fin por el Estado o los Estados patrocinadores; y

c) En el caso de la Empresa, por su autoridad competente.

3. En las solicitudes presentadas por una empresa estatal o una de las entidades a que se refiere el artículo 9 b) figurará además:

a) Información suficiente para determinar la nacionalidad del solicitante o la identidad del Estado o los Estados, o la de sus nacionales, que lo controlen efectivamente; y

b) El establecimiento o domicilio principal del solicitante y, si procede, el lugar en donde está inscrito.

4. Las solicitudes presentadas por una asociación o un consorcio de entidades incluirán la información requerida en relación con cada uno de los componentes.

Artículo 11
Certificado de patrocinio

1. La solicitud presentada por una empresa estatal o una de las entidades a que se refiere el artículo 9 b) irá acompañada de un certificado de patrocinio expedido por el Estado del cual sea nacional o a cuyo control o el de sus nacionales esté efectivamente sujeta. Si el solicitante tuviera más de una nacionalidad, como en el caso de las asociaciones o consorcios de entidades de más de un Estado, cada uno de ellos expedirá un certificado de patrocinio.

2. Si el solicitante tuviera la nacionalidad de un Estado pero estuviera sujeto al control efectivo de otro Estado o sus nacionales, cada uno de ellos expedirá un certificado de patrocinio.

3. Los certificados de patrocinio serán debidamente firmados en nombre del Estado que los presente y consignarán:

   a) El nombre del solicitante;

   b) El nombre del Estado patrocinador;

   c) Una declaración de que el solicitante:

   i) Es nacional del Estado patrocinador; o

   ii) Está sujeto al control efectivo del Estado patrocinador o sus nacionales;

   d) Una declaración de que el Estado patrocina al solicitante;

   e) La fecha en que el Estado patrocinador depositó el instrumento de ratificación, adhesión o sucesión con respecto a la Convención;

   f) Una declaración de que el Estado patrocinador asume la responsabilidad a que se hace referencia en el artículo 139 y en el artículo 153 4) de la Convención, y en el artículo 4 4) del anexo III de esta.

4. Los Estados o las entidades que hayan concertado un arreglo conjunto con la Empresa tendrán que cumplir también lo dispuesto en el presente artículo.

Artículo 12
Capacidad financiera y técnica

1. La solicitud de aprobación de un plan de trabajo para la exploración contendrá información concreta y suficiente que permita al Consejo comprobar si el solicitante tiene la capacidad financiera y técnica para realizar el plan de trabajo para la exploración propuesto y para cumplir sus obligaciones financieras con la Autoridad.

2. Se considerará que la solicitud de aprobación de un plan de trabajo para la exploración presentada en nombre de un Estado o una entidad, o un componente de una entidad, de los mencionados en el párrafo 1 a) ii) o iii) de la resolución II, que no sea un primer inversionista inscrito y que ya hubiere realizado actividades sustanciales en la Zona antes de la entrada en vigor de la Convención, o su causahabiente, ha cumplido los requisitos financieros y técnicos necesarios para la aprobación del plan de trabajo para la exploración si el Estado o los Estados patrocinadores certifican que el solicitante ha gastado por lo menos una suma equivalente a 30 millones de dólares de los Estados Unidos en actividades de

investigación y exploración y ha destinado no menos del 10% de esa suma a la localización, el estudio y la evaluación del área mencionada en el plan de trabajo para la exploración.

3. La solicitud de aprobación de un plan de trabajo para la exploración presentada por la Empresa incluirá una declaración de su autoridad competente en que se certifique que la Empresa cuenta con los recursos financieros necesarios para sufragar los gastos estimados del plan de trabajo para la exploración propuesto.

4. La solicitud de aprobación de un plan de trabajo para la exploración presentada por un Estado o una empresa estatal que no sean primeros inversionistas inscritos ni una entidad de las mencionadas en el párrafo 1 a) ii) o iii) de la resolución II incluirá una declaración del Estado o del Estado patrocinador que certifique que el solicitante tiene los recursos financieros necesarios para sufragar los gastos estimados del plan de trabajo para la exploración propuesto.

5. La solicitud de aprobación de un plan de trabajo para la exploración presentada por una entidad que no sea primer inversionista inscrito ni una de las mencionadas en el párrafo 1 a) ii) o iii) de la resolución II incluirá copias de sus estados financieros comprobados, junto con los balances y los estados de pérdidas y ganancias correspondientes a los tres últimos años, ajustados a los principios contables internacionalmente aceptados y certificados por una empresa de contadores públicos debidamente acreditada.

6. Si el solicitante fuera una entidad recientemente organizada y no tuviera balances certificados, la solicitud incluirá un balance *pro forma* certificado por un funcionario competente del solicitante.

7. Si el solicitante fuera una filial de otra entidad, la solicitud incluirá copias de los estados financieros de esa entidad y una declaración de esa entidad ajustada a los principios contables aceptados internacionalmente y certificada por una empresa de contadores públicos debidamente acreditada de que el solicitante contará con los recursos financieros para ejecutar el plan de trabajo para la exploración.

8. Si el solicitante estuviese bajo el control de un Estado o una empresa estatal, la solicitud incluirá la certificación del Estado o la empresa estatal de que el solicitante contará con los recursos financieros para ejecutar el plan de trabajo para la exploración.

9. Si uno de los solicitantes que buscan la aprobación de un plan de trabajo para la exploración tuviese la intención de financiar el plan de trabajo para la exploración propuesto mediante empréstitos, su solicitud deberá hacer mención del importe de los empréstitos, el período de amortización y el tipo de interés.

10. Sin perjuicio de lo dispuesto en el párrafo 2, todas las solicitudes incluirán:

a) Una descripción general de la experiencia, los conocimientos, la pericia, la competencia técnica y la especialización del solicitante pertinentes al plan de trabajo para la exploración propuesto;

b) Una descripción general del equipo y los métodos que se prevé utilizar en la realización del plan de trabajo para la exploración propuesto y otra información pertinente, que no sea objeto de derechos de propiedad intelectual, acerca de las características de esa tecnología; y

c) Una descripción general de la capacidad financiera y técnica del solicitante para actuar en caso de incidente o actividad que causen daños graves al medio marino.

11. Si el solicitante fuera una asociación o un consorcio de entidades que hubieren concertado un arreglo conjunto, cada una de ellas proporcionará la información prevista en el presente Reglamento.

Artículo 13
Contratos anteriores con la Autoridad

Si se hubiera adjudicado anteriormente un contrato con la Autoridad al solicitante o, en caso de que la solicitud hubiese sido presentada por una asociación o un consorcio de entidades que hubieran concertado un arreglo conjunto, a cualquiera de esas entidades, la solicitud incluirá:

a) La fecha del contrato o los contratos anteriores;

b) La fecha, el número de referencia y el título de cada informe presentado a la Autoridad en relación con el contrato o los contratos; y

c) La fecha de terminación del contrato o los contratos, si procediere.

Artículo 14
Obligaciones

Como parte de su solicitud de aprobación de un plan de trabajo para la exploración, los solicitantes, incluida la Empresa, se comprometerán por escrito con la Autoridad a:

a) Aceptar y cumplir las obligaciones aplicables que dimanen de las disposiciones de la Convención y las normas, los reglamentos y los procedimientos de la Autoridad, las decisiones de los órganos de la Autoridad y las cláusulas de los contratos celebrados con ella;

b) Aceptar el control de la Autoridad sobre las actividades en la Zona en la forma autorizada por la Convención; y

c) Dar por escrito a la Autoridad seguridades de que cumplirán de buena fe las obligaciones estipuladas en el contrato.

Artículo 15
Superficie total a que se refiere la solicitud

La solicitud de aprobación de un plan de trabajo para la exploración definirá, de conformidad con las normas internacionales generalmente aceptadas más recientes que utilice la Autoridad, los límites del área solicitada mediante una lista de coordenadas geográficas. Las solicitudes distintas de las presentadas en virtud del artículo 17 abarcarán una superficie total, no necesariamente continua, lo bastante extensa y de suficiente valor comercial estimado para permitir dos explotaciones mineras. El solicitante indicará las coordenadas que dividan el área en dos partes de igual valor comercial estimado. El área que haya de destinarse al solicitante estará sujeta a lo dispuesto en el artículo 25.

Artículo 16
Datos e información que deberán presentarse antes de la designación de un área reservada

1. Las solicitudes contendrán datos e información suficientes, con arreglo a lo dispuesto en la sección II del anexo II del presente Reglamento, respecto del área solicitada para que el Consejo pueda, por recomendación de la Comisión Jurídica y Técnica, designar un área reservada sobre la base del valor comercial estimado de cada una de las partes. Esos datos e información consistirán en los datos de que disponga el solicitante respecto de las dos partes del área solicitada, incluidos los datos empleados para determinar su valor comercial.

2. El Consejo, sobre la base de los datos y la información presentados por el solicitante, con arreglo a la sección II del anexo II del presente Reglamento, si los estima satisfactorios, y teniendo en cuenta la recomendación de la Comisión Jurídica y Técnica, designará la parte del área solicitada que será área reservada. El área así designada pasará a ser área reservada tan pronto como se apruebe el plan de trabajo para la exploración correspondiente al área no reservada y se firme el contrato. Si el Consejo determina que, de conformidad con el Reglamento y el anexo II, se necesita información adicional para designar el área reservada, devolverá la cuestión a la Comisión para su ulterior examen con especificación de la información adicional necesaria.

3. Una vez aprobado el plan de trabajo para la exploración y expedido un contrato, la información y los datos transmitidos a la Autoridad por el solicitante respecto del área reservada podrán ser dados a conocer por la Autoridad de conformidad con el artículo 14 3) del anexo III de la Convención.

Artículo 17
Solicitudes de aprobación de planes de trabajo en relación con un área reservada

1. Cualquier Estado en desarrollo o persona natural o jurídica patrocinada por él y que esté bajo su control efectivo o bajo el de otro Estado en desarrollo, o cualquier agrupación de los anteriores, podrá notificar a la Autoridad su intención de presentar un plan de trabajo para la exploración respecto de un área reservada. El Secretario General transmitirá la notificación a la Empresa, la cual informará al Secretario General por escrito dentro de un plazo de seis meses si tiene o no intención de realizar actividades en esa área reservada. Si la Empresa tiene el propósito de realizar actividades en el área reservada, en cumplimiento de lo dispuesto en el párrafo 4, también informará por escrito al contratista en cuya solicitud de aprobación de un plan de trabajo para la exploración se incluía esa área.

2. Se podrán presentar solicitudes de aprobación de un plan de trabajo para la exploración respecto de un área reservada en cualquier momento después de que ésta quede disponible tras la decisión de la Empresa de no realizar actividades en ella o cuando, en un plazo de seis meses contados desde la notificación por el Secretario General, la Empresa no haya adoptado la decisión de realizar actividades en esa área o no haya notificado por escrito al Secretario General que está celebrando negociaciones relativas a una posible empresa conjunta. En este último caso, la Empresa tendrá un año a partir de la fecha de esa notificación para decidir si realizará actividades en el área mencionada.

3. Si la Empresa, un Estado en desarrollo o una de las entidades a que se refiere el párrafo 1 no presentase una solicitud de aprobación de un plan de trabajo para la exploración para realizar actividades en un área reservada en el plazo de 15 años contados desde que la Empresa hubiera empezado a funcionar con independencia de la Secretaría de la Autoridad, o en el plazo de 15 años contados desde la fecha en que esa área se hubiera reservado para la Autoridad, si esta fecha fuere posterior, el contratista en cuya solicitud de aprobación de un plan de trabajo para la exploración se incluía esa área tendrá derecho a solicitar la aprobación de un plan de trabajo para la exploración respecto de ella siempre que ofrezca de buena fe incluir a la Empresa como socia en una empresa conjunta.

4. Un contratista tendrá derecho de opción preferente para concertar un arreglo de empresa conjunta con la Empresa para la exploración del área incluida en su solicitud de aprobación de un plan de trabajo para la exploración que el Consejo haya designado área reservada.

Artículo 18
Datos e información que deben presentarse para la aprobación del plan de trabajo para la exploración

Cada solicitante deberá presentar, a fin de que se apruebe el plan de trabajo para exploración en forma de un contrato, la información siguiente:

a) Una descripción general del programa de exploración propuesto y el período dentro del cual se propone terminarlo, con inclusión de los detalles del programa de actividades para el período inmediato de cinco años, como los estudios que se han de realizar respecto de los factores ambientales, técnicos, económicos y otros factores apropiados que haya que tener en cuenta en la exploración;

b) Una descripción del programa de estudios oceanográficos y ambientales de referencia de conformidad con el presente Reglamento y los procedimientos y las directrices ambientales publicados por la Autoridad que permita hacer una evaluación de los posibles efectos sobre el medio ambiente, incluidos entre otros, los efectos sobre la biodiversidad de las actividades de exploración propuestas, teniendo en cuenta las recomendaciones de la Comisión Jurídica y Técnica;

c) Una evaluación preliminar de los posibles efectos sobre el medio ambiente de las actividades de exploración propuestas;

d) Una descripción de las medidas propuestas para prevenir, reducir y controlar la contaminación y otros riesgos para el medio marino, así como los posibles efectos sobre él;

e) Los datos necesarios para que el Consejo pueda adoptar la decisión que le incumbe con arreglo al artículo 12 1); y

f) Un plan de los gastos anuales previstos en relación con el programa de actividades para el período inmediato de cinco años.

Sección 3
Derechos de tramitación

Artículo 19
Pago de derechos

1. Los derechos de tramitación de una solicitud de aprobación de un plan de trabajo para la exploración de nódulos polimetálicos consistirán en una cantidad fija de 500.000 dólares de los Estados Unidos o su equivalente en moneda de libre convertibilidad, que se pagará íntegramente al momento de presentar la solicitud.

2. Si los gastos administrativos hechos por la Autoridad al tramitar una solicitud son menores a la suma fija que se indica en el párrafo 1, la Autoridad devolverá al solicitante la diferencia. Si los gastos administrativos hechos por la Autoridad al tramitar la solicitud son mayores a la suma fija que se indica en el párrafo 1, el solicitante abonará la diferencia a la Autoridad, siempre que la suma adicional que deba pagar el solicitante no sea superior al 10% de la suma fija indicada en el párrafo 1.

3. Teniendo en cuenta cualquier criterio establecido por el Comité de Finanzas con este propósito, el Secretario General determinará la suma de las diferencias que se indican en el párrafo 2 y la notificará al solicitante. La notificación incluirá una declaración de los gastos realizados por la Autoridad. La cantidad adeudada será abonada por el solicitante o reembolsada por la Autoridad en un plazo de tres meses a partir de la firma del contrato a que se refiere el artículo 23.

4. La suma fija a que se refiere el párrafo 1 será revisada periódicamente por el Consejo a fin de asegurar que cubre los gastos administrativos previstos para la tramitación de las solicitudes y evitar la necesidad de que los solicitantes desembolsen sumas adicionales con arreglo al párrafo 2.

Sección 4
Tramitación de las solicitudes

Artículo 20
Recepción, acuse de recibo y custodia de las solicitudes

1. El Secretario General:

a) Acusará recibo por escrito dentro de los 30 días siguientes a la fecha en que haya recibido una solicitud de aprobación de un plan de trabajo para exploración presentada conforme a lo dispuesto en esta Parte y especificará esa fecha;

b) Conservará a buen recaudo la solicitud y los documentos adjuntos y anexos, y asegurará la confidencialidad de todos los datos y la información de esa naturaleza que se incluyan en la solicitud; y

c) Notificará a los miembros de la Autoridad la recepción de las solicitudes y les transmitirá la información general sobre ellas que no tenga carácter confidencial.

Artículo 21
Examen por la Comisión Jurídica y Técnica

1. El Secretario General, al recibir una solicitud de aprobación de un plan de trabajo para la exploración, lo notificará a los miembros de la Comisión Jurídica y Técnica e incluirá su examen en el orden del día de la siguiente sesión de la Comisión. La Comisión examinará únicamente las solicitudes respecto de las cuales el Secretario General haya presentado la notificación y transmitido la información que se disponen en el artículo 20 c) al menos 30 días antes del inicio de la sesión de la Comisión en que han de examinarse.

2. La Comisión examinará las solicitudes en el orden en que sean recibidas.

3. La Comisión determinará si el solicitante:

   a) Ha cumplido las disposiciones del presente Reglamento;

   b) Ha asumido las obligaciones y dado las garantías indicadas en el artículo 14;

   c) Tiene la capacidad financiera y técnica para llevar a cabo el plan de trabajo para la exploración propuesto y ha proporcionado detalles acerca de su capacidad para cumplir prontamente una orden de emergencia; y

   d) Ha cumplido debidamente sus obligaciones relativas a contratos anteriores con la Autoridad.

4. La Comisión determinará, de conformidad con lo dispuesto en el presente Reglamento y sus procedimientos, si el plan de trabajo para la exploración propuesto:

   a) Contiene disposiciones relativas a la protección efectiva de la vida y la seguridad humanas;

   b) Contiene disposiciones relativas a la protección y preservación del medio marino, incluidos, entre otras cosas, los efectos sobre la biodiversidad;

   c) Asegura que las instalaciones se erigirán de modo que no causen interferencia en la utilización de vías marítimas esenciales para la navegación internacional o en áreas de intensa actividad pesquera.

5. Si la Comisión concluye que el solicitante cumple los requisitos del párrafo 3 y que el plan de trabajo para la exploración propuesto satisface los requisitos del párrafo 4, recomendará al Consejo que apruebe el plan de trabajo para la exploración.

6. La Comisión no recomendará que se apruebe un plan de trabajo para la exploración propuesto si una parte o la totalidad del área abarcada por él está incluida en:

   a) Un plan de trabajo para la exploración de nódulos polimetálicos aprobado por el Consejo; o

   b) Un plan de trabajo para la exploración o la explotación de otros recursos aprobado por el Consejo si el plan de trabajo para la exploración de nódulos polimetálicos propuesto puede dificultar indebidamente las actividades del plan de trabajo aprobado para otros recursos; o

c) Un área cuya explotación haya sido excluida por el Consejo en virtud de pruebas fehacientes del riesgo de causar daños graves al medio marino; o

d) Si el plan de trabajo para la exploración propuesto ha sido presentado o patrocinado por un Estado que ya sea titular de:

i) Planes de trabajo para la exploración y explotación o para la explotación únicamente en áreas no reservadas que, conjuntamente con cualquiera de las dos partes del área abarcada por la solicitud, tengan una superficie superior al 30% de un área circular de 400.000 km^2 cuyo centro sea el de cualquiera de las dos partes del área abarcada por el plan de trabajo propuesto;

ii) Planes de trabajo para la exploración y explotación o para la explotación únicamente en áreas no reservadas que en conjunto representen un 2% de la parte de la Zona que no esté reservada ni haya sido excluida de la explotación de conformidad con el artículo 162 2) x) de la Convención.

7. La Comisión Jurídica y Técnica podrá recomendar la aprobación de un plan de trabajo si determina que dicha aprobación no permitirá a un Estado parte o a entidades patrocinadas por un Estado parte monopolizar la realización de actividades en la Zona en relación con los nódulos polimetálicos ni impedirá que otros Estados partes realicen actividades en la Zona en relación con los nódulos polimetálicos[4].

8. Salvo en el caso de las solicitudes presentadas por la Empresa, o en su nombre o en el de una empresa conjunta, y en el de las solicitudes previstas en el artículo 17, la Comisión no recomendará la aprobación del plan de trabajo para la exploración si una parte o la totalidad del área abarcada por el plan de trabajo para la exploración propuesto está incluida en un área reservada o designada por el Consejo como reservada.

9. Si la Comisión determina que una solicitud no cumple el presente Reglamento, lo notificará al solicitante por escrito, por intermedio del Secretario General, indicando las razones. El solicitante podrá enmendar la solicitud dentro de los 45 días siguientes a esa notificación. Si la Comisión, tras un nuevo examen, entiende que no debe recomendar la aprobación del plan de trabajo para la exploración, lo comunicará al solicitante, dándole un plazo de 30 días a contar desde la fecha de la comunicación, para presentar sus observaciones. La Comisión tomará en consideración las observaciones del solicitante al preparar su informe y la recomendación al Consejo.

10. Al examinar el plan de trabajo para la exploración propuesto, la Comisión tendrá en cuenta los principios, normas y objetivos relacionados con las actividades en la Zona que se prevén en la Parte XI y el anexo III de la Convención y en el Acuerdo.

11. La Comisión examinará las solicitudes sin dilación y presentará al Consejo un informe y recomendaciones sobre la designación de las áreas y sobre el plan de trabajo para la exploración en la primera oportunidad posible, teniendo en cuenta el programa de reuniones de la Autoridad.

---

[4] ISBA/20/A/9, de fecha 24 de julio de 2014, enmiendas.

12. La Comisión, en el desempeño de las funciones, aplicará el presente reglamento sobre una base equitativa y no discriminatoria.

Artículo 22
Examen y aprobación por el Consejo de los planes de trabajo para la exploración

El Consejo examinará los informes y las recomendaciones de la Comisión relativos a la aprobación de planes de trabajo para la exploración de conformidad con los párrafos 11 y 12 de la sección 3 del anexo del Acuerdo.

Parte IV
Contratos de exploración

Artículo 23
El contrato

1. El plan de trabajo para la exploración, una vez aprobado por el Consejo, será preparado en forma de contrato entre la Autoridad y el solicitante y como se dispone en el anexo III del presente Reglamento. Cada contrato de ese tipo incluirá las cláusulas estándar mencionadas en el anexo IV que estén vigentes en la fecha en que entre en vigor el contrato.

2. El contrato será firmado por el Secretario General, en nombre de la Autoridad, y por el solicitante. El Secretario General notificará por escrito a todos los miembros de la Autoridad cada uno de los contratos que firme.

3. De conformidad con el principio de la no discriminación, el contrato celebrado con un Estado o entidad o cualquier componente de una entidad de ese tipo mencionada en el párrafo 6 a) i) de la sección 1 del anexo del Acuerdo incluirá condiciones similares a las concertadas con un primer inversionista inscrito y no menos favorables que ellas. Si alguno de los Estados, entidades o componentes de las entidades que se indican en el párrafo 6 a) i) de la sección 1 del anexo del Acuerdo se beneficia de condiciones más favorables, el Consejo concertará disposiciones similares y no menos favorables respecto de los derechos y las obligaciones contraídas por los primeros inversionistas inscritos, a condición de que no afecten a los intereses de la Autoridad ni los perjudiquen.

Artículo 24
Derechos del contratista

1. El contratista tendrá el derecho exclusivo de explorar un área abarcada por el plan de trabajo de la exploración respecto de los nódulos polimetálicos. La Autoridad velará por que ninguna otra entidad realice en la misma área actividades relacionadas con otros recursos de forma tal que pueda dificultar las operaciones del contratista.

2. El contratista cuyo plan de trabajo para realizar únicamente actividades de exploración haya sido aprobado tendrá preferencia y prioridad respecto de los demás solicitantes que hayan presentado un plan de trabajo para la explotación de la misma área o los mismos recursos. El Consejo podrá retirar esa preferencia o prioridad si el contratista no hubiere cumplido las condiciones del plan de trabajo para la exploración aprobado dentro del plazo fijado en uno o varios avisos dados por

escrito por el Consejo al contratista en los que indique los requisitos que este no ha cumplido. El plazo fijado en este tipo de avisos será razonable. Deberá otorgarse al contratista un plazo razonable para hacerse oír antes de que la retirada de dicha preferencia o prioridad sea firme. El Consejo indicará las razones por las cuales se propone retirar la preferencia o prioridad y tomará en consideración las observaciones del contratista. La decisión del Consejo tendrá en cuenta tales observaciones y se adoptará sobre la base de pruebas fehacientes.

3. La preferencia o prioridad no quedará efectivamente retirada hasta que se haya dado al contratista oportunidad razonable de agotar los recursos judiciales de que dispone de conformidad con la sección 5 de la Parte XI de la Convención.

Artículo 25
Dimensión del área y cesión de partes de ella

1. La superficie total del área asignada al contratista en el contrato no excederá de 150.000 km^2. El contratista irá cediendo partes del área que le haya sido asignada, las cuales revertirán a la Zona. A más tardar al final del tercer año contado a partir de la fecha del contrato, el contratista habrá cedido el 20% del área que le había sido asignada; a más tardar al final del quinto año contado a partir de la fecha del contrato, el contratista habrá cedido otro 10% del área que le había sido asignada; y ocho años después de la fecha del contrato, el contratista habrá cedido otro 20% del área que le había sido asignada, o la extensión superior que exceda del área de explotación determinada por la Autoridad, en el entendimiento de que el contratista no tendrá que ceder parte alguna de dicha área cuando la que le haya sido asignada no exceda de 75.000 km^2.

2. En circunstancias excepcionales, el Consejo podrá, a solicitud del contratista y por recomendación de la Comisión, prorrogar el cronograma de la cesión. Corresponderá al Consejo determinar esas circunstancias excepcionales, que, entre otras, comprenderán las circunstancias económicas imperantes u otras circunstancias excepcionales imprevistas derivadas de las actividades operacionales del contratista.

Artículo 26
Duración de los contratos

1. Los planes de trabajo para la exploración serán aprobados por un período de 15 años. Cuando venza el plan de trabajo para la exploración, el contratista deberá solicitar uno para la explotación, a menos que lo haya hecho ya, haya obtenido una prórroga del plan de trabajo para la exploración o decida renunciar a sus derechos en el área a que se refiere este.

2. A más tardar seis meses antes de la expiración de un plan de trabajo para la exploración, el contratista podrá solicitar que este se prorrogue por períodos no superiores a cinco años cada vez. Las prórrogas serán aprobadas por el Consejo, previa recomendación de la Comisión, siempre que el contratista se haya esforzado de buena fe por cumplir los requisitos del plan de trabajo pero, por razones ajenas a su voluntad, no haya podido completar el trabajo preparatorio necesario para pasar a la etapa de explotación o si las circunstancias económicas imperantes no justifican que se pase a esa etapa.

Artículo 27
Capacitación

De conformidad con el artículo 15 del anexo III de la Convención, todos los contratos incluirán en un anexo un programa práctico para la capacitación del personal de la Autoridad y de los Estados en desarrollo, preparado por el contratista en cooperación con la Autoridad y el Estado o los Estados patrocinadores. El programa de capacitación se centrará en la realización de la exploración, y dispondrá la plena participación de dicho personal en todas las actividades previstas en el contrato. Este programa podrá ser revisado y ampliado periódicamente de común acuerdo, según sea necesario.

Artículo 28
Examen periódico de la ejecución del plan de trabajo para la exploración

1. El contratista y el Secretario General procederán conjuntamente a un examen periódico de la ejecución del plan de trabajo para la exploración a intervalos de cinco años. El Secretario General podrá pedir al contratista que presente los datos y la información adicionales que sean necesarios para los fines del examen.

2. El contratista, a la luz del examen, indicará su programa de actividades para el quinquenio siguiente e introducirá en el programa anterior los ajustes que sean necesarios.

3. El Secretario General presentará un informe sobre el examen a la Comisión y al Consejo. En su informe, el Secretario General indicará si en el examen se tuvieron en cuenta las observaciones que le hubiesen comunicado los Estados partes en la Convención acerca de la forma en que el contratista ha cumplido sus obligaciones en virtud del presente Reglamento en lo relativo a la protección y preservación del medio marino.

Artículo 29
Terminación del patrocinio

1. El contratista deberá tener el patrocinio necesario durante todo el período de vigencia del contrato.

2. El Estado que ponga término al patrocinio lo notificará sin dilación y por escrito al Secretario General. El Estado patrocinador también comunicará al Secretario General las razones de la terminación del patrocinio. La terminación del patrocinio surtirá efecto seis meses después de la fecha en que el Secretario General reciba la notificación, a menos que en esta se especifique una fecha ulterior.

3. En el caso de que termine el patrocinio, el contratista tendrá el plazo mencionado en el párrafo 2 para obtener otro patrocinador, el cual deberá presentar otro certificado de patrocinio de conformidad con lo dispuesto en el artículo 11 del presente Reglamento. Si el contratista no consiguiere un patrocinador dentro del plazo prescrito, el contrato quedará resuelto.

4. La terminación del patrocinio no eximirá al Estado de ninguna de las obligaciones contraídas cuando era Estado patrocinante ni afectará a los derechos y obligaciones surgidos durante el patrocinio.

5. El Secretario General notificará a los miembros de la Autoridad la terminación o modificación del patrocinio.

Artículo 30
Responsabilidad

La responsabilidad del contratista y de la Autoridad se ajustará a la Convención. El contratista seguirá siendo responsable de cualesquiera daños y perjuicios derivados de los actos ilícitos cometidos en la realización de sus operaciones, en particular los daños al medio marino, después de finalizada la etapa de exploración.

Parte V
Protección y preservación del medio marino

Artículo 31
Protección y preservación del medio marino

1. Con arreglo a la Convención y el Acuerdo, la Autoridad dictará normas, reglamentos y procedimientos ambientales y los mantendrá en examen periódico para asegurar que se proteja eficazmente al medio marino contra los efectos nocivos que puedan derivarse de las actividades en la Zona.

2. Para asegurar la protección eficaz del medio marino contra los efectos nocivos que puedan derivarse de las actividades en la Zona, la Autoridad y los Estados patrocinadores aplicarán el criterio de precaución que figura en el principio 15 de la Declaración de Río y las mejores prácticas ambientales.

3. La Comisión Jurídica y Técnica hará recomendaciones al Consejo sobre la aplicación de los dos párrafos precedentes.

4. La Comisión establecerá y aplicará procedimientos para determinar, sobre la base de la mejor información científica y técnica disponible, incluida la proporcionada de conformidad con el artículo 18, si las actividades de exploración propuestas en la Zona tendrían efectos nocivos graves en los ecosistemas marinos vulnerables y para cerciorarse de que, en caso de determinarse que ciertas actividades de exploración propuestas tendrían efectos nocivos graves en los ecosistemas marinos vulnerables, se proceda a una ordenación de esas actividades destinada a prevenir esos efectos o no se autorice su realización.

5. Con arreglo al artículo 145 de la Convención y el párrafo 2 del presente artículo, el contratista tomará las medidas necesarias para prevenir, reducir y controlar la contaminación del medio marino y otros riesgos para este derivados de sus actividades en la Zona, en la medida que sea razonablemente posible, aplicando a esos efectos el criterio de precaución y las mejores prácticas ambientales.

6. Los contratistas, los Estados patrocinadores y otros Estados o entidades interesados cooperarán con la Autoridad en la preparación y aplicación de programas para la vigilancia y evaluación de los efectos sobre el medio marino de la extracción de minerales de los fondos marinos. Cuando así lo disponga el Consejo, esos programas han de incluir propuestas de zonas que se utilicen exclusivamente como zonas de referencia para los efectos y para la preservación. Se entenderá por "zonas de referencia para los efectos" las que se utilicen para evaluar los efectos en

el medio marino de las actividades en la Zona y que sean representativas de las características ambientales de la Zona. Se entenderá por "zonas de referencia para la preservación" aquellas en que no se efectuarán extracciones a fin de que la biota del fondo marino se mantenga representativa y estable y permita evaluar los cambios que tengan lugar en la biodiversidad del medio marino.

Artículo 32
Líneas de base ambientales y vigilancia

1. En todo contrato se exigirá al contratista la obtención de datos ambientales de referencia y el establecimiento de líneas de base ambientales, teniendo en cuenta las recomendaciones que hubiese formulado la Comisión Jurídica y Técnica con arreglo al artículo 39, para evaluar los efectos probables en el medio marino de su programa de actividades en virtud del plan de trabajo para la exploración, así como un programa para vigilar esos efectos y presentar informes al respecto. Las recomendaciones de la Comisión podrán referirse, entre otras cosas, a las actividades de exploración respecto de las cuales se considere que no tienen posibilidades de causar efectos nocivos en el medio marino. El contratista cooperará, con la Autoridad y el Estado o los Estados patrocinadores en la formulación y ejecución del programa de vigilancia.

2. El contratista informará por escrito anualmente al Secretario General de la aplicación y los resultados del programa de vigilancia mencionado en el párrafo 1 y le presentará datos e información teniendo en cuenta las recomendaciones formuladas por la Comisión con arreglo al artículo 39. El Secretario General transmitirá esos informes a la Comisión para que los examine de conformidad con el artículo 165 de la Convención.

Artículo 33
Órdenes de emergencia

1. El contratista notificará rápidamente y por escrito al Secretario General, utilizando el medio más eficaz para ello, cualquier incidente derivado de sus actividades que haya causado, esté causando o amenace con causar daños graves al medio marino.

2. El Secretario General, al ser notificado por un contratista o tomar conocimiento de otro modo de un incidente derivado de las actividades del contratista en la Zona o causado por este haya provocado o esté provocando o amenace con provocar daños graves al medio marino, hará que se publique una notificación general del incidente, notificará por escrito al contratista y al Estado o los Estados patrocinadores y presentará inmediatamente un informe a la Comisión Jurídica y Técnica, al Consejo y a todos los demás miembros de la Autoridad. Además, se distribuirá un ejemplar del informe a las organizaciones internacionales competentes y a las organizaciones e instituciones subregionales, regionales y mundiales interesadas. El Secretario General mantendrá en observación lo que ocurra en relación con esos incidentes e informará de ellos, según proceda, a la Comisión, al Consejo y a todos los demás miembros de la Autoridad.

3. Hasta que el Consejo adopte una decisión, el Secretario General tomará en forma inmediata medidas de carácter temporal, prácticas y razonables en las circunstancias del caso, para prevenir, contener y reducir al mínimo los daños graves o la amenaza de daños graves al medio marino. Esas medidas temporales

tendrán vigencia por un período máximo de 90 días o hasta que el Consejo, en su período ordinario de sesiones siguiente o en un período extraordinario de sesiones, decida si se tomarán medidas con arreglo al párrafo 6 del presente artículo, y en caso afirmativo cuáles.

4. Después de haber recibido el informe del Secretario General, la Comisión determinará, sobre la base de las pruebas presentadas y teniendo en cuenta las medidas que haya tomado el contratista, qué otras medidas son necesarias para hacer frente efectivamente al incidente con vistas a prevenir, contener y reducir al mínimo los daños graves o la amenaza de daños graves al medio marino, y formulará recomendaciones al Consejo.

5. El Consejo examinará las recomendaciones de la Comisión.

6. El Consejo, tomando en cuenta las recomendaciones de la Comisión, el informe del Secretario General, la información que proporcione el contratista y cualquier otra información pertinente, podrá expedir órdenes de emergencia que podrán incluir la suspensión o el reajuste de las operaciones según sea razonablemente necesario con el objeto de prevenir, contener o reducir al mínimo los daños graves o la amenaza de daños graves al medio marino derivados de actividades realizadas en la Zona.

7. Si un contratista no cumple prontamente una orden de emergencia para impedir, contener o reducir al mínimo daños graves o la amenaza de daños graves al medio marino derivados de sus actividades en la Zona, el Consejo adoptará, por sí mismo o mediante mecanismos concertados en su nombre con terceros, las medidas prácticas necesarias para prevenir, contener y reducir al mínimo cualesquiera daños graves o amenaza de daños graves al medio marino.

8. A fin de que el Consejo pueda, en caso necesario, adoptar inmediatamente las medidas prácticas para prevenir, contener y reducir al mínimo los daños graves o la amenaza de daños graves al medio marino a que se hace referencia en el párrafo 7, el contratista, antes de comenzar el ensayo de los sistemas de recolección y las operaciones de procesamiento, dará al Consejo una garantía de su capacidad financiera y técnica de cumplir rápidamente las órdenes de emergencia o de asegurar que el Consejo pueda adoptar ese tipo de medidas de emergencia. Si el contratista no diese al Consejo una garantía de esa naturaleza, el Estado o los Estados patrocinadores deberán, en respuesta a un pedido hecho por el Secretario General y en virtud de los artículos 139 y 235 de la Convención, adoptar las medidas necesarias para asegurar que el contratista dé dicha garantía o adoptar medidas para asegurar que dicha asistencia se suministre a la Autoridad en el cumplimiento de las obligaciones que le incumben en virtud del párrafo 7.

Artículo 34
Derechos de los Estados ribereños

1. Nada de lo dispuesto en el presente Reglamento se entenderá en perjuicio de los derechos que tienen los Estados ribereños en virtud del artículo 142 y otras disposiciones pertinentes de la Convención.

2. El Estado ribereño que tuviera fundamentos para creer que alguna actividad de un contratista en la Zona puede causar daños graves o la amenaza de daños graves al medio marino bajo su jurisdicción o soberanía podrá notificar al Secretario General por escrito esos fundamentos. El Secretario General dará al contratista y al Estado o

los Estados patrocinadores un plazo razonable para examinar las pruebas, si las hubiere, presentadas por el Estado ribereño para corroborar sus fundamentos. El contratista y el Estado o los Estados que lo patrocinen podrán presentar sus observaciones al respecto al Secretario General dentro de un plazo razonable.

3. De haber razones claras para considerar que pueden producirse daños graves al medio marino, el Secretario General actuará con arreglo al artículo 33 y, de ser necesario, tomará medidas inmediatas de carácter temporal, de conformidad con lo dispuesto en el artículo 33 3).

4. Los contratistas tomarán todas las medidas necesarias para garantizar que sus actividades se realicen de tal forma que no causen daños graves al medio marino bajo la jurisdicción o soberanía de otros Estados ribereños, contaminación entre otros, y que los daños graves o la contaminación causados por incidentes o actividades en su zona de exploración no se extiendan más allá de dicha zona.

Artículo 35
Restos humanos y objetos y sitios de carácter arqueológico o histórico

El contratista, si hallase en la zona de exploración restos humanos de carácter arqueológico o histórico o cualquier objeto o sitio de carácter similar, notificará inmediatamente al Secretario General por escrito el hallazgo y su ubicación, así como las medidas de preservación y protección que se hayan adoptado. El Secretario General transmitirá la información al Director General de la Organización de las Naciones Unidas para la Educación, la Ciencia y la Cultura y a cualquier otra organización internacional competente. Tras el hallazgo de un resto humano, objeto o sitio de esa índole en la zona de exploración y a fin de no perturbarlos, no se llevará a cabo ninguna otra prospección o exploración dentro de un radio razonable hasta que el Consejo decida otra cosa, teniendo en cuenta las observaciones del Director General de la Organización de las Naciones Unidas para la Educación, la Ciencia y la Cultura o de cualquier otra organización internacional competente.

Parte VI
Confidencialidad

Artículo 36
Confidencialidad de los datos y la información

1. Los datos y la información presentados o transmitidos a la Autoridad o a cualquier persona que participe en una actividad o programa de la Autoridad en virtud del presente Reglamento o de un contrato expedido en virtud de él y calificados de confidenciales por el contratista, en consulta con el Secretario General, se considerarán confidenciales a menos que se trate de datos e información:

   a) De dominio público o que se puedan conseguir públicamente de otras fuentes;

   b) Dados a conocer previamente por el propietario a otros sin obligación alguna en materia de confidencialidad; o

c) Que se encuentren ya en poder de la Autoridad sin obligación alguna en materia de confidencialidad.

2. No se considerarán confidenciales los datos y la información necesarios para que la Autoridad formule normas, reglamentos y procedimientos sobre la protección y preservación del medio marino y su seguridad que no sean datos relativos al diseño del equipo que estén protegidos por derechos de propiedad intelectual.

3. Los datos y la información confidenciales solo podrán ser utilizados por el Secretario General y el personal de la Secretaría que autorice el Secretario General y por los miembros de la Comisión Jurídica y Técnica en la medida en que sean necesarios y pertinentes para el eficaz desempeño de sus facultades y funciones. El Secretario General autorizará el acceso a esos datos y a esa información solo para una utilización limitada en relación con las funciones y obligaciones del personal de la Secretaría y las de la Comisión Jurídica y Técnica.

4. Diez años después de la fecha de presentación de los datos y de información confidenciales a la Autoridad o de la expiración del contrato de exploración, si esta última fecha es posterior, y posteriormente cada cinco años, el Secretario General y el contratista examinarán los datos y la información a fin de determinar si deberán seguir teniendo carácter confidencial. Esos datos e información seguirán siendo confidenciales si el contratista establece que podría existir un riesgo importante de sufrir un perjuicio económico grave e injusto en caso de que se dieran a conocer los datos y la información. Dichos datos e información no se darán a conocer a menos que se haya dado al contratista oportunidad razonable de agotar los recursos judiciales de que dispone de conformidad con la sección 5 de la Parte XI de la Convención.

5. Si, en cualquier momento posterior a la expiración del contrato de exploración, el contratista celebrara un contrato de explotación en relación con cualquier parte de la zona de exploración, los datos y la información confidenciales relativos a dicha parte de la zona seguirán siendo confidenciales, de conformidad con el contrato de explotación.

6. En cualquier momento, el contratista podrá renunciar a la confidencialidad de los datos y la información.

Artículo 37
Procedimientos para velar por la confidencialidad

1. El Secretario General será responsable del mantenimiento del carácter confidencial de todos los datos y las informaciones confidenciales y en ningún caso, excepto con consentimiento previo por escrito del contratista, revelará esos datos y esa información a ninguna persona ajena a la Autoridad. El Secretario General establecerá procedimientos, en consonancia con las disposiciones de la Convención, para velar por el carácter confidencial de esos datos y esa información, en que se establecerá de qué manera los miembros de la Secretaría, los miembros de la Comisión Jurídica y Técnica y todas las demás personas que participen en cualquier actividad o programa de la Autoridad habrán de manejar la información confidencial. Entre los procedimientos se incluirán:

a) El mantenimiento de la información y los datos confidenciales en instalaciones seguras y la elaboración de procedimientos de seguridad para impedir el acceso a ellos o su retiro sin autorización;

b) La preparación y el mantenimiento de una clasificación, un registro y un sistema de inventario de toda la información y los datos recibidos por escrito, incluido su tipo, su fuente y su recorrido desde el momento de la recepción hasta el de su destino final.

2. Toda persona que en virtud del presente Reglamento tuviera acceso autorizado a datos e información confidenciales no los dará a conocer a menos que ello estuviese permitido en virtud de la Convención y del presente Reglamento. El Secretario General exigirá a todos quienes tengan acceso autorizado a datos e información confidenciales que formulen una declaración por escrito, de la que será testigo el Secretario General o su representante autorizado, en el sentido de que:

a) Reconoce su obligación legal en virtud de la Convención y del presente Reglamento de no dar a conocer datos o información confidenciales;

b) Acepta respetar los reglamentos y procedimientos aplicables establecidos para velar por la confidencialidad de dichos datos e información.

3. La Comisión Jurídica y Técnica protegerá la confidencialidad de los datos y la información confidenciales que le hayan sido presentados en virtud del presente Reglamento o de un contrato expedido en virtud del presente Reglamento. De conformidad con el del artículo 163 8) de la Convención, los miembros de la Comisión no revelarán, ni siquiera después de la terminación de sus funciones, ningún secreto industrial, ningún dato que sea objeto de derechos de propiedad intelectual y se transmita a la Autoridad con arreglo al artículo 14 del anexo III de la Convención ni ninguna otra información confidencial que llegue a su conocimiento como consecuencia del desempeño de sus funciones en la Autoridad.

4. El Secretario General y el personal de la Autoridad no revelarán, ni siquiera después de la terminación de sus funciones, ningún secreto industrial, ningún dato que sea objeto de derechos de propiedad intelectual y se transmita a la Autoridad con arreglo al artículo 14 del anexo III de la Convención ni ninguna otra información confidencial que llegue a su conocimiento como consecuencia de su empleo con la Autoridad.

5. Habida cuenta de la responsabilidad de la Autoridad en virtud del artículo 22 del anexo III de la Convención, la Autoridad adoptará todas las medidas que sean adecuadas contra las personas que, como consecuencia del desempeño de sus funciones en la Autoridad, tengan acceso a datos y a información confidenciales y que no cumplan sus obligaciones relativas a la confidencialidad estipuladas en la Convención y en el presente Reglamento.

Parte VII
Procedimientos generales

Artículo 38
Notificación y procedimientos generales

1. El Secretario General o el representante designado del prospector, solicitante o contratista harán por escrito todo pedido, solicitud, aviso, informe, autorización, aprobación, exención, dirección o instrucción, según corresponda. La notificación se hará en mano, o por télex, fax, correo aéreo certificado o correo electrónico con

firma electrónica autorizada al Secretario General en la sede de la Autoridad o al representante designado.

2. La notificación en mano surtirá efecto en el momento en que se haga. Se considerará que la notificación por télex surtirá efecto el día hábil siguiente a aquel en que aparezca en la máquina de télex del remitente la expresión "respuesta". La notificación por fax surtirá efecto cuando quien lo envíe reciba el "informe de confirmación de la transmisión", en el cual se confirme la transmisión al número de fax publicado del receptor. La notificación por correo aéreo certificado se considerará hecha 21 días después del envío. Se entenderá que el destinatario de un correo electrónico lo ha recibido cuando dicho correo entre en un sistema de información diseñado o utilizado por el destinatario para recibir documentos del tipo enviado y pueda ser recuperado y procesado por él.

3. La notificación al representante designado del prospector, solicitante o contratista servirá de notificación a estos para todos los efectos en relación con el presente Reglamento, y el representante designado representará al prospector, solicitante o contratista a los efectos de la notificación de la demanda o de otra diligencia ante un tribunal competente.

4. La notificación al Secretario General servirá de notificación a la Autoridad para todos los efectos en relación con el presente Reglamento, y el Secretario General representará a la Autoridad a los efectos de la notificación de la demanda o de otra diligencia ante cualquier tribunal competente.

Artículo 39
Recomendaciones para información de los contratistas

1. La Comisión Jurídica y Técnica podrá formular recomendaciones periódicas de índole técnica o administrativa para que sirvan como directrices a los contratistas a fin de ayudarles en la aplicación de las normas, reglamentos y procedimientos de la Autoridad.

2. El texto completo de estas recomendaciones será comunicado al Consejo. Si el Consejo considerara que una recomendación no es acorde con la intención y el propósito del presente Reglamento, podrá solicitar que sea modificada o retirada.

Parte VIII
Solución de controversias

Artículo 40
Controversias

1. Las controversias relativas a la interpretación o aplicación del presente Reglamento se dirimirán con arreglo a lo dispuesto en la sección 5 de la Parte XI de la Convención.

2. El fallo definitivo que dicte un tribunal competente en virtud de la Convención en lo relativo a los derechos y obligaciones de la Autoridad y del contratista será ejecutable en el territorio de cada uno de los Estados partes en la Convención.

Parte IX
Recursos que no sean nódulos polimetálicos

Artículo 41
Recursos que no sean nódulos polimetálicos

La exploración y explotación de los recursos que hallen el prospector o el contratista en la Zona que no sean nódulos polimetálicos estarán sujetos a las normas, los reglamentos y los procedimientos relativos a esos recursos que dicte la Autoridad de conformidad con la Convención y con el Acuerdo. El prospector o contratista notificarán a la Autoridad lo que hallen.

Parte X
Revisión

Artículo 42
Revisión

1. El Consejo procederá a una revisión de la forma en que se ha aplicado en la práctica el presente Reglamento revisado cinco años después de que la Asamblea lo haya aprobado o en cualquier otro momento a partir de esa fecha.

2. Si, en razón de tecnología o conocimientos más avanzados, queda de manifiesto que el presente Reglamento no es apropiado, cualquier Estado parte, la Comisión Jurídica y Técnica o cualquier contratista, a través del Estado que lo patrocine, podrá en cualquier momento solicitar del Consejo que, en su período ordinario de sesiones siguiente, examine revisiones.

3. Habida cuenta de la revisión, el Consejo podrá dictar y aplicar provisionalmente, hasta que las apruebe la Asamblea, enmiendas a lo dispuesto en el presente Reglamento, teniendo en cuenta las recomendaciones de la Comisión Jurídica y Técnica o de otros órganos subordinados pertinentes. Estas enmiendas se entenderán sin perjuicio de los derechos conferidos a un contratista en virtud de las cláusulas de un contrato firmado con la Autoridad en virtud del presente Reglamento y que esté en vigor a la fecha de la enmienda.

4. En caso de enmienda a lo dispuesto en el presente Reglamento, el contratista y la Autoridad podrán revisar el contrato de conformidad con la cláusula 24 del anexo IV.

Anexo I

Notificación de la intención de realizar actividades de prospección

1. Nombre del prospector:
2. Dirección del prospector:
3. Dirección postal (si es diferente de la anterior):
4. Número de teléfono:
5. Número de fax:
6. Dirección de correo electrónico:
7. Nacionalidad del prospector:
8. Si el prospector es una persona jurídica:

    a) Especificar su lugar de inscripción;

    b) Especificar su oficina principal o domicilio comercial;

    c) Adjuntar una copia de su certificado de inscripción.

9. Nombre del representante designado por el prospector:
10. Dirección del representante designado por el prospector (si es diferente de la anterior):
11. Dirección postal (si es diferente de la anterior):
12. Número de teléfono:
13. Número de fax:
14. Dirección de correo electrónico:
15. Adjuntar las coordenadas del área o las áreas generales en que se hará la prospección (de conformidad con el Sistema Geodésico Mundial WGS 84).
16. Adjuntar una descripción general del programa de prospección, con inclusión de la fecha de inicio y la duración aproximada del programa.
17. Adjuntar una declaración por escrito en el sentido de que el prospector:

    a) Se ajustará a la Convención y a las normas, los reglamentos y los procedimientos pertinentes de la Autoridad respecto de:

    i) La cooperación en los programas de capacitación en relación con la investigación científica marina y la transferencia de tecnología indicadas en los artículos 143 y 144 de la Convención, y

    ii) La protección y preservación del medio marino; y

    b) Aceptará que la Autoridad verifique el cumplimiento a ese respecto.

18. Enumérense a continuación todos los apéndices y anexos de esta notificación (todos los datos e información deben presentarse por escrito y en el formato digital especificado por la Autoridad).

Fecha: _____

_____
Firma del representante designado por el prospector

Testigo:

_____
Firma del testigo

_____
Nombre del testigo

_____
Cargo del testigo

Anexo II

Solicitud de aprobación de un plan de trabajo para la exploración con el fin de obtener un contrato

Sección I
Información relativa al solicitante

1. Nombre del solicitante:

2. Dirección del solicitante:

3. Dirección postal (si es diferente de la anterior):

4. Número de teléfono:

5. Número de fax:

6. Dirección de correo electrónico:

7. Nombre del representante designado por el solicitante:

8. Dirección del representante designado por el solicitante (si es diferente de la anterior):

9. Dirección postal (si es diferente de la anterior):

10. Número de teléfono:

11. Número de fax:

12. Dirección de correo electrónico:

13. Si el solicitante es una persona jurídica:

    a) Especificar su lugar de inscripción;

    b) Especificar su oficina principal o domicilio comercial;

    c) Adjuntar una copia de su certificado de inscripción.

14. Especificación del Estado o de los Estados patrocinantes.

15. Respecto de cada Estado patrocinante, indíquese la fecha de depósito de su instrumento de ratificación de la Convención de las Naciones Unidas sobre el Derecho del Mar, de 10 de diciembre de 1982, o de adhesión o sucesión a ella, y la fecha de su consentimiento para obligarse por el Acuerdo relativo a la aplicación de la Parte XI de la Convención.

16. Deberá adjuntarse a la presente solicitud un certificado de patrocinio expedido por el Estado patrocinante. Si el solicitante tiene más de una nacionalidad, como en el caso de una sociedad o consorcio de entidades de más de un Estado, deberán adjuntarse certificados de patrocinio expedidos por cada uno de los Estados participantes.

Sección II
Información relativa al área respecto de la cual se presenta la solicitud

17. Definir los límites del área a que se refiere la solicitud adjuntando una lista de coordenadas geográficas (de conformidad con el Sistema Geodésico Mundial WGS 84).

18. Adjuntar un mapa (en la escala y la proyección especificadas por la Autoridad) y una lista de las coordenadas que dividan la superficie total en dos partes de igual valor comercial estimado.

19. Incluir en un apéndice información suficiente para que el Consejo pueda designar un área reservada sobre la base del valor comercial estimado de cada una de las partes del área a que se refiera la solicitud. El apéndice deberá incluir los datos de que dispuso el solicitante respecto de ambas partes del área a que se refiere la solicitud, incluidos:

    a) Datos sobre la ubicación, los estudios y la evaluación de los nódulos polimetálicos del área, en particular:

        i) Una descripción de la tecnología relacionada con la recuperación y el tratamiento de nódulos polimetálicos necesaria para proceder a la designación de un área reservada;

        ii) Un mapa de las características físicas y geológicas, como la topografía de los fondos marinos, la batimetría y las corrientes del fondo e información relativa a la fiabilidad de esos datos;

        iii) Datos que indiquen la densidad media (abundancia) de nódulos polimetálicos en kilogramos por metro cuadrado y un mapa conexo de la abundancia en que consten los lugares en que se tomaron muestras;

        iv) Datos que indiquen el contenido elemental medio de metales de interés económico (ley) sobre la base de pruebas químicas de porcentaje de peso (seco) y un mapa conexo de ley;

        v) Mapas combinados de abundancia y ley de los nódulos polimetálicos;

        vi) Un cálculo basado en procedimientos estándar, incluidos análisis estadísticos, en que se utilicen los datos presentados y los supuestos de los cálculos de que cabe esperar que las dos áreas contengan nódulos polimetálicos de igual valor comercial estimado expresado como metales extraíbles en áreas explotables;

        vii) Una descripción de las técnicas utilizadas por el solicitante;

    b) Información relativa a parámetros ambientales (estacionales y durante el período de ensayo), entre ellos, velocidad y dirección del viento, salinidad del agua, temperatura y comunidades biológicas.

20. Si la zona a que se refiere la solicitud incluye alguna parte de un área reservada, adjuntar una lista de coordenadas del área que forme parte del área reservada e indicar las condiciones que reúne el solicitante de conformidad con el artículo 17 del Reglamento.

**Sección III
Información financiera y técnica**[a]

21. Se adjuntará información suficiente para que el Consejo pueda determinar si el solicitante tiene la capacidad financiera para realizar el plan de trabajo para la exploración propuesto y para cumplir sus obligaciones financieras respecto de la Autoridad.

a) Si la solicitud es presentada por la Empresa, se adjuntarán certificados de su autoridad competente respecto de que la Empresa dispone de fondos para sufragar el costo estimado del plan del trabajo para la exploración propuesto;

b) Si la solicitud es formulada por un Estado o una empresa estatal, se adjuntará una declaración del Estado, o del Estado patrocinante, en que se certifique que el solicitante cuenta con los recursos financieros necesarios para sufragar los gastos estimados del plan de trabajo para la exploración propuesto;

c) Si la solicitud es formulada por una entidad, se adjuntarán copias de los estados financieros verificados de la entidad solicitante, incluidos balances consolidados y los estados de ganancias y pérdidas correspondientes a los últimos tres años, de conformidad con principios de contabilidad internacionalmente aceptados, y certificados por una empresa de contadores públicos debidamente reconocida; y

i) Si el solicitante es una entidad recientemente organizada y no se cuenta con un balance certificado, se adjuntará una hoja de balance *pro forma*, certificada por el funcionario competente de la entidad solicitante;

ii) Si el solicitante es una empresa subsidiaria de otra entidad, se presentarán copias de los estados financieros de dicha entidad y una declaración de dicha entidad, conforme a las prácticas de contabilidad internacionalmente aceptadas y certificada por una empresa de contadores públicos debidamente reconocida, de que la empresa solicitante contará con los recursos financieros necesarios para cumplir con el plan de trabajo para la exploración;

iii) Si el solicitante se encuentra bajo el control de un Estado o una empresa estatal, preséntese una declaración del Estado o de la empresa estatal en que se certifique que el solicitante cuenta con los recursos financieros necesarios para cumplir con el plan de trabajo para la exploración.

22. Si el plan de trabajo para la exploración propuesto se ha de financiar mediante empréstitos, se adjuntará un estado del monto de esos empréstitos, el plazo de amortización y el tipo de interés.

---

[a] Se considerará que la solicitud de aprobación de un plan de trabajo para exploración presentada en nombre de un Estado o una entidad, o un componente de una entidad de los mencionados en el párrafo 1 a) ii) o iii) de la resolución II, que no sea un primer inversionista inscrito y que ya hubiere realizado actividades sustanciales en la Zona antes de la entrada en vigor de la Convención o del sucesor en sus intereses ha cumplido los requisitos financieros necesarios para la aprobación del plan de trabajo si el Estado o los Estados patrocinantes certifican que el solicitante ha gastado por lo menos una suma equivalente a 30 millones de dólares de los Estados Unidos en actividades de investigación y exploración y ha destinado no menos del 10% de esa suma a la localización, levantamientos y la evaluación del área mencionada en el plan de trabajo.

23. Se adjuntará información suficiente para que el Consejo pueda determinar si el solicitante está capacitado desde el punto de vista técnico para realizar el plan de trabajo para la exploración propuesto, con inclusión de una descripción general de lo siguiente:

a) La experiencia previa, los conocimientos, las aptitudes y los conocimientos técnicos pertinentes al plan de trabajo propuesto para la exploración;

b) El equipo y los métodos que se prevé utilizar en la realización del plan de trabajo propuesto para la exploración y otra información pertinente no protegida por derechos de propiedad intelectual acerca de las características de esa tecnología; y

c) La capacidad financiera y técnica del solicitante para hacer frente a cualquier incidente o actividad que cause daños graves al medio ambiente marino.

Sección IV
El plan de trabajo para la exploración

24. Se adjuntará la información siguiente respecto del plan de trabajo para la exploración:

a) Una descripción general y un cronograma del programa de la exploración propuesto, incluido el programa de actividades para el siguiente período de cinco años, por ejemplo, los estudios que se han de hacer respecto de los factores ambientales, técnicos, económicos y de otro orden que deban tenerse en cuenta en la exploración;

b) Una descripción de un programa de estudios básicos oceanográficos y ambientales de conformidad con el presente Reglamento y con los reglamentos y procedimientos sobre medio ambiente dictados por la Autoridad que permitan evaluar el posible impacto ambiental, sobre la biodiversidad en particular pero no exclusivamente, de las actividades de exploración propuestas, teniendo en cuenta las recomendaciones que imparta la Comisión Jurídica y Técnica;

c) Una evaluación preliminar de los posibles efectos de las actividades propuestas de exploración en el medio marino;

d) Una descripción de las medidas propuestas para prevenir, reducir y controlar la contaminación y otros peligros para el medio marino, así como los posibles efectos sobre este;

e) Un calendario de los gastos anuales previstos por concepto del programa de actividades para el siguiente período de cinco años.

Sección V
Obligaciones

25. Adjuntar una declaración por escrito en el sentido de que el solicitante:

a) Aceptará el carácter ejecutorio de las obligaciones aplicables dimanadas de las disposiciones de la Convención y las normas, los reglamentos y procedimientos de la Autoridad, las decisiones de los órganos competentes de la Autoridad y las cláusulas de sus contratos con la Autoridad y los cumplirá;

b) Aceptará el control de la Autoridad sobre las actividades en la Zona en la forma autorizada en la Convención;

c) Dará a la Autoridad por escrito la seguridad de que cumplirá de buena fe las obligaciones estipuladas en el contrato.

Sección VI
Contratos anteriores

26. Si la Autoridad ha adjudicado previamente algún contrato al solicitante o, en el caso de una solicitud conjunta de una asociación o consorcio de entidades, a algún miembro de la asociación o consorcio, la solicitud deberá incluir:

   a) La fecha del contrato o los contratos anteriores;

   b) La fecha, el número de referencia y el título de cada informe presentado a la Autoridad con respecto al contrato o los contratos; y

   c) La fecha de expiración del contrato o los contratos, si procede.

Sección VII
Apéndices

27. Enumérense todos los apéndices y anexos de la presente solicitud (todos los datos e información deben presentarse por escrito y en el formato digital especificado por la Autoridad).

Fecha: _____   _____

                                                                Firma del representante designado por el solicitante

Testigo:

_____

Firma del testigo

_____

Nombre del testigo

_____

Cargo del testigo

Anexo III

Contrato de exploración

CONTRATO celebrado el _____ día de _____ entre **LA AUTORIDAD INTERNACIONAL DE LOS FONDOS MARINOS** representada por su **SECRETARIO GENERAL** (en adelante denominada "la Autoridad") y _____ representado por _____ (en adelante denominado "el Contratista"):

Incorporación de cláusulas

1. Las cláusulas uniformes que figuran en el anexo IV del Reglamento sobre la Prospección y Exploración de Nódulos Polimetálicos en la Zona serán incorporadas al presente contrato y tendrán efecto como si estuvieran enunciadas en él expresamente.

Zona de exploración

2. A los efectos del presente contrato, por "zona de exploración" se entenderá la parte de la Zona asignada al Contratista para la exploración, según se define en las coordenadas enumeradas en el anexo 1 del presente, que se reducirá cada cierto tiempo de conformidad con las cláusulas uniformes y el Reglamento.

Concesión de derechos

3. La Autoridad, teniendo en cuenta: a) su interés mutuo en la realización de actividades de exploración en el área de exploración de conformidad con la Convención de las Naciones Unidas sobre el Derecho del Mar de 10 de diciembre de 1982 y el Acuerdo relativo a la aplicación de la Parte XI de la Convención, b) la función que le cabe de organizar y controlar las actividades en la Zona, especialmente con miras a administrar los recursos de esta de conformidad con el régimen jurídico establecido en la Parte XI de la Convención y el Acuerdo y en la Parte XII de la Convención, respectivamente, y c) el compromiso financiero del Contratista de realizar actividades en la zona de exploración y su interés en ello y las obligaciones recíprocas que contraen en el presente contrato, confiere al Contratista el derecho exclusivo de explorar el área de exploración de conformidad con las cláusulas del presente contrato para buscar nódulos polimetálicos.

Entrada en vigor y duración del contrato

4. El presente contrato entrará en vigor una vez que haya sido firmado por ambas partes y, con sujeción a las cláusulas uniformes, seguirá en vigor por un período de quince años a menos que:

    a) Se adjudique al Contratista un contrato de explotación en la zona de exploración que entre en vigor antes de que expire ese período de quince años; o

    b) El contrato sea resuelto antes, con la salvedad de que la duración del contrato podrá prorrogarse de conformidad con las cláusulas uniformes 3.2 y 17.2.

Anexos

5. Los anexos mencionados en las cláusulas uniformes, concretamente en la cláusula 4 y la cláusula 8, son, a los efectos del presente contrato, los anexos 2 y 3 respectivamente.

Integridad del acuerdo

6. En el presente contrato se expresa en su integridad el acuerdo entre las partes y ninguna de sus cláusulas podrá ser modificada por un entendimiento verbal ni un entendimiento anterior expresado por escrito.

EN TESTIMONIO DE LO CUAL, los infrascritos, debidamente autorizados para ello por las partes respectivas, firman el presente contrato en Kingston (Jamaica) este _ día de _____.

Anexo 1

[Coordenadas y carta ilustrativa de la zona de exploración]

Anexo 2

[Programa de actividades para el quinquenio en curso, revisado periódicamente]

Anexo 3

[El programa de capacitación pasará a constituir un anexo del contrato cuando la Autoridad lo apruebe de conformidad con la cláusula uniforme 8.]

Anexo IV

Cláusulas uniformes del contrato para la exploración

Cláusula 1
Términos empleados

1.1 En las cláusulas siguientes:

a) Por "zona de exploración" se entiende la parte de la Zona asignada al Contratista para la exploración, según se describe en el anexo 1 del presente, y que podrá ser reducida de conformidad con el presente contrato y el Reglamento;

b) Por "programa de actividades" se entiende el indicado en el anexo 2, que podrá modificarse de conformidad con las cláusulas 4.3 y 4.4 del presente contrato;

c) Por "Reglamento" se entiende el Reglamento sobre Prospección y Exploración de Nódulos Polimetálicos en la Zona que apruebe la Autoridad.

1.2 Los términos y frases que se definen en el Reglamento tendrán igual sentido en estas cláusulas uniformes.

1.3 De conformidad con el Acuerdo relativo a la aplicación de la Parte XI de la Convención de las Naciones Unidas sobre el Derecho del Mar de 10 de diciembre de 1982, sus disposiciones y la Parte XI de la Convención se interpretarán y aplicarán conjuntamente como un solo instrumento; el presente contrato y las referencias que en él se hacen a la Convención se interpretarán y aplicarán en consecuencia.

1.4 El presente contrato incluye sus anexos, que formarán parte integrante de él.

Cláusula 2
Derechos del Contratista

2.1 Los derechos del Contratista estarán garantizados, por lo que el presente contrato no será suspendido, rescindido ni modificado, excepto de conformidad con sus cláusulas 20, 21 y 24.

2.2 El Contratista tendrá el derecho exclusivo de explorar la zona de exploración en busca de nódulos polimetálicos de conformidad con las cláusulas del presente contrato. La Autoridad velará por que ninguna otra entidad realice actividades en la zona de exploración relacionadas con una categoría diferente de recursos que dificulten indebidamente las operaciones del Contratista.

2.3 El Contratista, previa notificación a la Autoridad, podrá renunciar en cualquier momento sin sanción alguna a la totalidad o parte de sus derechos en el área de exploración, pero seguirá siendo responsable del cumplimiento de las obligaciones que haya contraído antes de la fecha de la renuncia y respecto del área objeto de la renuncia.

2.4 Nada de lo dispuesto en el presente contrato será interpretado en el sentido de que confiere al Contratista más derechos que los que le son conferidos expresamente en él. La Autoridad se reserva el derecho a concertar con terceros contratos relativos a recursos distintos de los nódulos polimetálicos en la zona abarcada por el presente contrato.

Cláusula 3
Duración del contrato

3.1 El presente contrato entrará en vigor una vez que haya sido firmado por ambas partes y seguirá en vigor por un período de quince años a menos que:

a) Se adjudique al Contratista un contrato de explotación en la zona de exploración que entre en vigor antes de que expire ese período de quince años; o

b) El contrato sea resuelto antes, con la salvedad de que la duración del contrato podrá prorrogarse de conformidad con las cláusulas 3.2 y 17.2.

3.2 Si el Contratista lo solicitare, a más tardar seis meses antes de la expiración del presente contrato, este podrá ser prorrogado por períodos no superiores a cinco años cada uno, en las condiciones en que la Autoridad y el Contratista convengan de conformidad con el Reglamento. La prórroga será aprobada si el Contratista se ha esforzado de buena fe por cumplir los requisitos del presente contrato pero, por razones ajenas a su voluntad, no ha podido completar el trabajo preparatorio necesario para pasar a la etapa de exploración o las circunstancias económicas imperantes no justifiquen que se pase a esa etapa.

3.3 No obstante la expiración del presente contrato de conformidad con la cláusula 3.1, si el Contratista hubiere solicitado, por lo menos noventa días antes de la fecha de expiración, un contrato de explotación, sus derechos y obligaciones con arreglo al presente contrato seguirán vigentes hasta el momento en que la solicitud haya sido examinada y aceptada o denegada.

Cláusula 4
Exploración

4.1 El Contratista comenzará la exploración de conformidad con el cronograma estipulado en el programa de actividades establecido en el anexo 2 del presente y cumplirá ese cronograma con las modificaciones que se estipulen en el presente contrato.

4.2 El Contratista llevará a cabo el programa de actividades establecido en el anexo 2 del presente. Al realizar esas actividades, efectuará cada año de vigencia del contrato gastos directos y efectivos por concepto de exploración de un monto no inferior al indicado en el programa o en una modificación del programa introducida de común acuerdo.

4.3 El Contratista, previo consentimiento de la Autoridad, que no podrá denegarlo sin fundamento, podrá introducir en el programa de actividades y en los gastos indicados en él los cambios que sean necesarios y prudentes con arreglo a las buenas prácticas de la industria minera, y teniendo en cuenta las condiciones de mercado de los metales contenidos en los nódulos polimetálicos y las demás condiciones económicas y mundiales que sean pertinentes.

4.4 El Contratista y el Secretario General procederán, a más tardar noventa días antes de la expiración de cada quinquenio a partir de la fecha de entrada en vigor del presente contrato, según lo estipulado en su cláusula 3, a examinar conjuntamente los resultados de la ejecución del plan de trabajo para la exploración en virtud del presente contrato. El Secretario General podrá pedir al Contratista que le presente los datos y la información adicionales que fueren necesarios para los fines del examen. A la luz del examen, el Contratista hará los ajustes necesarios a su plan de trabajo e indicará su programa de actividades para el quinquenio siguiente, incluido un cronograma revisado de los gastos anuales previstos. El anexo 2 del presente se ajustará en consecuencia.

Cláusula 5
Vigilancia ambiental

5.1 El Contratista tomará las medidas necesarias para prevenir, reducir y controlar la contaminación del medio marino y otros riesgos para este derivados de sus actividades en la Zona en la medida en que sea razonablemente posible aplicando el criterio de precaución y las mejores prácticas ambientales.

5.2 Antes de iniciar las actividades de exploración, el Contratista presentará a la Autoridad:

a) Una evaluación de los posibles efectos de las actividades propuestas sobre el medio marino;

b) Una propuesta relativa a un programa de vigilancia para determinar los posibles efectos de las actividades propuestas sobre el medio marino; y

c) Datos que puedan utilizarse para establecer una línea de base ambiental que permita evaluar los efectos de las actividades propuestas.

5.3 El Contratista, de conformidad con el Reglamento, obtendrá datos ambientales de referencia a medida que avancen y se desarrollen las actividades de exploración y establecerá líneas de base ambientales con respecto a las cuales se puedan evaluar los efectos probables sobre el medio marino de las actividades del Contratista.

5.4 El Contratista elaborará y ejecutará, de conformidad con el Reglamento, un programa de vigilancia e información respecto de esos efectos en el medio marino. El Contratista cooperará con la Autoridad a los efectos de esa vigilancia.

5.5 El Contratista, dentro de los 90 días anteriores a la finalización de cada año civil del contrato, informará al Secretario General respecto de la aplicación y los resultados del programa de vigilancia mencionado en la cláusula 5.4 y presentará los datos y la información exigidos en el Reglamento.

Cláusula 6
Planes de contingencia y casos de emergencia

6.1 El Contratista, antes de comenzar su programa de actividades en virtud del presente contrato, presentará al Secretario General un plan de contingencia a fin de actuar eficazmente en caso de accidentes que probablemente hayan de causar daños graves o la amenaza de daños graves al medio marino como consecuencia de las actividades marítimas del Contratista en el área de exploración. En ese plan de contingencia se establecerán procedimientos especiales y se preverá el suministro del equipo suficiente y adecuado para hacer frente a esos accidentes y, en particular, el plan comprenderá disposiciones relativas a:

a) Una llamada de alarma general inmediata en la zona de las actividades de exploración;

b) La inmediata notificación al Secretario General;

c) Una llamada de alerta a los buques que estén a punto de entrar en las cercanías de la zona;

d) El suministro constante de información cabal al Secretario General sobre los pormenores de las medidas de emergencia que se hayan tomado ya y las que haya que tomar;

e) La eliminación, en caso necesario, de sustancias contaminantes;

f) La reducción y, en la medida de lo razonablemente posible, la prevención de daños graves al medio marino, así como la mitigación de sus efectos;

g) La cooperación, según proceda, con otros contratistas y con la Autoridad para actuar en caso de emergencia; y

h) Simulacros periódicos de acción en casos de emergencia.

6.2 El Contratista informará prontamente al Secretario General de cualquier accidente dimanado de sus actividades que haya causado, esté causando o amenace con causar daños graves al medio marino. En cada informe se consignarán los detalles del accidente, entre otros:

a) Las coordenadas de la zona afectada o que quepa razonablemente prever que ha de ser afectada;

b) La descripción de las medidas que esté adoptando el Contratista para prevenir, contener, reducir al mínimo o reparar los daños graves al medio marino;

c) La descripción de las medidas que esté tomando el Contratista para vigilar los efectos del accidente sobre el medio marino; y

d) La información complementaria que el Secretario General razonablemente necesite.

6.3 El Contratista cumplirá las órdenes de emergencia que dicte el Consejo y las medidas inmediatas de índole temporal que decrete el Secretario General de conformidad con el Reglamento para prevenir, contener, reducir al mínimo o reparar los daños graves o la amenaza de daño grave al medio marino, las cuales podrán incluir órdenes al Contratista para que suspenda o modifique actividades en el área de exploración.

6.4 Si el Contratista no cumpliere prontamente esas órdenes de emergencia o medidas inmediatas de índole temporal, el Consejo podrá tomar las medidas que sean razonablemente necesarias para prevenir, contener, reducir al mínimo o reparar los daños graves o la amenaza de daños graves al medio marino a costa del Contratista. El Contratista reembolsará prontamente a la Autoridad el monto de esos gastos, que será adicional a las sanciones pecuniarias que le sean impuestas de conformidad con las disposiciones del presente contrato o del Reglamento.

Cláusula 7
Restos humanos y objetos y sitios de carácter arqueológico o histórico

El Contratista notificará de inmediato y por escrito al Secretario General que ha encontrado en la zona de exploración restos humanos de carácter arqueológico o histórico o cualquier objeto o sitio de carácter similar y cuál es su ubicación, así como de las medidas de preservación y protección que se hayan adoptado. El Secretario General transmitirá la información al Director General de la Organización de las

Naciones Unidas para la Educación, la Ciencia y la Cultura y a cualquiera otra organización internacional competente. Tras el hallazgo de un resto humano, objeto o sitio de esa índole en la zona de exploración y a fin de no perturbarlos, no se llevará a cabo ninguna otra prospección o exploración dentro de un radio razonable hasta que el Consejo decida otra cosa teniendo en cuenta las observaciones del Director General de la Organización de las Naciones Unidas para la Educación, la Ciencia y la Cultura o de cualquier otra organización competente.

Cláusula 8
Capacitación

8.1 De conformidad con el Reglamento, el Contratista, antes de comenzar la exploración en virtud del presente contrato, presentará a la Autoridad, para su aprobación, propuestas de programas para la capacitación de personal de la Autoridad y de Estados en desarrollo, incluida la participación de ese personal en todas las actividades que realice el Contratista en virtud del presente contrato.

8.2 El ámbito y la financiación del programa de capacitación serán objeto de negociaciones entre el Contratista, la Autoridad y el Estado o los Estados patrocinantes.

8.3 El Contratista llevará a cabo los programas de esta índole de conformidad con el programa concreto de capacitación a que se hace referencia en el párrafo 8.1, aprobado por la Autoridad de conformidad con el presente Reglamento, y que, con sus revisiones o adiciones, se convertirá en parte del presente contrato como anexo 3.

Cláusula 9
Libros y registros

El Contratista llevará un juego completo y en debida forma de libros, cuentas y registros financieros compatibles con los principios contables internacionalmente admitidos. En esos libros, cuentas y registros financieros se dejará constancia clara de los gastos efectivos y directos de exploración y de los demás datos que faciliten la comprobación efectiva de esos gastos.

Cláusula 10
Presentación de informes anuales

10.1 El Contratista, dentro de los noventa días siguientes a la finalización de cada año civil, presentará al Secretario General, en el formato que recomiende periódicamente la Comisión Jurídica y Técnica, un informe relativo a su programa de actividades en la zona de exploración que contendrá, en la medida en que proceda, información suficientemente detallada sobre:

a) Las actividades de exploración realizadas durante el año civil, lo que comprende mapas, cartas y gráficos que ilustren la labor realizada y los resultados obtenidos;

b) El equipo utilizado para realizar las actividades de exploración, incluidos los resultados de los ensayos de tecnologías de explotación minera propuestas, aunque no sobre los datos relativos al diseño del equipo; y

c) La ejecución de los programas de capacitación, incluidas las propuestas de revisiones o adiciones a esos programas.

10.2 Los informes contendrán también:

a) Los resultados de los programas de vigilancia ambiental, entre ellos las observaciones, las mediciones, las evaluaciones y los análisis de los parámetros ambientales;

b) Una relación de la cantidad de nódulos polimetálicos obtenidos como muestra o para fines de ensayo;

c) Un estado, conforme a los principios contables internacionalmente aceptados y certificado por una firma de contadores públicos internacionalmente reconocida o, en caso de que el Contratista sea un Estado o una empresa estatal, por el Estado patrocinante, de los gastos efectivos y directos que haya hecho el Contratista en la ejecución del programa de actividades durante el año contable del Contratista. El contratista podrá reclamar esos gastos como parte de sus costos previos al comienzo de la producción comercial;

d) Las propuestas de ajustes del programa de actividades y las razones en que se fundan.

10.3 El Contratista presentará además toda la información adicional necesaria para complementar los informes a que se hace referencia en las cláusulas 10.1 y 10.2 y que el Secretario General pueda pedir razonablemente a fin de que la Autoridad cumpla las funciones que le asignan la Convención, el Reglamento y el presente contrato.

10.4 El Contratista conservará, en buen estado, una parte representativa de las muestras de nódulos polimetálicos obtenidas en el curso de la exploración hasta que termine el presente contrato. La Autoridad podrá pedir por escrito al Contratista que le entregue, para analizarla, una parte de cualquier muestra que haya obtenido en el curso de la exploración.

10.5 En el momento de presentar el informe anual, el Contratista pagará una tasa fija anual de 47.000 dólares de los Estados Unidos (o la suma fijada de conformidad con la cláusula 10.6 *infra*) para sufragar los gastos generales de la Autoridad relacionados con la administración y supervisión del contrato y con el examen de los informes presentados de conformidad con la cláusula 10.1 *supra*.

10.6 La Autoridad podrá revisar el monto de la tasa anual en concepto de gastos generales con el fin de reflejar los gastos que efectiva y razonablemente haya efectuado[5].

---

[5] ISBA/19/A/12, de fecha 25 de julio de 2013, enmiendas.

Cláusula 11
Datos e información que deberán entregarse al expirar el contrato

11.1 El Contratista transferirá a la Autoridad todos los datos y la información que sean necesarios y pertinentes para el ejercicio efectivo de las facultades y las funciones de la Autoridad con respecto a la zona de exploración de conformidad con lo dispuesto en la presente cláusula.

11.2 Al expirar o rescindirse el contrato, el Contratista, si no lo hubiese hecho ya, presentará los siguientes datos e información al Secretario General:

    a) Copias de los datos geológicos, ambientales, geoquímicos y geofísicos adquiridos por el Contratista durante la ejecución del programa de actividades que sean necesarios y pertinentes para el ejercicio efectivo de las facultades y funciones de la Autoridad con respecto a la zona de exploración;

    b) La estimación de las zonas explotables, cuando se hayan individualizado, lo que comprenderá detalles del grado y cantidad de reservas comprobadas, probables y posibles de nódulos polimetálicos y las condiciones de explotación previstas;

    c) Copias de todos los informes geológicos, técnicos, financieros y económicos preparados por el Contratista o para él que sean necesarios y pertinentes para el ejercicio efectivo de las facultades y funciones de la Autoridad con respecto a la zona de exploración;

    d) Información suficientemente detallada sobre el equipo utilizado para llevar a cabo las actividades de exploración, incluidos los resultados de los ensayos de tecnologías de explotación minera propuestas, aunque no los datos relativos al diseño del equipo;

    e) Una relación de la cantidad de nódulos polimetálicos extraídos como muestras o con fines de ensayo; y

    f) Una relación de la manera y el lugar en que se archivaron las muestras y su disponibilidad para la Autoridad.

11.3 Los datos y la información mencionados en la cláusula 11.2 serán presentados también al Secretario General si, antes de que expire el presente contrato, el Contratista solicita la aprobación de un plan de trabajo de explotación o si el Contratista renuncia a sus derechos en la zona de exploración, en la medida en que los datos y la información se refieran a la zona respecto de la cual ha renunciado a sus derechos.

Cláusula 12
Confidencialidad

Los datos e informaciones que se hayan transmitido a la Autoridad de conformidad con el presente contrato se considerarán confidenciales con arreglo a las disposiciones del Reglamento.

Cláusula 13
Obligaciones

13.1 El Contratista procederá a la exploración de conformidad con las cláusulas y las condiciones del presente contrato, el Reglamento, la Parte XI de la Convención, el Acuerdo y otras normas de derecho internacional que no sean incompatibles con la Convención.

13.2 El Contratista se compromete a:

a) Cumplir las disposiciones del presente contrato y aceptar su carácter ejecutorio;

b) Cumplir las obligaciones pertinentes creadas por las disposiciones de la Convención, las normas, los reglamentos y los procedimientos de la Autoridad y las decisiones de los órganos de la Autoridad;

c) Aceptar el control de la Autoridad sobre las actividades en la Zona en la forma autorizada por la Convención;

d) Cumplir de buena fe las obligaciones estipuladas en el presente contrato; y

e) Cumplir, en la medida en que sea razonablemente posible, las recomendaciones que imparta periódicamente la Comisión Jurídica y Técnica.

13.3 El Contratista llevará a cabo activamente el programa de actividades:

a) Con la diligencia, eficiencia y economía debidas;

b) Teniendo debidamente en cuenta los efectos de sus actividades sobre el medio marino; y

c) Teniendo razonablemente en cuenta otras actividades en el medio marino.

13.4 La Autoridad se compromete a ejercer de buena fe las facultades y las funciones que le corresponden en virtud de la Convención y del Acuerdo, de conformidad con el artículo 157 de la Convención.

Cláusula 14
Inspección

14.1 El Contratista permitirá que la Autoridad envíe inspectores a bordo de los buques y las instalaciones que utilice para realizar actividades en la zona de exploración con el objeto de:

a) Vigilar el cumplimiento por el Contratista de las cláusulas del presente contrato y del Reglamento; y

b) Vigilar los efectos de esas actividades sobre el medio marino.

14.2 El Secretario General dará aviso razonable al Contratista de la fecha y duración previstas de las inspecciones, el nombre de los inspectores y de todas las actividades que los inspectores habrán de realizar y que probablemente requieran la disponibilidad de equipo especial o de asistencia especial del personal del Contratista.

14.3 Los inspectores estarán facultados para inspeccionar cualquier buque o instalación, incluidos sus registros, equipo, documentos, instalaciones, los demás datos registrados y los documentos pertinentes que sean necesarios para vigilar el cumplimiento del contrato por el Contratista.

14.4 El Contratista, sus agentes y sus empleados prestarán asistencia a los inspectores en el desempeño de sus funciones y:

    a) Aceptarán y facilitarán el acceso pronto y seguro de los inspectores a las naves e instalaciones;

    b) Cooperarán con la inspección de un buque o instalación realizada con arreglo a estos procedimientos y prestarán asistencia en ella;

    c) Darán en todo momento acceso razonable al equipo, las instalaciones y el personal que correspondan y se encuentren en las naves e instalaciones;

    d) No obstruirán el ejercicio de las funciones de los inspectores, no los intimidarán ni interferirán en su labor;

    e) Suministrarán a los inspectores instalaciones razonables, con inclusión, si procede, de alimentación y alojamiento; y

    f) Facilitarán el desembarco de los inspectores en condiciones de seguridad.

14.5 Los inspectores se abstendrán de interferir con las operaciones normales y seguras a bordo de las naves e instalaciones que utilice el Contratista para realizar actividades en el área visitada y actuarán de conformidad con el Reglamento y las medidas adoptadas para proteger el carácter confidencial de los datos y la información.

14.6 El Secretario General y cualquiera de sus representantes debidamente autorizados tendrán acceso, para los estudios y auditorías, a todos los libros, documentos, informes y registros del Contratista que sean necesarios y directamente pertinentes para verificar los gastos a que se hace referencia en la cláusula 10.2 c).

14.7 Cuando sea necesaria la adopción de medidas, el Secretario General pondrá la información pertinente que figure en los informes de los inspectores a disposición del Contratista y del Estado o los Estados que lo patrocinan.

14.8 El Contratista, si por cualquier razón no procede a la exploración y no solicita un contrato de explotación, lo notificará por escrito al Secretario General a fin de que la Autoridad pueda, si decide hacerlo, llevar a cabo una inspección con arreglo a la presente cláusula.

Cláusula 15
Condiciones de seguridad, de trabajo y de salud

15.1 El Contratista deberá cumplir las normas y los estándares internacionales generalmente aceptados, establecidos por las organizaciones internacionales competentes o las conferencias diplomáticas generales, en relación con la seguridad de la vida en el mar y la prevención de colisiones, y las normas, los reglamentos y los procedimientos que adopte la Autoridad en relación con la seguridad de la vida en el mar, y los buques que se utilicen para realizar actividades en la Zona deberán estar en posesión de certificados vigentes y válidos, exigidos y emitidos de conformidad con los reglamentos y los estándares internacionales.

15.2 El Contratista, al realizar actividades de exploración con arreglo al presente contrato, deberá observar y cumplir las normas, los reglamentos y los procedimientos que adopte la Autoridad en materia de protección contra la discriminación en el empleo, salud y seguridad ocupacionales, relaciones laborales, seguridad social, seguridad en el empleo y condiciones de vida en el lugar de trabajo. En las normas, los reglamentos y los procedimientos se tendrán en cuenta los convenios y las recomendaciones de la Organización Internacional del Trabajo y otras organizaciones internacionales competentes.

Cláusula 16
Responsabilidad

16.1 El Contratista será responsable del monto efectivo de los daños y perjuicios, incluidos los causados al medio marino, derivados de actos u omisiones ilícitos cometidos por él o por sus empleados, subcontratistas, agentes y personas que trabajen para ellos o actúen en su nombre en la realización de sus operaciones con arreglo al presente contrato, con inclusión del costo de las medidas que sean razonables para prevenir o limitar los daños al medio marino, teniendo en cuenta los actos u omisiones de la Autoridad que hayan contribuido a ellos.

16.2 El Contratista exonerará a la Autoridad, sus empleados, subcontratistas y agentes de las demandas y obligaciones que hagan valer terceros, en razón de actos u omisiones ilícitos del Contratista y de sus empleados, agentes, y subcontratistas, y de todas las personas que trabajen para ellos o actúen en su nombre en la realización de sus operaciones con arreglo al presente contrato.

16.3 La Autoridad será responsable del monto efectivo de los daños y perjuicios causados al Contratista como resultado de sus actos ilícitos en el ejercicio de sus facultades y funciones, con inclusión de las violaciones previstas en el artículo 168 2) de la Convención, y teniendo debidamente en cuenta los actos u omisiones del Contratista, los empleados, agentes y subcontratistas y las personas que trabajan para ellos o actuasen en su nombre en la realización de sus operaciones con arreglo al presente contrato que hayan contribuido a ellos.

16.4 La Autoridad exonerará al Contratista, sus empleados, subcontratistas, agentes y a todas las personas que trabajen para ellos o actúen en su nombre en la realización de sus operaciones, con arreglo al presente contrato, de las demandas y obligaciones que hagan valer terceros derivadas de los actos u omisiones ilícitos en el ejercicio de sus facultades y funciones conforme al presente contrato, incluidas las violaciones previstas en el artículo 168 2) de la Convención.

16.5 El Contratista contratará con empresas internacionalmente reconocidas pólizas de seguro adecuadas, de conformidad con las prácticas marítimas internacionales generalmente aceptadas.

Cláusula 17
Fuerza mayor

17.1 El Contratista no será responsable de una demora inevitable o del incumplimiento de alguna de sus obligaciones con arreglo al presente contrato por razones de fuerza mayor. A los efectos del presente contrato, por fuerza mayor se entiende un acontecimiento o una condición que no cabía razonablemente prever que el Contratista impidiera o controlara, a condición de que no haya sido causado por negligencia o por inobservancia de las buenas prácticas de la industria minera.

17.2 Se concederá al Contratista, previa solicitud, una prórroga equivalente al período en el cual el cumplimiento del contrato quedó demorado por razones de fuerza mayor y se prorrogará en la forma correspondiente la duración del presente contrato.

17.3 En caso de fuerza mayor, el Contratista tomará todas las medidas razonables para volver a ponerse en condiciones de cumplir las cláusulas y las condiciones del presente contrato con un mínimo de demora.

17.4 El Contratista notificará a la Autoridad tan pronto como sea razonablemente posible que ha habido fuerza mayor e, igualmente, notificará a la Autoridad cuando se restablezcan las condiciones normales.

Cláusula 18
Descargo de responsabilidad

El Contratista, sus empresas afiliadas o sus subcontratistas no podrán afirmar o sugerir de manera alguna, expresa ni tácitamente, que la Autoridad o cualquiera de sus funcionarios tiene o ha expresado una opinión con respecto a los nódulos polimetálicos en la zona de exploración; no podrá incluirse una declaración en ese sentido en los prospectos, avisos, circulares, anuncios, comunicados de prensa o documentos similares que publique el Contratista, sus empresas afiliadas o sus subcontratistas y que se refieran directa o indirectamente al presente contrato. A los efectos de la presente cláusula, por "empresa afiliada" se entenderá cualquier persona, empresa o compañía o entidad estatal que tenga control sobre el Contratista, sea controlada por este o sea controlada junto con este por otra entidad.

Cláusula 19
Renuncia de derechos

El Contratista, previa notificación a la Autoridad, estará facultado para renunciar a sus derechos y poner término al presente contrato sin sanción alguna, si bien no quedará exento del cumplimiento de las obligaciones contraídas antes de la fecha de la renuncia ni de las que debe cumplir una vez terminado el contrato de conformidad con el Reglamento.

Cláusula 20
Término del patrocinio

20.1 El Contratista notificará prontamente a la Autoridad si cambia su nacionalidad o control o si el Estado que lo patrocina, tal como está definido en el Reglamento, pone término a su patrocinio.

20.2 En cualquiera de esos casos, y si el Contratista no obtuviere otro patrocinante que cumpla los requisitos fijados en las normas aplicables y que presente a la Autoridad un certificado de patrocinio en la forma y dentro del plazo estipulados en las normas aplicables, el presente contrato quedará resuelto de inmediato.

Cláusula 21
Suspensión y rescisión del contrato y sanciones

21.1 El Consejo podrá suspender o rescindir el presente contrato, sin perjuicio de los demás derechos que tenga, de darse una de las siguientes circunstancias:

a) Si, a pesar de las advertencias por escrito de la Autoridad, la forma en que el Contratista ha realizado sus actividades constituye un incumplimiento grave, persistente y doloso de las disposiciones fundamentales del presente contrato, la Parte XI de la Convención, el Acuerdo o las normas, reglamentos y procedimientos de la Autoridad; o

b) Si el Contratista no ha cumplido una decisión definitiva y obligatoria del órgano de solución de controversias que le sea aplicable; o

c) Si el Contratista cae en insolvencia, comete un acto que entrañe la cesación de pagos, pacta un convenio con sus acreedores, queda sometido a liquidación o sindicatura voluntaria o forzada, pide a un tribunal que le sea nombrado un síndico o da comienzo a una actuación judicial relativa a sí mismo con arreglo a una ley sobre quiebras, insolvencia o ajuste de la deuda, esté o no en vigor en ese momento, para un fin distinto del de reorganizarse.

21.2 El Consejo podrá, sin perjuicio de lo dispuesto en la cláusula 17, suspender o rescindir el presente contrato, tras haber celebrado consultas con el Contratista, sin perjuicio de ningún otro derecho que posea la Autoridad, si el Contratista no puede cumplir las obligaciones que le corresponden en virtud del presente contrato debido a un acontecimiento o una condición de fuerza mayor, conforme a lo estipulado en la cláusula 17.1, que haya persistido durante un período de más de dos años continuos, aunque el Contratista haya adoptado todas las medidas razonables para superar su incapacidad de cumplir con las cláusulas del presente contrato con una demora mínima.

21.3 La suspensión o rescisión se realizará por medio de una notificación, por intermedio del Secretario General, e incluirá una declaración acerca de los motivos para tomar esa medida. La suspensión o rescisión entrará en vigor 60 días después de dicha notificación, a menos que el Contratista impugne el derecho de la Autoridad de suspender o rescindir este contrato de conformidad con la sección 5 de la Parte XI de la Convención.

21.4 Si el Contratista procede de esa manera, el presente contrato solo podrá ser suspendido o rescindido de conformidad con una decisión definitiva y con fuerza jurídica obligatoria adoptada de conformidad con la sección 5 de la Parte XI de la Convención.

21.5 El Consejo, en caso de que suspenda el presente contrato, podrá, previa notificación, exigir al Contratista que reanude sus operaciones y cumpla las cláusulas y las condiciones de él a más tardar dentro de los 60 días siguientes a la fecha de la notificación.

21.6 En caso de que se produzca un incumplimiento del contrato no previsto en la cláusula 21.1 a), o en lugar de la suspensión o rescisión con arreglo a la cláusula 21.1, el Consejo podrá imponer al Contratista sanciones monetarias proporcionales a la gravedad de la transgresión.

21.7 El Consejo no podrá ejecutar una decisión que implique sanciones monetarias hasta que el Contratista haya tenido oportunidad razonable de agotar los recursos judiciales de que dispone con arreglo a la sección 5 de la Parte XI de la Convención.

21.8 En caso de rescisión o expiración del presente contrato, el Contratista cumplirá el Reglamento y sacará del área de exploración todas sus instalaciones, planta, equipo y materiales de manera de que esa área no constituya un peligro para las personas, para el transporte ni para el medio marino.

Cláusula 22
Transferencia de derechos y obligaciones

22.1 Los derechos y las obligaciones del Contratista en virtud del presente contrato podrán ser transferidos en su totalidad o en parte únicamente con el consentimiento de la Autoridad y con arreglo al Reglamento.

22.2 La Autoridad no negará sin causa bastante su consentimiento a la transferencia si el cesionario propuesto reúne todas las condiciones requeridas de un solicitante calificado de conformidad con el Reglamento y asume todas las obligaciones del Contratista y si la transferencia no confiere al cesionario un plan de trabajo cuya aprobación estaría prohibida por el artículo 6, párrafo 3 c), del anexo III de la Convención.

22.3 Las cláusulas, las obligaciones y las condiciones del presente contrato se entenderán en beneficio de las partes en él y sus respectivos sucesores y cesionarios y serán obligatorias para ellos.

Cláusula 23
Exoneración

El hecho de que una de las partes renuncie a los derechos que le correspondan por el incumplimiento de las cláusulas y condiciones del presente contrato por la otra no será interpretado en el sentido de que también la exonera de cualquier transgresión ulterior de la misma cláusula o la misma condición o cualquier otra que haya de cumplir.

Cláusula 24
Revisión

24.1 Cuando hayan surgido o puedan surgir circunstancias que, a juicio de la Autoridad o el Contratista, hagan inequitativo el presente contrato o hagan impracticable o imposible el logro de los objetivos previstos en él y en la Parte XI de la Convención o en el Acuerdo, las partes entablarán negociaciones para revisarlo en la forma correspondiente.

24.2 El presente contrato podrá también ser revisado de común acuerdo entre el Contratista y la Autoridad para facilitar la aplicación de las normas, reglamentos y procedimientos que esta apruebe después de su entrada en vigor.

24.3 El presente contrato podrá ser revisado, enmendado o modificado únicamente con el consentimiento del Contratista y la Autoridad y mediante instrumento en regla y firmado por los representantes autorizados de las partes.

Cláusula 25
Controversias

25.1 Las controversias que surjan entre las partes acerca de la interpretación o aplicación del presente contrato se dirimirán con arreglo a lo dispuesto en la sección 5 de la Parte XI de la Convención.

25.2 De conformidad con el artículo 21 2) del anexo III de la Convención el fallo definitivo que dicte una corte o tribunal competente con arreglo a la Convención en lo relativo a los derechos y obligaciones de la Autoridad y del Contratista será ejecutable en el territorio de cada uno de los Estados partes en la Convención afectados.

Cláusula 26
Notificación

26.1 El Secretario General o el representante designado del Contratista, según el caso, harán por escrito todo pedido, solicitud, aviso, informe, autorización, aprobación, exención, directiva o instrucción en relación con el presente contrato. La notificación se hará en mano o por télex, fax, correo aéreo certificado o correo electrónico con firma autorizada al Secretario General en la sede de la Autoridad o al representante designado. La obligación de facilitar por escrito la información que establece el presente Reglamento quedará satisfecha cuando se haga en un mensaje de correo electrónico que contenga una firma digital.

26.2 Cualquiera de las partes estará facultada para cambiar esa dirección por cualquier otra, previo aviso enviado a la otra parte con no menos de diez días de antelación.

26.3 La notificación en mano surtirá efecto en el momento en que se haga. Se considerará que la notificación por télex surtirá efecto el día hábil siguiente a aquel en que aparezca en la máquina de télex del remitente la expresión "respuesta". La notificación por fax surtirá efecto cuando quien lo envíe reciba el "informe de confirmación de la transmisión", en el cual se confirme la transmisión al número de fax publicado por el receptor. La notificación por correo aéreo certificado se considerará hecha 21 días después del envío. Se entenderá que el destinatario de un correo electrónico lo ha recibido cuando dicho correo entre en un sistema de información diseñado o utilizado por el destinatario para recibir documentos del tipo enviado y pueda ser recuperado y procesado por él.

26.4 La notificación al representante designado del Contratista servirá de notificación a este para todos los efectos en relación con el presente contrato y el representante designado representará al Contratista a los efectos de la notificación de la demanda o de otra diligencia ante un tribunal competente.

26.5 La notificación al Secretario General servirá de notificación a la Autoridad para todos los efectos en relación con el presente contrato y el Secretario General representará a la Autoridad a los efectos de la notificación de la demanda o de otra diligencia ante cualquier tribunal competente.

Cláusula 27
Derecho aplicable

27.1 El presente contrato se regirá por sus propias disposiciones, por las normas, los reglamentos y los procedimientos de la Autoridad, por la Parte XI de la Convención, por el Acuerdo y por las demás normas de derecho internacional que no sean incompatibles con la Convención.

27.2 El Contratista, sus empleados, subcontratistas, agentes o personas que trabajen para ellos o actúen en su nombre en la realización de operaciones en virtud del presente contrato cumplirán las normas aplicables a que se hace referencia en el párrafo 27.1 y no participarán directa o indirectamente en una transacción prohibida por esas normas.

27.3 Ninguna de las disposiciones del presente contrato será interpretada en el sentido de que exime de la necesidad de solicitar y obtener los permisos o autorizaciones necesarios para realizar actividades en virtud de él.

Cláusula 28
Interpretación

La división del contrato en cláusulas y párrafos y los epígrafes que figuran en él obedecen únicamente al propósito de facilitar la referencia y no afectarán a su interpretación.

Cláusula 29
Documentos adicionales

Cada una de las partes en el presente contrato acepta otorgar y entregar los demás instrumentos y realizar o dar los demás actos o cosas que sean necesarios o convenientes para poner en vigor sus disposiciones.

Autoridad Internacional de los Fondos Marinos

ISBA/16/A/12/Rev.1

Asamblea

Distr. general
15 de noviembre de 2010
Español
Original: inglés

16º período de sesiones
Kingston (Jamaica)
26 de abril a 7 de mayo de 2010

Decisión de la Asamblea de la Autoridad Internacional de los Fondos Marinos en relación con el reglamento sobre prospección y exploración de sulfuros polimetálicos en la Zona

La Asamblea de la Autoridad Internacional de los Fondos Marinos,

Habiendo examinado el Reglamento sobre prospección y exploración de sulfuros polimetálicos en la Zona, tal como fue aprobado provisionalmente por el Consejo en su 161ª sesión, celebrada el 6 de mayo de 2010 (ISBA/16/C/L.5),

Aprueba el Reglamento sobre prospección y exploración de sulfuros polimetálicos en la Zona que figura en el anexo del presente documento.

130ª sesión
7 de mayo de 2010

Anexo

Reglamento sobre prospección y exploración de sulfuros polimetálicos en la Zona

Preámbulo

De conformidad con la Convención de las Naciones Unidas sobre el Derecho del Mar ("la Convención"), los fondos marinos y oceánicos y su subsuelo fuera de los límites de la jurisdicción nacional, así como sus recursos, son patrimonio común de la humanidad, cuya exploración y explotación se realizarán en beneficio de toda la humanidad, en cuyo nombre actúa la Autoridad Internacional de los Fondos Marinos. Este reglamento obedece al propósito de regir la prospección y la exploración de los sulfuros polimetálicos.

Parte I
Introducción

Artículo 1
Términos empleados y alcance

1. Los términos utilizados en la Convención tendrán igual acepción en el presente reglamento.

2. De conformidad con el Acuerdo relativo a la aplicación de la Parte XI de la Convención de las Naciones Unidas sobre el Derecho del Mar, de 10 de diciembre de 1982 ("el Acuerdo"), las disposiciones del Acuerdo y la Parte XI de la Convención de las Naciones Unidas sobre el Derecho del Mar, de 10 de diciembre de 1982, se interpretarán y aplicarán en forma conjunta como un solo instrumento. El presente reglamento y las referencias que en él se hagan a la Convención deberán interpretarse y aplicarse de la misma manera.

3. A los efectos del presente reglamento:

    a) Por "explotación" se entiende la recuperación con fines comerciales de sulfuros polimetálicos y la extracción de minerales en la Zona, incluidas la construcción y utilización de sistemas de extracción minera, tratamiento y transporte para la producción y comercialización de minerales;

    b) Por "exploración" se entiende la búsqueda de yacimientos de sulfuros polimetálicos en la Zona en virtud de derechos exclusivos, el análisis de esos yacimientos, la utilización y el ensayo de sistemas y equipo de extracción, instalaciones de tratamiento y sistemas de transporte y la realización de estudios de los factores ambientales, técnicos, económicos y comerciales y otros factores apropiados que haya que tener en cuenta en la explotación;

    c) El "medio marino" incluye los componentes, las condiciones y los factores físicos, químicos, geológicos y biológicos cuya interacción determina la productividad, el estado, la condición y la calidad del ecosistema marino, las aguas de los mares y océanos y el espacio aéreo sobre esas aguas, así como los fondos marinos y oceánicos y su subsuelo;

d) Por "sulfuros polimetálicos" se entienden los yacimientos de minerales sulfurosos y demás recursos minerales unidos a ellos que existen en la Zona que se han formado por acción hidrotermal y que contienen concentraciones de metales como cobre, plomo, zinc, oro y plata, entre otros;

e) Por "prospección" se entiende la búsqueda de yacimientos de sulfuros polimetálicos en la Zona, incluida la estimación de la composición, el tamaño y la distribución de esos yacimientos y su valor económico, sin ningún derecho exclusivo;

f) Por "daños graves al medio marino" se entienden los efectos causados por las actividades realizadas en la Zona en el medio marino que constituyan un cambio adverso importante del medio marino determinado con arreglo a las normas, los reglamentos y los procedimientos aprobados por la Autoridad sobre la base de normas y prácticas internacionalmente reconocidas.

4. El presente reglamento no afectará de manera alguna a la libertad para realizar investigaciones científicas, de conformidad con el artículo 87 de la Convención, ni al derecho a realizar investigaciones científicas marinas en la Zona, de conformidad con los artículos 143 y 256 de la Convención. No se interpretará parte alguna del presente reglamento como una restricción al ejercicio por los Estados de la libertad de la alta mar con arreglo al artículo 87 de la Convención.

5. El presente reglamento podrá complementarse con normas, reglamentos y procedimientos adicionales, en particular acerca de la protección y preservación del medio marino. Este reglamento estará sujeto a las disposiciones de la Convención y el Acuerdo y demás normas del derecho internacional que no sean incompatibles con la Convención.

Parte II
Prospección

Artículo 2
Prospección

1. La prospección se realizará de conformidad con la Convención y con el presente reglamento y únicamente podrá comenzar una vez que el Secretario General haya informado al prospector de que su notificación ha sido registrada de conformidad con el artículo 4, párrafo 2.

2. Los prospectores y el Secretario General aplicarán el criterio de precaución, enunciado en el principio 15 de la Declaración de Río[1]. La prospección no se iniciará cuando haya pruebas fehacientes de que existe riesgo de daños graves al medio marino.

3. La prospección no podrá realizarse en un área comprendida en un plan de trabajo aprobado para la exploración de sulfuros polimetálicos o en un área reservada; tampoco podrá realizarse en un área en la cual el Consejo haya excluido la explotación por el riesgo de daños graves al medio marino.

---

[1] *Informe de la Conferencia de las Naciones Unidas sobre el Medio Ambiente y el Desarrollo, Río de Janeiro, 3 a 14 de junio de 1992* (publicación de las Naciones Unidas, número de venta: S.91.I.8 y correcciones), vol. I: *Resoluciones aprobadas por la Conferencia*, resolución 1, anexo I.

4. La prospección no conferirá al prospector derecho alguno sobre los recursos. No obstante, el prospector podrá extraer una cantidad razonable de minerales, la necesaria para las pruebas de ensayo, pero no con fines comerciales.

5. La prospección no estará sujeta a plazo, pero la prospección en un área determinada cesará cuando el prospector reciba notificación por escrito del Secretario General de que se ha aprobado un plan de trabajo para la exploración respecto de esa área.

6. La prospección podrá ser realizada simultáneamente por más de un prospector en la misma área o las mismas áreas.

Artículo 3
Notificación de la prospección

1. La persona o entidad que se proponga proceder a una prospección lo notificará a la Autoridad.

2. Las notificaciones de prospección se harán en la forma prescrita en el anexo 1 del presente reglamento, serán dirigidas al Secretario General y se ajustarán a los requisitos enunciados en el presente reglamento.

3. Las notificaciones serán presentadas:

   a) En el caso de los Estados, por la autoridad que designen a tal fin;

   b) En el caso de una entidad, por sus representantes designados;

   c) En el caso de la Empresa, por su autoridad competente.

4. Las notificaciones se harán en uno de los idiomas de la Autoridad y contendrán:

   a) El nombre, la nacionalidad y el domicilio del interesado en la prospección y su representante designado;

   b) Las coordenadas del área o las áreas generales dentro de las cuales se realizará la prospección, de conformidad con la norma internacional más reciente e internacionalmente aceptada que aplique la Autoridad;

   c) Una descripción general del programa de prospección en que consten la fecha de comienzo de las actividades y su duración aproximada;

   d) Un compromiso escrito, contraído en forma satisfactoria, de que el interesado en la prospección:

   i) Cumplirá la Convención y las normas, reglamentos y procedimientos de la Autoridad relativos a:

   a. La cooperación en los programas de capacitación relacionados con la investigación científica marina y la transferencia de tecnología a que se hace referencia en los artículos 143 y 144 de la Convención; y

   b. La protección y preservación del medio marino;

   ii) Aceptará que la Autoridad verifique el cumplimiento de lo que antecede; y

   iii) Facilitará a la Autoridad, en la medida de lo posible, los datos que puedan ser pertinentes para la protección y preservación del medio marino.

Artículo 4
Examen de las notificaciones

1. El Secretario General acusará recibo por escrito de las notificaciones presentadas de conformidad con el artículo 3, especificando la fecha en que las recibió.

2. El Secretario General examinará la notificación y tomará una decisión dentro de los 45 días siguientes a la fecha en que la haya recibido. Si la notificación cumple los requisitos previstos en la Convención y en el presente reglamento, el Secretario General inscribirá los pormenores de la notificación en el registro que llevará a esos efectos e informará de ello al prospector por escrito.

3. El Secretario General, dentro de los 45 días siguientes a la fecha en que reciba la notificación, comunicará por escrito al interesado en la prospección si la notificación incluye una parte de un área comprendida en un plan de trabajo aprobado para la exploración o explotación de cualquier tipo de recursos, una parte de un área reservada o una parte de un área en la cual el Consejo haya excluido la explotación por entrañar riesgos de daños graves al medio marino o porque el compromiso escrito no era satisfactorio y remitirá al interesado en la prospección un informe escrito motivado. En tales casos, el interesado en la prospección podrá presentar una notificación enmendada en un plazo de 90 días. El Secretario General dispondrá de 45 días para examinar la notificación enmendada y tomar una decisión.

4. El prospector deberá informar por escrito al Secretario General de cualquier cambio en la información contenida en la notificación.

5. El Secretario General no revelará los pormenores que figuren en la notificación, salvo con el consentimiento escrito del prospector. Sin embargo, el Secretario General comunicará periódicamente a todos los miembros de la Autoridad la identidad del prospector y las áreas en que se estén realizando actividades de prospección sin especificarlas.

Artículo 5
Protección y preservación del medio marino durante la prospección

1. Los prospectores tomarán las medidas necesarias para evitar, reducir y controlar, en la medida de lo razonablemente posible, la contaminación y otros riesgos para el medio marino derivados de la prospección, aplicando un criterio de precaución y las mejores prácticas ambientales. En particular, los prospectores reducirán al mínimo o eliminarán:

   a) Los efectos ambientales adversos de la prospección; y

   b) Los conflictos o las interferencias reales o posibles con las actividades de investigación científica marina existentes o previstas, conforme a las futuras directrices que se establezcan al respecto.

2. Los prospectores cooperarán con la Autoridad para preparar y aplicar programas de vigilancia y evaluación de los posibles efectos sobre el medio marino de la exploración y la explotación de los sulfuros polimetálicos.

3. El prospector notificará inmediatamente por escrito al Secretario General, utilizando el medio más eficaz, todo incidente dimanado de la prospección que haya causado, esté causando o pueda causar daños graves al medio marino. Al recibir la notificación, el Secretario General actuará de conformidad con el artículo 35.

Artículo 6
Informe anual

1. El prospector presentará a la Autoridad, dentro de los 90 días siguientes al final de cada año civil, un informe sobre el estado de la prospección y el Secretario General lo presentará a la Comisión Jurídica y Técnica. El informe contendrá:

    a) Una descripción general del estado de la prospección y de los resultados obtenidos;

    b) Información sobre el cumplimiento del compromiso estipulado en el artículo 3, párrafo 4 d); y

    c) Información sobre la adhesión a las directrices pertinentes que se establezcan al respecto.

2. El prospector, si se propone resarcirse de los gastos de la prospección como parte de los gastos de inversión que haya efectuado con anterioridad al inicio de la producción comercial, deberá presentar un estado financiero anual conforme a los principios contables internacionalmente aceptados y certificado por una empresa de contadores públicos debidamente acreditada sobre los gastos reales y directos que haya realizado con ocasión de la prospección.

Artículo 7
Confidencialidad de los datos y la información contenidos en el informe anual

1. El Secretario General protegerá el carácter confidencial de todos los datos y la información que consten en los informes que se presenten en cumplimiento del artículo 6, aplicando, mutatis mutandis, las disposiciones de los artículos 38 y 39, con la salvedad de que los datos y las informaciones relacionados con la protección y la preservación del medio marino, en particular los derivados de los programas de vigilancia ambiental, no se considerarán confidenciales. El prospector podrá solicitar que los datos no se divulguen por un período de hasta tres años contados a partir de la fecha de su presentación.

2. El Secretario General podrá en cualquier momento, con el consentimiento del prospector de que se trate, revelar datos e información relativos a la prospección en un área con respecto a la cual se haya presentado la notificación correspondiente. Si el Secretario General, tras realizar esfuerzos razonables durante dos años como mínimo para comunicarse con el prospector, determina que este ha dejado de existir o que se desconoce su paradero, podrá revelar dichos datos e información.

Artículo 8
Objetos de interés arqueológico o histórico

El prospector notificará inmediatamente por escrito al Secretario General el hallazgo en la Zona de cualquier objeto de efectivo o posible interés arqueológico o histórico y su emplazamiento. El Secretario General transmitirá a su vez esa información al Director General de la Organización de las Naciones Unidas para la Educación, la Ciencia y la Cultura.

Parte III
Solicitudes de aprobación de planes de trabajo para la exploración en forma de contratos

Sección 1
Disposiciones generales

Artículo 9
Disposición común

Con sujeción a las disposiciones de la Convención, podrán solicitar de la Autoridad la aprobación de un plan de trabajo para la exploración:

a) La Empresa, actuando en nombre propio o en virtud de un arreglo conjunto;

b) Los Estados partes, las empresas estatales o las personas físicas o jurídicas que posean la nacionalidad de Estados partes o sean efectivamente controladas por ellos o por sus nacionales, cuando las patrocinen dichos Estados, o cualquier agrupación de los anteriores que reúna los requisitos previstos en el presente reglamento.

Sección 2
Contenido de la solicitud

Artículo 10
Forma de la solicitud

1. Las solicitudes de aprobación de un plan de trabajo para la exploración se presentarán en la forma indicada en el anexo 2 del presente reglamento, estarán dirigidas al Secretario General y se ajustarán a los requisitos del presente reglamento.

2. Las solicitudes serán presentadas:

   a) En el caso de los Estados, por la autoridad que designen a tal fin;

   b) En el caso de una entidad, por sus representantes designados o por la autoridad designada con tal fin por el Estado o los Estados patrocinadores; y

   c) En el caso de la Empresa, por su autoridad competente.

3. En las solicitudes presentadas por una empresa estatal o una de las entidades a que se refiere el apartado b) del artículo 9 figurará además:

   a) Información suficiente para determinar la nacionalidad del solicitante o la identidad del Estado o los Estados, o la de sus nacionales, que lo controlen efectivamente; y

   b) El establecimiento o domicilio principal del solicitante y, si procede, el lugar en donde está inscrito.

4. Las solicitudes presentadas por una asociación o un consorcio de entidades incluirán la información requerida en relación con cada uno de sus integrantes.

Artículo 11
Certificado de patrocinio

1. La solicitud presentada por una empresa estatal o una de las entidades a que se refiere el artículo 9 b) irá acompañada de un certificado de patrocinio expedido por el Estado del cual sea nacional o a cuyo control o el de sus nacionales esté efectivamente sujeta. Si el solicitante tuviera más de una nacionalidad, como en el caso de las asociaciones o consorcios de entidades de más de un Estado, cada uno de ellos expedirá un certificado de patrocinio.

2. Si el solicitante tuviera la nacionalidad de un Estado pero estuviera sujeto al control efectivo de otro Estado o sus nacionales, cada uno de ellos expedirá un certificado de patrocinio.

3. Los certificados de patrocinio serán debidamente firmados en nombre del Estado que los presente y contendrán:

   a) El nombre del solicitante;

   b) El nombre del Estado patrocinador;

   c) Una declaración de que el solicitante:

   i) Es nacional del Estado patrocinador; o

   ii) Está sujeto al control efectivo del Estado patrocinador o sus nacionales;

   d) Una declaración de que el Estado patrocina al solicitante;

   e) La fecha en que el Estado patrocinador depositó el instrumento de ratificación, adhesión o sucesión con respecto a la Convención;

   f) Una declaración de que el Estado patrocinador asume la responsabilidad a que se hace referencia en el artículo 139, el artículo 153, párrafo 4 y el anexo III, artículo 4, párrafo 4 de la Convención.

4. Los Estados o las entidades que hayan concertado un arreglo conjunto con la Empresa tendrán que cumplir también lo dispuesto en el presente artículo.

Artículo 12
Superficie total a que se refiere la solicitud

1. A los efectos del presente reglamento, por "bloque de sulfuros polimetálicos" se entiende una sección de la retícula establecida por la Autoridad, que será de aproximadamente 10 kilómetros por 10 kilómetros y no mayor de 100 kilómetros cuadrados.

2. El área a que se refiere cada solicitud de aprobación de un plan de trabajo para la exploración de sulfuros polimetálicos estará compuesta por no más de 100 bloques de sulfuros polimetálicos, que el solicitante agrupará en un mínimo de cinco conjuntos, como se establece en el párrafo 3 *infra*.

3. Cada conjunto de bloques de sulfuros polimetálicos comprenderá por lo menos cinco bloques contiguos. Se considerarán bloques contiguos los que tengan algún punto de contacto. No será necesario que los conjuntos de bloques de sulfuros polimetálicos sean contiguos, pero deberán estar próximos unos de otros y ubicados dentro de un área rectangular cuya superficie no exceda los 300.000 kilómetros cuadrados y cuyo lado más largo no supere los 1.000 kilómetros de longitud.

4. Sin perjuicio de lo dispuesto en el párrafo 2 *supra*, cuando un solicitante haya optado por aportar un área reservada para realizar actividades en virtud de lo dispuesto en el artículo 9 del anexo III de la Convención, de conformidad con lo dispuesto en el artículo 17, el área total a que se refiere la solicitud no excederá de 200 bloques de sulfuros polimetálicos. Dichos bloques se unirán en dos grupos que posean el mismo valor comercial estimado, y el solicitante ordenará cada uno de esos grupos de bloques de sulfuros polimetálicos en conjuntos, como se establece en el párrafo 3 *supra*.

Artículo 13
Capacidad financiera y técnica

1. La solicitud de aprobación de un plan de trabajo para la exploración contendrá información concreta y suficiente que permita al Consejo comprobar si el solicitante tiene la capacidad financiera y técnica para realizar el plan de trabajo para la exploración propuesto y para cumplir sus obligaciones financieras con la Autoridad.

2. La solicitud de aprobación de un plan de trabajo para la exploración presentada por la Empresa incluirá una declaración de su autoridad competente en que se certifique que la Empresa cuenta con los recursos financieros necesarios para sufragar los gastos estimados del plan de trabajo para la exploración propuesto.

3. La solicitud de aprobación de un plan de trabajo para la exploración presentada por un Estado o una empresa estatal incluirá una declaración del Estado o del Estado patrocinador que certifique que el solicitante tiene los recursos financieros necesarios para sufragar los gastos estimados del plan de trabajo para la exploración propuesto.

4. La solicitud de aprobación de un plan de trabajo para la exploración presentada por una entidad incluirá copias de sus estados financieros comprobados, junto con los balances y los estados de pérdidas y ganancias, correspondientes a los tres últimos años ajustados a los principios contables internacionalmente aceptados y certificados por una empresa de contadores públicos debidamente acreditada y:

    a) Si el solicitante fuera una entidad recientemente organizada y no tuviera balances certificados, un balance pro forma certificado por un funcionario competente del solicitante;

    b) Si el solicitante fuera una filial de otra entidad, copias de los estados financieros de esa entidad y declaración de esa entidad ajustada a los principios contables internacionalmente aceptados y certificada por una empresa de contadores públicos debidamente acreditada de que el solicitante contará con los recursos financieros para ejecutar el plan de trabajo para la exploración;

    c) Si el solicitante estuviese bajo el control de un Estado o una empresa estatal, la certificación del Estado o la empresa estatal de que el solicitante contará con los recursos financieros para realizar el plan de trabajo para la exploración.

5. Si uno de los solicitantes a que se hace referencia en el párrafo 4 tuviese la intención de financiar el plan de trabajo para la exploración propuesto mediante empréstitos, su solicitud deberá hacer mención del importe de los empréstitos, el período de amortización y el tipo de interés.

6. Todas las solicitudes incluirán:

a) Una descripción general de la experiencia, los conocimientos, la pericia, la competencia técnica y la especialización del solicitante pertinentes al plan de trabajo para la exploración propuesto;

b) Una descripción general del equipo y los métodos que se prevé utilizar en la realización del plan de trabajo para la exploración propuesto y otra información pertinente, que no sea objeto de derechos de propiedad intelectual, acerca de las características de esa tecnología;

c) Una descripción general de la capacidad financiera y técnica del solicitante para actuar en caso de incidente o actividad que causen daños graves al medio marino.

7. Si el solicitante fuera una asociación o un consorcio de entidades que hubieren concertado un arreglo conjunto, cada una de ellas proporcionará la información prevista en el presente reglamento.

Artículo 14
Contratos anteriores con la Autoridad

Si se hubiera adjudicado anteriormente un contrato con la Autoridad al solicitante o, en caso de que la solicitud hubiese sido presentada por una asociación o un consorcio de entidades que hubieran concertado un arreglo conjunto, a cualquiera de esas entidades, la solicitud incluirá:

a) La fecha del contrato o los contratos anteriores;

b) La fecha, el número de referencia y el título de cada informe presentado a la Autoridad en relación con el contrato o los contratos; y

c) La fecha de terminación del contrato o los contratos, si procediere.

Artículo 15
Obligaciones

Como parte de su solicitud de aprobación de un plan de trabajo para la exploración, los solicitantes, incluida la Empresa, se comprometerán por escrito con la Autoridad a:

a) Aceptar y cumplir las obligaciones aplicables que dimanen de las disposiciones de la Convención y las normas, los reglamentos y los procedimientos de la Autoridad, las decisiones de los órganos de la Autoridad y las cláusulas de los contratos celebrados con ella;

b) Aceptar el control de la Autoridad sobre las actividades en la Zona en la forma autorizada por la Convención; y

c) Dar a la Autoridad por escrito seguridades de que cumplirán de buena fe las obligaciones estipuladas en el contrato.

Artículo 16
Elección por el solicitante de la aportación de un área reservada o de una participación en una empresa conjunta

En la solicitud, el solicitante consignará si elige la opción de:

a) Aportar un área reservada para realizar actividades en virtud de lo dispuesto en el anexo III, artículo 9 de la Convención, de conformidad con lo dispuesto en el artículo 17; o

b) Ofrecer una participación en una empresa conjunta, de conformidad con lo dispuesto en el artículo 19.

Artículo 17
Datos e información que deberán presentarse antes de la designación de un área reservada

1. Cuando el solicitante opte por aportar un área reservada con el fin de realizar actividades en virtud de lo dispuesto en el anexo III, artículo 9 de la Convención, el área a que se refiere la solicitud deberá ser lo bastante extensa y tener el suficiente valor comercial estimado para permitir dos explotaciones mineras, y el solicitante la configurará de conformidad con lo dispuesto en el artículo 12, párrafo 4.

2. Cada solicitud contendrá datos e información suficientes, con arreglo a lo dispuesto en la sección II del anexo 2 del presente reglamento, respecto del área solicitada para que el Consejo pueda, por recomendación de la Comisión Jurídica y Técnica, designar un área reservada sobre la base del valor comercial estimado de cada parte. Esos datos e información consistirán en los datos de que disponga el solicitante respecto de las dos partes del área solicitada, incluidos los datos empleados para determinar su valor comercial.

3. El Consejo, sobre la base de los datos y la información presentados por el solicitante, con arreglo a la sección II del anexo 2 del presente reglamento, si los estima satisfactorios, y teniendo en cuenta la recomendación de la Comisión Jurídica y Técnica, designará la parte del área solicitada que será área reservada. El área así designada pasará a ser área reservada tan pronto como se apruebe el plan de trabajo para la exploración correspondiente al área no reservada y se firme el contrato. Si el Consejo determina que, de conformidad con el presente reglamento y su anexo 2, se necesita información adicional para designar el área reservada, devolverá la cuestión a la Comisión para su ulterior examen con especificación de la información adicional necesaria.

4. Una vez aprobado el plan de trabajo para la exploración y expedido un contrato, la información y los datos transmitidos a la Autoridad por el solicitante respecto del área reservada podrán ser dados a conocer por la Autoridad de conformidad con el artículo 14, párrafo 3 del anexo III de la Convención.

Artículo 18
Solicitudes de aprobación de planes de trabajo en relación con un área reservada

1. Todo Estado en desarrollo o toda persona física o jurídica patrocinada por él y que esté bajo su control efectivo o bajo el de otro Estado en desarrollo, o toda agrupación de los anteriores, podrá notificar a la Autoridad su intención de presentar

un plan de trabajo para la exploración respecto de un área reservada. El Secretario General transmitirá la notificación a la Empresa, la cual informará al Secretario General por escrito dentro del plazo de seis meses si tiene o no intención de realizar actividades en esa área reservada. Si la Empresa tiene el propósito de realizar actividades en el área reservada, en cumplimiento de lo dispuesto en el párrafo 4 informará por escrito al contratista cuya solicitud de aprobación de un plan de trabajo para la exploración incluía esa área.

2. Se podrán presentar solicitudes de aprobación de un plan de trabajo para la exploración respecto de un área reservada en cualquier momento después de que esta quede disponible tras la decisión de la Empresa de no realizar actividades en ella o cuando, en el plazo de seis meses contados desde la notificación por el Secretario General, la Empresa no haya adoptado la decisión de realizar actividades en esa área o no haya notificado por escrito al Secretario General que está celebrando negociaciones relativas a una posible empresa conjunta. En este último caso, la Empresa tendrá un año a partir de la fecha de esa notificación para decidir si realizará actividades en el área mencionada.

3. Si la Empresa, un Estado en desarrollo o una de las entidades a que se refiere el párrafo 1 no presentase una solicitud de aprobación de un plan de trabajo para la exploración para realizar actividades en un área reservada en el plazo de 15 años contados desde que la Empresa hubiera empezado a funcionar con independencia de la Secretaría de la Autoridad, o en el plazo de 15 años contados desde la fecha en que esa área se hubiera reservado para la Autoridad, si esta fecha fuere posterior, el contratista cuya solicitud de aprobación de un plan de trabajo para la exploración incluía esa área tendrá derecho a solicitar la aprobación de un plan de trabajo para la exploración respecto de ella siempre que ofrezca de buena fe incluir a la Empresa como socia en una empresa conjunta.

4. Un contratista tendrá derecho de preferencia para concertar un arreglo de empresa conjunta con la Empresa para la exploración del área incluida en su solicitud de aprobación de un plan de trabajo para la exploración que el Consejo haya designado área reservada.

Artículo 19
Participación en una empresa conjunta

1. Cuando el solicitante opte por ofrecer una participación en una empresa conjunta, presentará los datos y la información correspondientes de conformidad con lo dispuesto en el artículo 20. El área que se asigne al solicitante estará sujeta a lo dispuesto en el artículo 27.

2. El acuerdo de formación de la empresa conjunta, que entrará en vigor en el momento en que el solicitante celebre un contrato para la explotación, deberá incluir lo siguiente:

   a) La Empresa obtendrá una participación mínima del 20% en la empresa conjunta sobre la siguiente base:

   i) La mitad de esa participación se obtendrá sin el pago de ninguna contraprestación, directa o indirecta, al solicitante y se considerará *pari passu* con la participación del solicitante a todos los efectos;

ii) El resto de esa participación se considerará *pari passu* con la participación del solicitante a todos los efectos, con la salvedad de que la Empresa no participará en la distribución de beneficios con respecto a esa participación hasta que el solicitante haya recuperado el total de su participación en la empresa conjunta;

b) Sin perjuicio de lo dispuesto en el apartado a), el solicitante ofrecerá a la Empresa la posibilidad de adquirir una participación adicional del 30% en la empresa conjunta, o una participación menor si la Empresa así lo decide, sobre la base de una consideración *pari passu* con el solicitante a todos los efectos[2];

c) Salvo que así se disponga expresamente en el acuerdo entre el solicitante y la Empresa, esta no estará obligada en virtud de su participación en el capital a proporcionar fondos o créditos o emitir garantías o aceptar ninguna otra responsabilidad financiera de cualquier tipo para la empresa conjunta o en nombre de esta, ni podrá exigirse a la Empresa que suscriba una participación adicional para mantener la proporción de su participación en la empresa conjunta.

Artículo 20
Datos e información que deben presentarse para la aprobación del plan de trabajo para la exploración

1. Cada solicitante presentará, a fin de que se apruebe el plan de trabajo para la exploración en forma de un contrato, la información siguiente:

a) Una descripción general del programa de exploración propuesto y el período dentro del cual se propone terminarla, con inclusión de los detalles del programa de actividades para el período inmediato de cinco años, como los estudios que se han de realizar respecto de los factores ambientales, técnicos, económicos y otros factores apropiados que haya que tener en cuenta en la exploración;

b) Una descripción de un programa de estudios de referencia oceanográficos y ambientales de conformidad con el presente reglamento y con las normas, reglamentos y procedimientos ambientales publicados por la Autoridad que permita hacer una evaluación de los posibles efectos sobre el medio ambiente de las actividades de exploración propuestas, entre ellos los efectos sobre la diversidad biológica, teniendo en cuenta las recomendaciones de la Comisión Jurídica y Técnica;

c) Una evaluación preliminar de los posibles efectos sobre el medio marino de las actividades de exploración propuestas;

d) Una descripción de las medidas propuestas para prevenir, reducir y controlar la contaminación y otros riesgos para el medio marino, así como los posibles efectos sobre este;

e) Los datos necesarios para que el Consejo pueda adoptar la decisión que le incumbe con arreglo al artículo 13, párrafo 1; y

f) Un plan de los gastos anuales previstos en relación con el programa de actividades para el período inmediato de cinco años.

---

[2] Será necesario regular con más detalle las condiciones en que pueda obtenerse esa participación.

2. Cuando el solicitante opte por aportar un área reservada, este transferirá a la Autoridad los datos y la información correspondientes a dicha área una vez que el Consejo haya designado el área reservada de conformidad con lo dispuesto en el artículo 17, párrafo 3.

3. Cuando el solicitante opte por ofrecer una participación en el capital de una empresa conjunta, transferirá en ese momento a la Autoridad los datos y la información correspondientes a dicha área.

Sección 3
Derechos de tramitación

Artículo 21
Derechos aplicables a las solicitudes

1. Los derechos de tramitación de una solicitud de aprobación de un plan de trabajo para la exploración de sulfuros polimetálicos consistirán en una cantidad fija de 500.000 dólares de los Estados Unidos o su equivalente en moneda de libre convertibilidad, que se pagará íntegramente en el momento de presentar la solicitud.

2. Si los gastos administrativos hechos por la Autoridad al tramitar una solicitud son menores a la suma fija que se indica en el párrafo 1, la Autoridad devolverá al solicitante la diferencia. Si los gastos administrativos hechos por la Autoridad al tramitar una solicitud son superiores a la suma fija que se indica en el párrafo 1, el solicitante abonará la diferencia a la Autoridad, siempre que la suma adicional que deba pagar el solicitante no sea superior al 10% de la suma fija a que se refiere el párrafo 1.

3. Teniendo en cuenta los criterios establecidos por el Comité de Finanzas con este propósito, el Secretario General determinará la suma de las diferencias que se indican en el párrafo 2 y la notificará al solicitante. La notificación incluirá una declaración de los gastos realizados por la Autoridad. La cantidad adeudada será abonada por el solicitante o reembolsada por la Autoridad en un plazo de tres meses a partir de la firma del contrato a que se refiere el artículo 25.

4. La suma fija a que se refiere el párrafo 1 será revisada periódicamente por el Consejo a fin de asegurar que cubre los gastos administrativos previstos para la tramitación de las solicitudes y evitar la necesidad de que los solicitantes desembolsen sumas adicionales con arreglo al párrafo 2[3].

---

[3] ISBA/20/A/10, de fecha 24 de julio de 2014, enmiendas.

Sección 4
Tramitación de las solicitudes

Artículo 22
Recepción, acuse de recibo y custodia de las solicitudes

El Secretario General:

a) Acusará recibo por escrito, dentro de los 30 días siguientes a la fecha de recepción de cada solicitud de aprobación de un plan de trabajo para la exploración presentada conforme a lo dispuesto en esta Parte, especificando la fecha de recepción de la solicitud respectiva;

b) Conservará a buen recaudo la solicitud y los documentos adjuntos y anexos, y asegurará el carácter confidencial de todos los datos y la información de esa naturaleza que se incluyan en la solicitud; y

c) Notificará a los miembros de la Autoridad la recepción de la solicitud y les transmitirá la información general sobre ella que no tenga carácter confidencial.

Artículo 23
Examen por la Comisión Jurídica y Técnica

1. El Secretario General, al recibir una solicitud de aprobación de un plan de trabajo para la exploración, lo notificará a los miembros de la Comisión Jurídica y Técnica e incluirá su examen en el orden del día de la siguiente sesión de la Comisión. La Comisión solo examinará las solicitudes respecto de las cuales el Secretario General haya hecho distribuir la notificación e información correspondientes, de conformidad con el artículo 22 c), al menos treinta días antes del comienzo de la reunión de la Comisión en que hayan de examinarse.

2. La Comisión examinará las solicitudes en el orden en que sean recibidas.

3. La Comisión determinará si el solicitante:

a) Ha cumplido las disposiciones del presente reglamento;

b) Ha asumido los compromisos y dado las garantías indicados en el artículo 15;

c) Tiene la capacidad financiera y técnica para llevar a cabo el plan de trabajo para la exploración propuesto y ha aportado información detallada sobre su capacidad de responder sin demora a órdenes de emergencia; y

d) Ha cumplido debidamente sus obligaciones relativas a contratos anteriores con la Autoridad.

4. La Comisión determinará, de conformidad con lo dispuesto en el presente reglamento y sus procedimientos, si el plan de trabajo para la exploración propuesto:

a) Contiene disposiciones relativas a la protección efectiva de la salud y la seguridad humanas;

b) Contiene disposiciones relativas a la protección y preservación del medio marino, que contemplen, entre otras cosas, los efectos sobre la diversidad biológica;

c) Asegura que las instalaciones no se establecerán donde puedan causar interferencia a la utilización de vías marítimas esenciales para la navegación internacional ni en áreas de intensa actividad pesquera.

5. Si la Comisión concluye que el solicitante cumple los requisitos del párrafo 3 y que el plan de trabajo para la exploración propuesto satisface los requisitos del párrafo 4, recomendará al Consejo que apruebe el plan de trabajo para la exploración.

6. La Comisión no recomendará la aprobación de un plan de trabajo para la exploración propuesto si una parte o la totalidad del área abarcada por él está incluida en:

a) Un plan de trabajo para la exploración de sulfuros polimetálicos aprobado por el Consejo; o

b) Un plan de trabajo para la exploración o la explotación de otros recursos aprobado por el Consejo si el plan de trabajo para la exploración de sulfuros polimetálicos propuesto puede dificultar indebidamente las actividades del plan de trabajo aprobado para aquellos otros recursos; o

c) Un área cuya explotación haya sido excluida por el Consejo en virtud de pruebas fehacientes del riesgo de causar daños graves al medio marino.

7. La Comisión Jurídica y Técnica podrá recomendar la aprobación de un plan de trabajo si determina que esa aprobación no permitirá que un Estado parte o entidades patrocinadas por él monopolicen la realización de actividades relacionadas con los sulfuros polimetálicos en la Zona o impidan que otros Estados partes las realicen.

8. Salvo las solicitudes presentadas por la Empresa, o en su nombre o en el de una empresa conjunta, y las solicitudes previstas en el artículo 18, la Comisión no recomendará la aprobación del plan de trabajo para la exploración si una parte o la totalidad del área abarcada por el plan de trabajo para la exploración propuesto está incluida en un área reservada o designada por el Consejo como reservada.

9. Si la Comisión determina que una solicitud no cumple lo establecido en el presente reglamento, lo notificará al solicitante por escrito, por intermedio del Secretario General, indicando las razones. El solicitante podrá enmendar la solicitud dentro de los 45 días siguientes a esa notificación. Si la Comisión, tras un nuevo examen, entiende que no debe recomendar la aprobación del plan de trabajo para la exploración, lo comunicará al solicitante, dándole un plazo de 30 días, a contar desde la fecha de la comunicación, para presentar sus observaciones. La Comisión tomará en consideración las observaciones del solicitante al preparar su informe y la recomendación al Consejo.

10. Al examinar el plan de trabajo para la exploración propuesto, la Comisión tendrá en cuenta los principios, normas y objetivos relacionados con las actividades en la Zona que se prevén en la Parte XI y el anexo III de la Convención y en el Acuerdo.

11. La Comisión examinará las solicitudes sin dilación y presentará al Consejo un informe y recomendaciones sobre la designación de las áreas y sobre el plan de trabajo para la exploración en la primera oportunidad posible, teniendo en cuenta el programa de reuniones de la Autoridad.

12. La Comisión, en el desempeño de sus funciones, aplicará el presente reglamento y las normas, reglamentos y procedimientos de la Autoridad de manera uniforme y no discriminatoria.

Artículo 24
Examen y aprobación por el Consejo de los planes de trabajo para la exploración

El Consejo examinará los informes y las recomendaciones de la Comisión relativos a la aprobación de planes de trabajo para la exploración de conformidad con los párrafos 11 y 12 de la sección 3 del anexo del Acuerdo.

Parte IV
Contratos de exploración

Artículo 25
El contrato

1. El plan de trabajo para la exploración, una vez aprobado por el Consejo, será preparado en la forma de un contrato entre la Autoridad y el solicitante como se prescribe en el anexo 3 del presente reglamento. Cada contrato de ese tipo incluirá las cláusulas uniformes mencionadas en el anexo 4 que estén vigentes en la fecha en que entre en vigor el contrato.

2. El contrato será firmado por el Secretario General, en nombre de la Autoridad, y por el solicitante. El Secretario General notificará por escrito a todos los miembros de la Autoridad cada uno de los contratos que firme.

Artículo 26
Derechos del contratista

1. El contratista tendrá el derecho exclusivo de explorar un área abarcada por el plan de trabajo para la exploración respecto de los sulfuros polimetálicos. La Autoridad velará por que ninguna otra entidad realice en la misma área actividades relacionadas con otros recursos de forma tal que pueda dificultar las operaciones del contratista.

2. El contratista cuyo plan de trabajo para realizar únicamente actividades de exploración haya sido aprobado tendrá preferencia y prioridad respecto de los demás solicitantes que hayan presentado un plan de trabajo para la explotación de la misma área o de los mismos recursos. El Consejo podrá retirar esa preferencia o prioridad si el contratista no cumple las condiciones del plan de trabajo para la exploración aprobado dentro del plazo fijado en uno o varios avisos dados por escrito por el Consejo al contratista en los que indique los requisitos que este no ha cumplido. El plazo fijado en este tipo de avisos será razonable. Deberá otorgarse al contratista una oportunidad razonable para hacerse oír antes de que la retirada de dicha preferencia o prioridad quede firme. El Consejo indicará las razones por las cuales se propone retirar la preferencia o prioridad y tomará en consideración las observaciones del contratista. La decisión del Consejo tendrá en cuenta tales observaciones y se adoptará sobre la base de pruebas fehacientes.

3. La retirada de la preferencia o prioridad no será efectiva hasta que se haya dado al contratista oportunidad razonable de agotar los recursos judiciales de que dispone de conformidad con la Parte XI de la sección 5 de la Convención.

Artículo 27
Dimensión del área y cesión de partes de ella

1. El contratista cederá el área que se le haya asignado según lo dispuesto en el párrafo 2 del presente artículo. No es necesario que las áreas que se proyecta ceder sean contiguas, y el contratista las delimitará en forma de sub-bloques constituidos por una o más secciones de una retícula que le proporcionará la Autoridad.

2. La superficie total del área asignada al contratista con arreglo al contrato no excederá de 10.000 kilómetros cuadrados. El contratista cederá partes del área que le haya sido asignada de conformidad con el siguiente plan:

    a) Al final del octavo año contado a partir de la fecha del contrato, el contratista deberá haber cedido al menos el 50% del área original que se le haya asignado;

    b) Al final del décimo año contado a partir de la fecha del contrato, el contratista deberá haber cedido al menos el 75% del área original que se le haya asignado.

3. El contratista podrá en cualquier momento ceder partes del área que se le haya asignado antes de las fechas establecidas en el párrafo 2, en el entendimiento de que no tendrá que ceder una parte adicional de dicha área cuando el resto del área que le haya sido asignada no exceda de 2.500 kilómetros cuadrados.

4. Las áreas cedidas revertirán a la Zona.

5. Al final del decimoquinto año contado a partir de la fecha del contrato, o cuando el contratista solicite derechos de explotación, según cual ocurra primero, el contratista designará de entre el resto del área que se le haya asignado un área con el fin de retenerla y explotarla.

6. El Consejo, a solicitud del contratista y por recomendación de la Comisión, podrá, en circunstancias excepcionales, diferir el calendario de cesión. La determinación de esas circunstancias excepcionales incumbirá al Consejo e incluirá, entre otras, la consideración de las circunstancias económicas imperantes u otras circunstancias excepcionales imprevistas que se hubieran presentado en conexión con las actividades operacionales del contratista.

Artículo 28
Duración de los contratos

1. Los planes de trabajo para la exploración serán aprobados por un período de 15 años. Cuando venza el plan de trabajo para la exploración, el contratista deberá solicitar uno para la explotación, a menos que lo haya hecho ya, haya obtenido una prórroga del plan de trabajo para la exploración o decida renunciar a sus derechos en el área a que se refiere este.

2. A más tardar seis meses antes de la expiración de un plan de trabajo para la exploración, el contratista podrá solicitar que este se prorrogue por períodos no superiores a cinco años cada vez. Las prórrogas serán aprobadas por el Consejo,

previa recomendación de la Comisión, siempre que el contratista se haya esforzado de buena fe por cumplir los requisitos del plan de trabajo pero, por razones ajenas a su voluntad, no haya podido completar el trabajo preparatorio necesario para pasar a la etapa de explotación o las circunstancias económicas imperantes no justifiquen que se pase a esa etapa.

Artículo 29
Capacitación

De conformidad con el artículo 15 del anexo III de la Convención, todos los contratos incluirán en un anexo un programa práctico para la capacitación del personal de la Autoridad y de los Estados en desarrollo, preparado por el contratista en cooperación con la Autoridad y el Estado o los Estados patrocinadores. El programa de capacitación se centrará en la realización de la exploración, y dispondrá la plena participación de dicho personal en todas las actividades previstas en el contrato. Este programa podrá ser revisado y ampliado de común acuerdo, según sea necesario.

Artículo 30
Examen periódico de la ejecución del plan de trabajo para la exploración

1. El contratista y el Secretario General procederán conjuntamente a un examen periódico de la ejecución del plan de trabajo para la exploración a intervalos de cinco años. El Secretario General podrá pedir al contratista que presente los datos y la información adicionales que sean necesarios para los fines del examen.

2. El contratista, a la luz del examen, indicará su programa de actividades para el quinquenio siguiente e introducirá en el programa anterior los ajustes que sean necesarios.

3. El Secretario General presentará un informe sobre el examen a la Comisión y al Consejo. En su informe el Secretario General indicará si en el examen se tuvieron en cuenta las observaciones que le hubiesen comunicado los Estados partes en la Convención acerca del cumplimiento por el contratista de sus obligaciones en virtud del presente reglamento en lo relativo a la protección y preservación del medio marino.

Artículo 31
Terminación del patrocinio

1. El contratista deberá tener el patrocinio necesario durante todo el período de vigencia del contrato.

2. El Estado que ponga término al patrocinio lo notificará sin dilación y por escrito al Secretario General. El Estado patrocinador también comunicará al Secretario General las razones de la terminación del patrocinio. La terminación del patrocinio surtirá efecto seis meses después de la fecha en que el Secretario General reciba la notificación, a menos que en esta se especifique una fecha ulterior.

3. En el caso de que termine el patrocinio, el contratista tendrá el plazo mencionado en el párrafo 2 para obtener otro patrocinador, el cual deberá presentar otro certificado de patrocinio de conformidad con lo dispuesto en el artículo 11 del presente reglamento. Si el contratista no consiguiere un patrocinador dentro del plazo prescrito, el contrato quedará resuelto.

4. La terminación del patrocinio no eximirá al Estado de ninguna de las obligaciones contraídas cuando era Estado patrocinador ni afectará a los derechos y obligaciones surgidos durante el patrocinio.

5. El Secretario General notificará a los miembros de la Autoridad la terminación o modificación del patrocinio.

Artículo 32
Responsabilidad

La responsabilidad del contratista y de la Autoridad se ajustará a la Convención. El contratista seguirá siendo responsable de todos los daños y perjuicios derivados de los actos ilícitos cometidos en la realización de sus operaciones, en particular los daños al medio marino, después de finalizada la etapa de exploración.

Parte V
Protección y preservación del medio marino

Artículo 33
Protección y preservación del medio marino

1. La Autoridad, con arreglo a la Convención y el Acuerdo, dictará normas, reglamentos y procedimientos ambientales y los examinará periódicamente para asegurar la protección eficaz del medio marino contra los efectos nocivos que puedan derivarse de las actividades en la Zona.

2. Para asegurar la protección eficaz del medio marino contra los efectos nocivos que puedan derivarse de las actividades en la Zona, la Autoridad y los Estados patrocinadores aplicarán el criterio de precaución, enunciado en el principio 15 de la Declaración de Río, y las mejores prácticas ambientales.

3. La Comisión Jurídica y Técnica hará recomendaciones al Consejo sobre la aplicación de los párrafos 1 y 2 *supra*.

4. La Comisión elaborará y aplicará procedimientos para determinar, sobre la base de la mejor información científica y técnica disponible, incluida la información suministrada de conformidad con el artículo 20, si las actividades de exploración propuestas en la Zona podrían causar graves efectos nocivos en ecosistemas marinos vulnerables, en particular los respiradores hidrotermales, y velar por que, si se determina que ciertas actividades de exploración propuestas tendrán graves efectos nocivos en los ecosistemas marinos vulnerables, se administren dichas actividades de manera de prevenir esos efectos, o no se les autorice a continuar.

5. Con arreglo al artículo 145 de la Convención y el párrafo 2 del presente artículo, el contratista tomará las medidas necesarias para prevenir, reducir y controlar la contaminación del medio marino y otros riesgos para este derivados de sus actividades en la Zona, aplicando para ello, en la medida que sea razonablemente posible, el criterio de precaución y las mejores prácticas ambientales.

6. Los contratistas, los Estados patrocinadores y otros Estados o entidades interesados cooperarán con la Autoridad en la preparación y aplicación de los programas para la vigilancia y evaluación de los efectos sobre el medio marino de la extracción de minerales de los fondos marinos. Cuando así lo disponga el Consejo,

dichos programas incluirán propuestas de zonas para que se utilicen exclusivamente como zonas de referencia para los efectos y para la preservación. Se entenderá por "zonas de referencia para los efectos" las que se utilicen para evaluar los efectos en el medio marino de las actividades en la Zona y que sean representativas de las características ambientales de la Zona. Se entenderá por "zonas de referencia para la preservación" aquellas en que no se efectuarán extracciones a fin de que la biota del fondo marino se mantenga representativa y estable y permita evaluar los cambios que tengan lugar en la diversidad biológica del medio marino.

Artículo 34
Líneas de base ambientales y vigilancia

1. En todo contrato se exigirá al contratista la obtención de datos ambientales de referencia y el establecimiento de líneas de base ambientales, teniendo en cuenta las recomendaciones que hubiese formulado la Comisión Jurídica y Técnica con arreglo al artículo 41, para evaluar los efectos probables en el medio marino de su programa de actividades en virtud del plan de trabajo para la exploración, así como un programa para vigilar esos efectos y presentar informes al respecto. Las recomendaciones de la Comisión podrán referirse, entre otras cosas, a las actividades de exploración que se considere que no tienen posibilidades de causar efectos nocivos en el medio marino. El contratista cooperará, según proceda, con la Autoridad y el Estado o los Estados patrocinadores en la formulación y ejecución del programa de vigilancia.

2. El contratista informará por escrito anualmente al Secretario General de la aplicación y los resultados del programa de vigilancia mencionado en el párrafo 1 y le presentará datos e información teniendo en cuenta las recomendaciones formuladas por la Comisión con arreglo al artículo 41. De conformidad con el artículo 165 de la Convención, el Secretario General transmitirá dichos informes a la Comisión para que los examine.

Artículo 35
Órdenes de emergencia

1. El contratista informará prontamente por escrito al Secretario General, utilizando el medio más eficaz a su alcance, de cualquier incidente dimanado de actividades que hayan causado, estén causando o puedan causar daños graves al medio marino.

2. El Secretario General, al ser notificado por un contratista o tomar conocimiento de otra manera de un incidente derivado de las actividades del contratista en la Zona u ocasionado por estas, que haya causado, esté causando o amenace causar daños graves al medio marino, hará que se publique una notificación general del incidente, notificará por escrito al contratista y al Estado o los Estados patrocinadores y presentará inmediatamente un informe a la Comisión Jurídica y Técnica, al Consejo y a todos los demás miembros de la Autoridad. Se distribuirá un ejemplar del informe a las organizaciones internacionales competentes y a las organizaciones e instituciones subregionales, regionales y mundiales interesadas. El Secretario General mantendrá en observación lo que ocurra en relación con dichos incidentes e informará de ellos, según proceda, a la Comisión, al Consejo y a todos los demás miembros de la Autoridad.

3. Hasta que el Consejo adopte una decisión, el Secretario General tomará en forma inmediata medidas de carácter temporal, prácticas y razonables en las

circunstancias del caso, para prevenir, contener y reducir al mínimo cualquier daño grave o el riesgo de que se ocasionen daños graves al medio marino. Esas medidas temporales tendrán vigencia por un período máximo de 90 días o hasta que el Consejo decida, en su siguiente período ordinario de sesiones o en un período extraordinario de sesiones, si se tomarán medidas con arreglo al párrafo 6 del presente artículo, y en caso afirmativo cuáles.

4. Después de haber recibido el informe del Secretario General, la Comisión determinará, sobre la base de las pruebas presentadas y teniendo en cuenta las medidas que haya tomado el contratista, qué otras medidas son necesarias para hacer frente efectivamente al incidente con vistas a prevenir, contener y reducir al mínimo cualquier daño grave o el riesgo de que se ocasionen daños graves al medio marino, y formulará recomendaciones al Consejo.

5. El Consejo examinará las recomendaciones de la Comisión.

6. El Consejo, tomando en cuenta las recomendaciones de la Comisión, el informe del Secretario General, la información que proporcione el contratista y cualquier otra información pertinente, podrá expedir órdenes de emergencia que podrán incluir la suspensión o el reajuste de las operaciones según sea razonablemente necesario con el objeto de prevenir, contener o reducir al mínimo cualquier daño grave o el riesgo de que se ocasionen daños graves al medio marino derivados de actividades realizadas en la Zona.

7. Si un contratista no cumple prontamente una orden de emergencia para prevenir, contener o reducir al mínimo cualquier daño grave o el riesgo de que se ocasionen daños graves al medio marino derivados de sus actividades en la Zona, el Consejo adoptará, por sí mismo o mediante mecanismos concertados en su nombre con terceros, las medidas prácticas necesarias para prevenir, contener y reducir al mínimo cualquier daño grave o el riesgo de que se ocasionen daños graves al medio marino.

8. A fin de que el Consejo pueda, en caso necesario, adoptar inmediatamente las medidas prácticas para prevenir, contener y reducir al mínimo los daños graves o el riesgo de que se ocasionen daños graves al medio marino a que se hace referencia en el párrafo 7, el contratista, antes de comenzar el ensayo de los sistemas de recolección y las operaciones de procesamiento, dará al Consejo una garantía de su capacidad financiera y técnica de cumplir rápidamente las órdenes de emergencia o de asegurar que el Consejo pueda adoptar ese tipo de medidas de emergencia. Si el contratista no diese al Consejo una garantía de esa naturaleza, el Estado o los Estados patrocinadores deberán, en respuesta a un pedido hecho por el Secretario General y en virtud de los artículos 139 y 235 de la Convención, adoptar las medidas necesarias para asegurar que el contratista dé dicha garantía o adoptar medidas para asegurar que dicha asistencia se suministre a la Autoridad en el cumplimiento de las obligaciones que le incumben en virtud del párrafo 7.

Artículo 36
Derechos de los Estados ribereños

1. Nada de lo dispuesto en el presente reglamento afectará a los derechos que tienen los Estados ribereños en virtud del artículo 142 y otras disposiciones pertinentes de la Convención.

2. El Estado ribereño que tuviera fundamentos para creer que alguna actividad de un contratista en la Zona causará probablemente un daño grave al medio marino bajo su jurisdicción o soberanía, o amenaza causar daños graves a ese medio marino, podrá notificar al Secretario General por escrito esos fundamentos. El Secretario General dará al contratista y al Estado o los Estados patrocinadores un plazo razonable para examinar las pruebas, si las hubiere, presentadas por el Estado ribereño para corroborar sus fundamentos. El contratista y el Estado o los Estados que lo patrocinen podrán presentar sus observaciones al respecto al Secretario General dentro de un plazo razonable.

3. De haber razones claras para considerar que pueden producirse daños graves al medio marino, el Secretario General actuará con arreglo al artículo 35 y, de ser necesario, tomará medidas inmediatas de carácter temporal, de conformidad con lo dispuesto en el párrafo 3 de ese artículo.

4. Los contratistas tomarán todas las medidas necesarias para garantizar que sus actividades se realicen de tal forma que no causen daños graves, entre ellos perjuicios por contaminación, al medio marino bajo jurisdicción o soberanía de Estados ribereños, y que esos daños graves o la contaminación causada por incidentes o actividades en su zona de exploración no se extiendan más allá de dicha zona.

Artículo 37
Restos humanos y objetos y sitios de interés arqueológico o histórico

El contratista que encuentre en la zona de exploración restos humanos de interés arqueológico o histórico, o cualquier objeto o sitio de índole similar, notificará inmediatamente al Secretario General por escrito el hallazgo y su ubicación, así como las medidas de protección y preservación que se hayan adoptado. El Secretario General transmitirá la información al Director General de la Organización de las Naciones Unidas para la Educación, la Ciencia y la Cultura y a cualquier otra organización internacional competente. Tras el hallazgo de tales restos humanos, objetos o sitios en la zona de exploración, y a los efectos de no alterar dichos restos, objetos o sitios, se suspenderán todas las actividades de prospección o exploración dentro de un radio razonable hasta que el Consejo decida que pueden continuar, tras considerar las opiniones del Director de la Organización de las Naciones Unidas para la Educación, la Ciencia y la Cultura o de cualquier otra organización internacional competente.

Parte VI
Confidencialidad

Artículo 38
Confidencialidad de los datos y la información

1. Los datos y la información presentados o transmitidos a la Autoridad o a cualquier persona que participe en una actividad o programa de la Autoridad en virtud del presente reglamento o un contrato expedido en virtud de él y calificados de confidenciales por el contratista, en consulta con el Secretario General, se considerarán confidenciales a menos que se trate de datos e información:

    a) De dominio público o que se puedan conseguir públicamente de otras fuentes;

b) Dados a conocer previamente por el propietario a otros sin obligación alguna en materia de confidencialidad; o

c) Que se encuentre ya en poder de la Autoridad sin obligación alguna en materia de confidencialidad.

No se considerarán confidenciales los datos y la información necesarios para que la Autoridad formule normas, reglamentos y procedimientos sobre la protección y preservación del medio marino y su seguridad que no sean datos relativos al diseño del equipo que estén protegidos por derechos de propiedad intelectual.

2. Los datos y la información confidenciales solo podrán ser utilizados por el Secretario General y el personal de la Secretaría que autorice el Secretario General y por los miembros de la Comisión Jurídica y Técnica en la medida en que sean necesarios y pertinentes para el eficaz desempeño de sus facultades y funciones. El Secretario General autorizará el acceso a esos datos y a esa información solo para una utilización limitada en relación con las funciones y obligaciones del personal de la Secretaría y las de la Comisión Jurídica y Técnica.

3. Diez años después de la fecha de presentación de los datos y de la información confidenciales a la Autoridad o de la expiración del contrato de exploración, si esta última fecha es posterior, y posteriormente cada cinco años, el Secretario General y el contratista examinarán los datos y la información a fin de determinar si deberán seguir teniendo carácter confidencial. Esos datos e información seguirán siendo confidenciales si el contratista establece que podría existir un riesgo importante de sufrir un perjuicio económico grave e injusto en caso de que se dieran a conocer los datos y la información. No se darán a conocer dichos datos ni información a menos que se haya dado al contratista oportunidad razonable de agotar los recursos judiciales de que dispone de conformidad con la Parte XI, sección 5, de la Convención.

4. Si, en cualquier momento posterior a la expiración del contrato de exploración, el contratista celebrara un contrato de explotación en relación con cualquier parte de la zona de exploración, los datos y la información confidenciales relativos a dicha parte de la zona seguirán siendo confidenciales, de conformidad con el contrato de exploración.

5. En cualquier momento el contratista podrá renunciar a la confidencialidad de los datos y la información.

Artículo 39
Procedimientos para velar por la confidencialidad

1. El Secretario General será responsable del mantenimiento del carácter confidencial de todos los datos y la información confidenciales y en ningún caso, excepto con consentimiento previo por escrito del contratista, revelará esos datos y esa información a ninguna persona ajena a la Autoridad. El Secretario General establecerá procedimientos, en consonancia con las disposiciones de la Convención, para velar por el carácter confidencial de esos datos y esa información, en que se establecerá de qué manera los miembros de la Secretaría, los miembros de la Comisión Jurídica y Técnica y todas las demás personas que participen en cualquier actividad o programa de la Autoridad habrán de tramitar la información confidencial. Esos procedimientos incluirán:

a) El mantenimiento de la información y los datos confidenciales en instalaciones seguras y la elaboración de procedimientos de seguridad para impedir el acceso a ellos o su retiro sin autorización;

b) La preparación y el mantenimiento de una clasificación, un registro y un sistema de inventario de toda la información y los datos recibidos por escrito, incluido su tipo, su fuente y su recorrido desde el momento de la recepción hasta el de su destino final.

2. Toda persona que en virtud del presente reglamento tenga acceso autorizado a datos e información confidenciales no los dará a conocer a menos que ello estuviese permitido en virtud de la Convención y del presente reglamento. El Secretario General exigirá a todos quienes tengan acceso autorizado a datos e información confidenciales que formulen una declaración por escrito, de la que será testigo el Secretario General o su representante autorizado, en el sentido de que:

a) Reconoce su obligación en virtud de la Convención y del presente reglamento de no dar a conocer datos o información confidenciales;

b) Acepta respetar los reglamentos y procedimientos aplicables establecidos para velar por la confidencialidad de dichos datos e información.

3. La Comisión Jurídica y Técnica protegerá la confidencialidad de los datos y la información confidenciales que le hayan sido presentados en virtud del presente reglamento o de un contrato expedido en virtud del presente reglamento. De conformidad con el artículo 163 del párrafo 8 de la Convención, los miembros de la Comisión no revelarán, ni siquiera después de la terminación de sus funciones, ningún secreto industrial, ningún dato que sea objeto de derechos de propiedad intelectual y se transmita a la Autoridad con arreglo al anexo III, artículo 14, de la Convención ni ninguna otra información confidencial que llegue a su conocimiento como consecuencia del desempeño de sus funciones en la Autoridad.

4. El Secretario General y el personal de la Autoridad no revelarán, ni siquiera después de la terminación de sus funciones, ningún secreto industrial, ningún dato que sea objeto de derechos de propiedad intelectual y se transmita a la Autoridad con arreglo al anexo III, artículo 14, de la Convención ni ninguna otra información confidencial que llegue a su conocimiento como consecuencia de su empleo con la Autoridad.

5. Habida cuenta de la responsabilidad de la Autoridad en virtud del anexo III del artículo 22 de la Convención, la Autoridad adoptará todas las medidas que sean adecuadas contra las personas que, como consecuencia del desempeño de sus funciones en la Autoridad, tengan acceso a datos y a información confidenciales y que no cumplan sus obligaciones relativas a la confidencialidad estipuladas en la Convención y en el presente reglamento.

Parte VII
Procedimientos generales

Artículo 40
Notificación y procedimientos generales

1. El Secretario General o el representante designado del prospector, solicitante o contratista, según el caso, harán por escrito todo pedido, solicitud, aviso, informe,

autorización, aprobación, exención, directiva o instrucción. La notificación se hará en mano o por télex, facsímile, correo aéreo certificado o correo electrónico con firma electrónica autorizada al Secretario General en la sede de la Autoridad o al representante designado.

2. La notificación en mano surtirá efecto en el momento en que se haga. Se considerará que la notificación por télex surtirá efecto el día hábil siguiente a aquel en que aparezca en la máquina de télex del remitente la expresión "respuesta". La notificación por facsímile surtirá efecto cuando quien lo envíe reciba el "informe de confirmación de la transmisión", en el cual se confirme la transmisión al número de facsímile publicado por el receptor. La notificación por correo aéreo certificado se considerará hecha 21 días después del envío. Se entenderá que el destinatario de un documento electrónico lo ha recibido cuando dicho documento entre en un sistema de información diseñado o utilizado por el destinatario para recibir documentos del tipo enviado y pueda ser recuperado y procesado por él.

3. La notificación al representante designado del prospector, solicitante o contratista servirá de notificación a estos para todos los efectos en relación con el presente reglamento, y el representante designado representará al prospector, solicitante o contratista a los efectos de la notificación de la demanda o de otra diligencia ante cualquier tribunal competente.

4. La notificación al Secretario General servirá de notificación a la Autoridad para todos los efectos en relación con el presente reglamento, y el Secretario General representará a la Autoridad a los efectos de la notificación de la demanda o de otra diligencia ante cualquier tribunal competente.

Artículo 41
Recomendaciones para información de los contratistas

1. La Comisión Jurídica y Técnica podrá formular ocasionalmente recomendaciones de índole técnica o administrativa para que sirvan como directrices a los contratistas a fin de ayudarles en la aplicación de las normas, reglamentos y procedimientos de la Autoridad.

2. El texto completo de estas recomendaciones será comunicado al Consejo. Si el Consejo considerara que una recomendación no es acorde con la intención y el propósito del presente reglamento, podrá solicitar que sea modificada o retirada.

Parte VIII
Solución de controversias

Artículo 42
Controversias

1. Las controversias relativas a la interpretación o aplicación del presente reglamento se dirimirán con arreglo a lo dispuesto en la Parte XI, sección 5, de la Convención.

2. El fallo definitivo que dicte un tribunal competente en virtud de la Convención en lo relativo a los derechos y obligaciones de la Autoridad y del contratista será ejecutable en el territorio de cada uno de los Estados partes en la Convención.

Parte IX
Recursos distintos de los sulfuros polimetálicos

Artículo 43
Recursos distintos de los sulfuros polimetálicos

La prospección, exploración y explotación de los recursos distintos de los sulfuros polimetálicos y que hallen el prospector o el contratista en la Zona estarán sujetas a las normas, los reglamentos y los procedimientos relativos a esos recursos que dicte la Autoridad de conformidad con la Convención y con el Acuerdo. El prospector o el contratista notificarán sus hallazgos a la Autoridad.

Parte X
Examen

Artículo 44
Examen

1. Cuando se cumplan cinco años de la aprobación del presente reglamento por la Asamblea, o en cualquier fecha posterior, el Consejo examinará la forma en que funcionó este reglamento en la práctica.

2. Si para entonces resulta evidente, a la luz de conocimientos o tecnologías más avanzados, que el reglamento ya no es aceptable, cualquier Estado parte, la Comisión Jurídica y Técnica o cualquier contratista por conducto de su Estado patrocinador podrá en cualquier momento pedir al Consejo que, en su siguiente período ordinario de sesiones, considere la posibilidad de modificarlo.

3. Sobre la base de ese examen, el Consejo podrá adoptar y aplicar provisionalmente, a la espera de que la Asamblea las apruebe, las enmiendas a las disposiciones del presente reglamento, teniendo en cuenta las recomendaciones de la Comisión Jurídica y Técnica o de otros órganos subordinados interesados. Las enmiendas serán sin perjuicio de los derechos conferidos a cualquier contratista por la Autoridad en virtud de lo dispuesto en un contrato celebrado de conformidad con el presente reglamento que se encuentre vigente al momento de aprobarse la enmienda.

4. En caso de enmienda de cualquiera de las disposiciones del presente reglamento, el contratista y la Autoridad podrán modificar el contrato con arreglo a lo dispuesto en la sección 24 del anexo 4.

Anexo 1

Notificación de la intención de realizar actividades de prospección

1. Nombre del prospector:

2. Domicilio del prospector:

3. Domicilio postal (si es diferente del anterior):

4. Número de teléfono:

5. Número de facsímile:

6. Dirección de correo electrónico:

7. Nacionalidad del prospector:

8. Si el prospector es una persona jurídica, especificar:

    a) El lugar de inscripción; y

    b) La oficina principal o el domicilio comercial

y adjuntar una copia de certificado de inscripción del prospector.

9. Nombre del representante designado por el prospector:

10. Domicilio del representante designado por el prospector (si es diferente del anterior):

11. Domicilio postal (si es diferente del anterior):

12. Número de teléfono:

13. Número de facsímile:

14. Dirección de correo electrónico:

15. Adjuntar las coordenadas del área o las áreas generales en que se hará la prospección (de acuerdo con el Sistema Geodésico Mundial WGS 84).

16. Adjuntar una descripción general del programa de prospección, con inclusión de la fecha de inicio y la duración aproximada del programa.

17. Adjuntar una declaración por escrito en el sentido de que el prospector:

    a) Se ajustará a la Convención y a las normas, los reglamentos y los procedimientos pertinentes de la Autoridad respecto de:

    i) La cooperación en los programas de capacitación en relación con la investigación científica marina y la transferencia de tecnología indicadas en los artículos 143 y 144 de la Convención, y

    ii) La protección y preservación del medio marino; y

    b) Aceptará que la Autoridad verifique el cumplimiento a ese respecto.

18. Enumérense a continuación todos los apéndices y anexos de esta notificación (todos los datos e información deben presentarse por escrito y en el formato digital especificado por la Autoridad):

Fecha:_____

Firma del representante designado por el solicitante

Testigos:

_____
Firma del testigo

_____
Nombre del testigo

_____
Cargo del testigo

Anexo 2

Solicitud de aprobación de un plan de trabajo para la exploración con el fin de obtener un contrato

Sección I
Información relativa al solicitante

1. Nombre del solicitante:

2. Domicilio del solicitante:

3. Domicilio postal (si es diferente del anterior):

4. Número de teléfono:

5. Número de facsímile:

6. Dirección de correo electrónico:

7. Nombre del representante designado por el solicitante:

8. Domicilio del representante designado por el solicitante (si es diferente del anterior):

9. Domicilio postal (si es diferente del anterior):

10. Número de teléfono:

11. Número de facsímile:

12. Dirección de correo electrónico:

13. Si el solicitante es una persona jurídica, especificar:

    a) El lugar de inscripción; y

    b) La oficina principal o el domicilio comercial

    y adjuntar una copia del certificado de inscripción del solicitante.

14. Especificación del Estado o de los Estados patrocinadores.

15. Respecto de cada Estado patrocinador, indicar la fecha de depósito de su instrumento de ratificación de la Convención de las Naciones Unidas sobre el Derecho del Mar de 1982, o de adhesión a ella o de sucesión, y la fecha de su consentimiento para obligarse por el Acuerdo relativo a la aplicación de la Parte XI de la Convención de las Naciones Unidas sobre el Derecho del Mar de 10 de diciembre de 1982.

16. Deberá adjuntarse a la presente solicitud un certificado de patrocinio expedido por el Estado patrocinador. Si el solicitante tiene más de una nacionalidad, como en el caso de una sociedad o consorcio de entidades de más de un Estado, deberán adjuntarse certificados de patrocinio expedidos por cada uno de los Estados participantes.

Sección II
Información relativa al área respecto de la cual se presenta la solicitud

17. Definir los límites de los bloques a que se refiere la solicitud adjuntando un mapa (en la escala y la proyección especificadas por la Autoridad) y una lista de coordenadas geográficas (de acuerdo con el Sistema Geodésico Mundial WGS 84).

18. Indicar si el solicitante opta por aportar un área reservada de conformidad con el artículo 17, o por ofrecer una participación en el capital de una empresa conjunta, de acuerdo con el artículo 19.

19. Si el solicitante opta por aportar un área reservada:

a) Adjuntar un mapa (en la escala y la proyección especificadas por la Autoridad) y una lista de las coordenadas que dividen la superficie total en dos partes de igual valor comercial estimado; y

b) Incluir en un apéndice información suficiente para que el Consejo pueda designar un área reservada sobre la base del valor comercial estimado de cada una de las partes del área a que se refiera la solicitud. El apéndice deberá incluir los datos de que dispuso el solicitante respecto de ambas partes del área a que se refiere la solicitud, incluidos:

i) Datos sobre la ubicación, los estudios y la evaluación de los sulfuros polimetálicos del área, en particular:

a. Una descripción de la tecnología relacionada con la recuperación y el tratamiento de sulfuros polimetálicos necesaria para proceder a la designación de un área reservada;

b. Un mapa de las características físicas y geológicas, como la topografía de los fondos marinos, la batimetría y las corrientes del fondo marino e información relativa a la fiabilidad de esos datos;

c. Un mapa que muestre los datos obtenidos mediante teleobservación (como estudios electromagnéticos) y los datos de otros estudios utilizados para determinar la extensión lateral de cada una de las masas de sulfuros polimetálicos;

d. Datos sobre las muestras extraídas de las perforaciones y otros datos utilizados para determinar la tercera dimensión de los depósitos y usados en consecuencia para determinar la ley y el tonelaje de las masas de sulfuros polimetálicos;

e. Datos que muestren la distribución de los yacimientos activos e inactivos de sulfuros polimetálicos y la era en que la actividad cesó en los yacimientos inactivos y comenzó en los yacimientos activos;

f. Datos que muestren el tonelaje medio (en toneladas métricas) de cada masa de sulfuros polimetálicos que abarcará el sitio minero y un mapa conexo del tonelaje en el que se señale la ubicación de los lugares de extracción de muestras;

g. Datos que indiquen el contenido elemental medio de metales de interés económico (ley) basado en ensayos químicos sobre el porcentaje de peso en seco y un mapa conexo de la ley correspondiente a los datos obtenidos entre masas de sulfuros polimetálicos y dentro de ellas;

h. Mapas combinados de tonelaje y ley de los sulfuros polimetálicos;

i. Un cálculo basado en procedimientos estándar, incluidos análisis estadísticos, en que se utilicen los datos presentados y las hipótesis de los cálculos, de que cabe esperar que las dos áreas contengan sulfuros polimetálicos de igual valor comercial estimado expresado como metales extraíbles en áreas explotables;

j. Una descripción de las técnicas utilizadas por el solicitante.

ii) Información relativa a parámetros ambientales (estacionales y durante el período de ensayo), entre ellos, velocidad y dirección del viento, salinidad del agua, temperatura y comunidades biológicas.

20. Si la zona a que se refiere la solicitud incluye alguna parte de un área reservada, adjuntar una lista de coordenadas del área que forme parte del área reservada e indicar las condiciones que reúne el solicitante de conformidad con el artículo 18 del reglamento.

Sección III
Información financiera y técnica

21. Adjuntar información suficiente para que el Consejo pueda determinar si el solicitante tiene la capacidad financiera para realizar el plan de trabajo para la exploración propuesto y para cumplir sus obligaciones financieras respecto de la Autoridad:

a) Si la solicitud es presentada por la Empresa, se adjuntarán certificados de su autoridad competente respecto de que la Empresa dispone de fondos para sufragar el costo estimado del plan del trabajo para la exploración propuesto;

b) Si la solicitud es formulada por un Estado o una empresa estatal, se adjuntará una declaración del Estado, o del Estado patrocinador, en que se certifique que el solicitante cuenta con los recursos financieros necesarios para sufragar los gastos estimados del plan de trabajo para la exploración propuesto;

c) Si la solicitud es formulada por una entidad, se adjuntarán copias de los estados financieros verificados de la entidad solicitante, incluidos balances consolidados y los estados de ganancias y pérdidas correspondientes a los últimos tres años, de conformidad con principios de contabilidad internacionalmente aceptados, y certificados por una empresa de contadores públicos debidamente reconocida; y

i) Si el solicitante es una entidad recientemente organizada y no se cuenta con un balance certificado, se adjuntará una hoja de balance proforma, certificada por el funcionario competente de la entidad solicitante;

ii) Si el solicitante es una empresa subsidiaria de otra entidad, se presentarán copias de los estados financieros de dicha entidad y una declaración de dicha entidad, conforme a las prácticas de contabilidad internacionalmente aceptadas y certificada por una empresa de contadores públicos debidamente reconocida, de que la empresa solicitante contará con los recursos financieros necesarios para cumplir con el plan de trabajo para la exploración;

iii) Si el solicitante se encuentra bajo el control de un Estado o una empresa estatal, se presentará una declaración del Estado o de la empresa estatal en que se certifique que el solicitante cuenta con los recursos financieros necesarios para cumplir con el plan de trabajo para la exploración.

22. Si el plan de trabajo para la exploración propuesto se ha de financiar mediante empréstitos, adjuntar un estado del monto de esos empréstitos, el plazo de amortización y el tipo de interés.

23. Adjuntar información suficiente para que el Consejo pueda determinar si el solicitante está capacitado desde el punto de vista técnico para realizar el plan de trabajo para la exploración propuesto, con inclusión de:

a) Una descripción general de la experiencia previa, los conocimientos, las aptitudes y las cualificaciones técnicas pertinentes al plan de trabajo propuesto para la exploración;

b) Una descripción general del equipo y los métodos que se prevé utilizar en la realización del plan de trabajo propuesto para la exploración y otra información pertinente no protegida por derechos de propiedad intelectual acerca de las características de esa tecnología;

c) Una descripción general de la capacidad financiera y técnica del solicitante para hacer frente a cualquier incidente o actividad que cause daños graves al medio marino.

Sección IV
El plan de trabajo para la exploración

24. Adjuntar la información siguiente respecto del plan de trabajo para la exploración:

a) Una descripción general y un cronograma del programa de exploración propuesto, incluido el programa de actividades para el siguiente período de cinco años, por ejemplo, los estudios que se han de hacer respecto de los factores ambientales, técnicos, económicos y de otro orden que deban tenerse en cuenta en la exploración;

b) Una descripción de un programa de estudios de referencia oceanográficos y ambientales de conformidad con el presente reglamento y con las normas, reglamentos y procedimientos ambientales dictados por la Autoridad que permitan evaluar los posibles efectos sobre el medio ambiente de las actividades de exploración propuestas, entre ellos los efectos sobre la diversidad biológica, teniendo en cuenta las recomendaciones que imparta la Comisión Jurídica y Técnica;

c) Una evaluación preliminar de los posibles efectos de las actividades de exploración propuestas sobre el medio marino;

d) Una descripción de las medidas propuestas para prevenir, reducir y controlar la contaminación y otros peligros para el medio marino, así como los posibles efectos sobre este;

e) Un calendario de los gastos anuales previstos por concepto del programa de actividades para el siguiente período de cinco años.

Sección V
Obligaciones

25. Adjuntar una declaración por escrito en el sentido de que el solicitante:

a) Acepta el carácter ejecutorio de las obligaciones aplicables que dimanen de las disposiciones de la Convención y las normas, los reglamentos y los procedimientos de la Autoridad, las decisiones de los órganos competentes de la Autoridad y las cláusulas de sus contratos con la Autoridad y los cumplirá;

b) Acepta el control de la Autoridad sobre las actividades en la Zona en la forma autorizada en la Convención;

c) Da a la Autoridad por escrito la seguridad de que cumplirá de buena fe las obligaciones estipuladas en el contrato.

Sección VI
Contratos anteriores

26. ¿Ha adjudicado anteriormente la Autoridad algún contrato al solicitante o, en el caso de una solicitud conjunta de una asociación o consorcio de entidades, a algún miembro de la asociación o consorcio?

27. Si la respuesta a la pregunta del párrafo 26 fuere afirmativa, la solicitud deberá incluir:

a) La fecha del contrato o los contratos anteriores;

b) La fecha, el número de referencia y el título de cada informe presentado a la Autoridad con respecto al contrato o los contratos; y

c) La fecha de expiración del contrato o los contratos, si procede.

Sección VII
Apéndices

28. Enumerar todos los apéndices y anexos de la presente solicitud (todos los datos e información deben presentarse por escrito y en el formato digital especificado por la Autoridad):

Fecha:_____

Firma del representante designado por el solicitante

Testigos:

_____
Firma del testigo

_____
Nombre del testigo

_____
Cargo del testigo

Anexo 3

Contrato de exploración

CONTRATO celebrado el día ___ de _____ entre LA AUTORIDAD INTERNACIONAL DE LOS FONDOS MARINOS representada por su SECRETARIO GENERAL (en adelante denominada "la Autoridad") y _____ representado por _____ (en adelante denominado "el Contratista"):

Incorporación de cláusulas

A. Las cláusulas uniformes que figuran en el anexo 4 del reglamento sobre prospección y exploración de sulfuros polimetálicos en la Zona serán incorporadas al presente contrato y tendrán efecto como si estuvieran enunciadas en él expresamente.

Zona de exploración

B. A los efectos del presente contrato, por "zona de exploración" se entenderá la parte de la Zona asignada al Contratista para la exploración, según se define en las coordenadas enumeradas en el anexo 1 del presente, que se reducirá cada cierto tiempo de conformidad con las cláusulas uniformes y el reglamento.

Concesión de derechos

C. La Autoridad, teniendo en cuenta:

1) El interés mutuo de la Autoridad y el Contratista en la realización de actividades de exploración en la zona de exploración de conformidad con la Convención y el Acuerdo;

2) La función que le cabe de organizar y controlar las actividades en la Zona, especialmente con miras a administrar los recursos de esta de conformidad con el régimen jurídico establecido en la Parte XI de la Convención y el Acuerdo y en la Parte XII de la Convención, respectivamente; y

3) El compromiso financiero del Contratista de realizar actividades en la zona de exploración y su interés en ello y las obligaciones recíprocas que contraen en el presente contrato;

confiere al Contratista el derecho exclusivo de explorar la zona de exploración de conformidad con las cláusulas del presente contrato para buscar sulfuros polimetálicos.

Entrada en vigor y duración del contrato

D. El presente contrato entrará en vigor una vez que haya sido firmado por ambas partes y, con sujeción a las cláusulas uniformes, seguirá en vigor por un período de quince años a menos que:

1) Se adjudique al Contratista un contrato de explotación en la zona de exploración que entre en vigor antes de que expire ese período de quince años; o

2) El contrato sea resuelto antes; en todo caso, la duración del contrato podrá prorrogarse de conformidad con las cláusulas uniformes 3.2 y 17.2.

Anexos

E. Los anexos mencionados en las cláusulas uniformes, concretamente en la cláusula 4 y la cláusula 8, son, a los efectos del presente contrato, los anexos 2 y 3 respectivamente.

Integridad del acuerdo

F. En el presente contrato se expresa en su integridad el acuerdo entre las partes y ninguna de sus cláusulas podrá ser modificada por un entendimiento verbal ni un entendimiento anterior expresado por escrito.

EN TESTIMONIO DE LO CUAL, los infrascritos, debidamente autorizados para ello por las partes respectivas, han firmado el presente contrato en _____ este día ___ de _____.

Anexo 1

[Coordenadas y mapa ilustrativo de la zona de exploración.]

Anexo 2

[Programa de actividades para el quinquenio en curso, revisado periódicamente.]

Anexo 3

[El programa de capacitación pasará a constituir un anexo del contrato cuando la Autoridad lo apruebe de conformidad con la cláusula uniforme 8.]

Anexo 4

Cláusulas uniformes del contrato de exploración

Cláusula 1
Definiciones

1.1 En las cláusulas siguientes:

a) Por "zona de exploración" se entenderá la parte de la Zona asignada al Contratista para la exploración, según se describe en el anexo 1 del presente, y que podrá ser reducida de conformidad con el presente contrato y con el reglamento;

b) Por "programa de actividades" se entenderá el indicado en el anexo 2, que podrá modificarse de conformidad con las cláusulas 4.3 y 4.4 del presente contrato;

c) Por "reglamento" se entenderá el reglamento sobre prospección y exploración de sulfuros polimetálicos en la Zona que apruebe la Autoridad.

1.2 Los términos y frases que se definen en el reglamento tendrán igual sentido en estas cláusulas uniformes.

1.3 De conformidad con el Acuerdo relativo a la aplicación de la Parte XI de la Convención de las Naciones Unidas sobre el Derecho del Mar de 10 de diciembre de 1982, sus disposiciones y la Parte XI de la Convención se interpretarán y aplicarán conjuntamente como un solo instrumento; el presente contrato y las referencias que en él se hacen a la Convención se interpretarán y aplicarán en consecuencia.

1.4 El presente contrato incluye sus anexos, que formarán parte integrante de él.

Cláusula 2
Derechos del Contratista

2.1 Los derechos del Contratista estarán garantizados, por lo que el presente contrato no será suspendido, rescindido ni modificado, excepto de conformidad con sus cláusulas 20, 21 y 24.

2.2 El Contratista tendrá el derecho exclusivo de explorar la zona de exploración en busca de sulfuros polimetálicos de conformidad con las cláusulas del presente contrato. La Autoridad velará por que ninguna otra entidad realice actividades en la zona de exploración relacionadas con una categoría diferente de recursos que dificulten indebidamente las operaciones del Contratista.

2.3 El Contratista, previa notificación a la Autoridad, podrá renunciar en cualquier momento sin sanción alguna a la totalidad o parte de sus derechos en la zona de exploración, pero seguirá siendo responsable del cumplimiento de las obligaciones que haya contraído antes de la fecha de la renuncia y respecto del área objeto de la renuncia.

2.4 Nada de lo dispuesto en el presente contrato será interpretado en el sentido de que confiera al Contratista más derechos que los que le son conferidos expresamente en él. La Autoridad se reserva el derecho a concertar con terceros contratos relativos a recursos distintos de los sulfuros polimetálicos en la zona abarcada por el presente contrato.

Cláusula 3
Duración del contrato

3.1 El presente contrato entrará en vigor una vez que haya sido firmado por ambas partes y seguirá en vigor por un período de 15 años a menos que:

a) Se adjudique al Contratista un contrato de explotación en la zona de exploración que entre en vigor antes de que expire ese período de 15 años; o

b) El contrato sea resuelto antes;

en todo caso, la duración del contrato podrá prorrogarse de conformidad con las cláusulas 3.2 y 17.2.

3.2 Si el Contratista lo solicitare, a más tardar seis meses antes de la expiración del presente contrato, este podrá ser prorrogado por períodos no superiores a cinco años cada uno, en las condiciones en que la Autoridad y el Contratista convengan de conformidad con el reglamento. La prórroga será aprobada si el Contratista se ha esforzado de buena fe por cumplir los requisitos del presente contrato pero, por razones ajenas a su voluntad, no ha podido completar el trabajo preparatorio necesario para pasar a la etapa de explotación o las circunstancias económicas imperantes no justifican que se pase a esa etapa.

3.3 No obstante la expiración del presente contrato de conformidad con la cláusula 3.1, si el Contratista solicita, por lo menos 90 días antes de la fecha de expiración, un contrato de explotación, sus derechos y obligaciones con arreglo al presente contrato seguirán vigentes hasta el momento en que la solicitud haya sido examinada y aceptada o denegada.

Cláusula 4
Exploración

4.1 El Contratista comenzará la exploración de conformidad con el calendario estipulado en el programa de actividades establecido en el anexo 2 del presente y cumplirá ese calendario con las modificaciones previstas en el presente contrato.

4.2 El Contratista llevará a cabo el programa de actividades establecido en el anexo 2 del presente. Al realizar esas actividades, realizará cada año de vigencia del contrato gastos directos y efectivos por concepto de exploración de un monto no inferior al indicado en el programa o en una modificación del programa introducida de común acuerdo.

4.3 El Contratista, previo consentimiento de la Autoridad, que no podrá denegarlo sin fundamento, podrá introducir en el programa de actividades y en los gastos indicados en él los cambios que sean necesarios y prudentes con arreglo a las buenas prácticas de la industria minera, y teniendo en cuenta las condiciones de mercado de los metales contenidos en los sulfuros polimetálicos y las demás condiciones económicas y mundiales que sean pertinentes.

4.4 El Contratista y el Secretario General procederán, a más tardar 90 días antes de la expiración de cada quinquenio a partir de la fecha de entrada en vigor del presente contrato, según lo estipulado en la cláusula 3, a examinar conjuntamente los resultados de la ejecución del plan de trabajo para la exploración en virtud del presente contrato. El Secretario General podrá pedir al Contratista que le presente los datos y la información adicionales que fueren necesarios para los fines del examen. A la luz del examen, el Contratista hará en su plan de trabajo los ajustes que sean necesarios y dará a conocer su programa de actividades para el quinquenio siguiente, con inclusión de una lista revisada de los gastos anuales previstos. El anexo 2 del presente se ajustará en consecuencia.

Cláusula 5
Vigilancia ambiental

5.1 El Contratista tomará las medidas necesarias para prevenir, reducir y controlar la contaminación del medio marino y otros riesgos para este derivados de sus actividades en la Zona en la medida en que sea razonablemente posible, aplicando un criterio de precaución y las mejores prácticas ambientales.

5.2 Antes de iniciar las actividades de exploración, el Contratista presentará a la Autoridad:

a) Una evaluación de los posibles efectos sobre el medio marino de las actividades propuestas;

b) Una propuesta relativa a un programa de vigilancia para determinar los posibles efectos sobre el medio marino de las actividades propuestas; y

c) Datos que puedan utilizarse para establecer una línea de base ambiental que permita evaluar los efectos de las actividades propuestas.

5.3 El Contratista, de conformidad con el reglamento, obtendrá datos ambientales de referencia a medida que avancen y se desarrollen las actividades de exploración y establecerá líneas de base ambientales con respecto a las cuales se puedan evaluar los efectos probables sobre el medio marino de las actividades del Contratista.

5.4 El Contratista elaborará y ejecutará, de conformidad con el reglamento, un programa de vigilancia e información respecto de esos efectos en el medio marino. El Contratista cooperará con la Autoridad a los efectos de esa vigilancia.

5.5 El Contratista, dentro de los 90 días anteriores a la finalización de cada año civil, informará al Secretario General respecto de la aplicación y los resultados del programa de vigilancia mencionado en la cláusula 5.4 y presentará los datos y la información exigidos en el reglamento.

Cláusula 6
Planes de contingencia y casos de emergencia

6.1 El Contratista, antes de comenzar su programa de actividades en virtud del presente contrato, presentará al Secretario General un plan de contingencia a fin de actuar eficazmente en caso de incidentes que entrañen una alta probabilidad o el riesgo de causar daños graves al medio marino como consecuencia de las actividades marítimas del Contratista en la zona de exploración. En ese plan de contingencia se establecerán procedimientos especiales y se preverá el suministro del equipo suficiente y adecuado para hacer frente a esos incidentes y, en particular, el plan comprenderá disposiciones relativas a:

a) Una llamada de alarma general inmediata en la zona de las actividades de exploración;

b) La inmediata notificación al Secretario General;

c) Una llamada de alerta a los buques que estén a punto de entrar en las cercanías de la zona;

d) El suministro constante de información cabal al Secretario General sobre los pormenores de las medidas de emergencia que se hayan tomado ya y las que haya que tomar;

e) La eliminación, en caso necesario, de sustancias contaminantes;

f) La reducción y, en la medida de lo razonablemente posible, la prevención de daños graves al medio marino, así como la mitigación de sus efectos;

g) La cooperación, según proceda, con otros contratistas y con la Autoridad para actuar en caso de emergencia; y

h) Simulacros periódicos de acción en casos de emergencia.

6.2 El Contratista informará prontamente al Secretario General de cualquier incidente dimanado de sus actividades que haya causado, esté causando o amenace causar daños graves al medio marino. En cada informe se consignarán los detalles del incidente, entre otros:

a) Las coordenadas de la zona real o previsiblemente afectada;

b) La descripción de las medidas que esté adoptando el Contratista para prevenir, contener, reducir al mínimo o reparar los daños graves al medio marino o el riesgo de que estos se produzcan;

c) La descripción de las medidas que esté tomando el Contratista para supervisar los efectos del incidente sobre el medio marino; y

d) La información complementaria que el Secretario General razonablemente necesite.

6.3 El Contratista cumplirá las órdenes de emergencia que dicte el Consejo y las medidas inmediatas de índole temporal que decrete el Secretario General de conformidad con el reglamento para prevenir, contener, reducir al mínimo o reparar los daños graves al medio marino o el riesgo de que estos se produzcan, las cuales podrán incluir órdenes al Contratista para que suspenda o modifique inmediatamente las actividades en la zona de exploración.

6.4 Si el Contratista no cumple prontamente esas órdenes de emergencia o medidas inmediatas de índole temporal, el Consejo podrá tomar las medidas que sean razonablemente necesarias para prevenir, contener, reducir al mínimo o reparar los daños graves al medio marino o el riesgo de que estos se produzcan a costa del Contratista. El Contratista reembolsará prontamente a la Autoridad el monto de esos gastos, que será adicional a las sanciones pecuniarias que le sean impuestas de conformidad con las disposiciones del presente contrato o del reglamento.

Cláusula 7
Restos humanos y objetos de interés arqueológico o histórico

El Contratista que encuentre en la zona de exploración restos humanos de interés arqueológico o histórico, o cualquier objeto o sitio de índole similar, notificará inmediatamente al Secretario General por escrito el hallazgo y su ubicación, así como las medidas de protección y preservación que se hayan adoptado. El Secretario General transmitirá la información al Director General de la Organización de las Naciones Unidas para la Educación, la Ciencia y la Cultura y a cualquier otra organización internacional competente. Tras el hallazgo de tales restos humanos, objetos o sitios en la zona de exploración, y a los efectos de no alterar dichos restos humanos, objetos o sitios, se suspenderán todas las actividades de prospección o exploración dentro de un radio razonable hasta que el Consejo decida que pueden continuar, tras considerar las opiniones del Director de la Organización de las Naciones Unidas para la Educación, la Ciencia y la Cultura o de cualquier otra organización internacional competente.

Cláusula 8
Capacitación

8.1 De conformidad con el reglamento, el Contratista, antes de comenzar la exploración en virtud del presente contrato, presentará a la Autoridad, para su aprobación, propuestas de programas para la capacitación de personal de la Autoridad y de Estados en desarrollo, incluida la participación de ese personal en todas las actividades que realice el Contratista en virtud del presente contrato.

8.2 El ámbito y la financiación del programa de capacitación serán objeto de negociaciones entre el Contratista, la Autoridad y el Estado o los Estados patrocinadores.

8.3 El Contratista llevará a cabo los programas de esta índole de conformidad con el programa concreto de capacitación a que se hace referencia en la cláusula 8.1, aprobado por la Autoridad de conformidad con el reglamento, y que, con sus revisiones o adiciones, se convertirá en parte del presente contrato como anexo 3.

Cláusula 9
Libros y registros

El Contratista llevará un juego completo y en debida forma de libros, cuentas y registros financieros compatibles con los principios contables internacionalmente aceptados. En esos libros, cuentas y registros financieros se dejará constancia clara de los gastos efectivos y directos de exploración y de los demás datos que faciliten la comprobación efectiva de esos gastos.

Cláusula 10
Informes anuales

10.1 El Contratista, dentro de los 90 días siguientes a la finalización de cada año civil, presentará al Secretario General, en el formato que pueda recomendar la

Comisión Jurídica y Técnica, un informe relativo a su programa de actividades en la zona de exploración que contendrá, en la medida en que proceda, información suficientemente detallada sobre:

a) Las actividades de exploración realizadas durante el año civil, con la inclusión de mapas, cartas y gráficos que ilustren la labor realizada y los resultados obtenidos;

b) El equipo utilizado para realizar las actividades de exploración, incluidos los resultados de los ensayos de tecnologías de explotación minera propuestas, aunque no sobre los datos relativos al diseño del equipo; y

c) La ejecución de los programas de capacitación, incluidas las propuestas de revisiones o adiciones a esos programas.

10.2 Los informes contendrán también:

a) Los resultados de los programas de vigilancia ambiental, entre ellos las observaciones, mediciones, evaluaciones y análisis de los parámetros ambientales;

b) Una relación de la cantidad de sulfuros polimetálicos obtenidos como muestra o para fines de ensayo;

c) Un estado, conforme a los principios contables internacionalmente aceptados y certificado por una firma de contadores públicos debidamente acreditada o, en caso de que el Contratista sea un Estado o una empresa estatal, por el Estado patrocinador, de los gastos efectivos y directos de exploración que haya hecho el Contratista en la ejecución del programa de actividades durante el año contable del Contratista. El Contratista podrá reclamar esos gastos como parte de sus costos de inversión previos al comienzo de la producción comercial; y

d) Las propuestas de ajustes del programa de actividades y las razones en que se fundan.

10.3 El Contratista presentará además toda la información adicional necesaria para complementar los informes a que se hace referencia en las cláusulas 10.1 y 10.2 y que el Secretario General pida razonablemente a fin de que la Autoridad cumpla las funciones que le asignan la Convención, el reglamento y el presente contrato.

10.4 El Contratista conservará, en buen estado, una parte representativa de las muestras y núcleos de sulfuros polimetálicos obtenidos en el curso de la exploración hasta que termine el presente contrato. La Autoridad podrá pedir por escrito al Contratista que le entregue, para analizarla, una parte de cualquier muestra y núcleo que haya obtenido en el curso de la exploración.

10.5 En el momento de presentar el informe anual, el Contratista pagará una tasa fija anual de 47.000 dólares de los Estados Unidos (o la suma fijada de conformidad con la cláusula 10.6 *infra*) para sufragar los gastos generales de la Autoridad relacionados con la administración y supervisión del contrato y con el examen de los informes presentados de conformidad con la cláusula 10.1 *supra*.

10.6 La Autoridad podrá revisar el monto de la tasa anual en concepto de gastos generales con el fin de reflejar los gastos que efectiva y razonablemente haya efectuado[4].

Cláusula 11
Datos e información que se proporcionarán al expirar el contrato

11.1 El Contratista transferirá a la Autoridad todos los datos y la información que sean necesarios y pertinentes para el ejercicio efectivo de las facultades y las funciones de la Autoridad con respecto a la zona de exploración de conformidad con lo dispuesto en la presente cláusula.

11.2 Al expirar o rescindirse el contrato, el Contratista, si no lo hubiese hecho ya, presentará los siguientes datos e información al Secretario General:

a) Copias de los datos geológicos, ambientales, geoquímicos y geofísicos obtenidos por el Contratista durante la ejecución del programa de actividades que sean necesarios y pertinentes para el ejercicio efectivo de las facultades y funciones de la Autoridad con respecto a la zona de exploración;

b) La estimación de los yacimientos explotables, cuando se hayan individualizado, lo que comprenderá detalles del grado y cantidad de reservas comprobadas, probables y posibles de sulfuros polimetálicos y las condiciones de explotación previstas;

c) Copias de los informes geológicos, técnicos, financieros y económicos preparados por el Contratista o para él que sean necesarios y pertinentes para el ejercicio efectivo de las facultades y funciones de la Autoridad con respecto a la zona de exploración;

d) Información suficientemente detallada sobre el equipo utilizado para llevar a cabo las actividades de exploración, incluidos los resultados de los ensayos de tecnologías de explotación minera propuestas, aunque no los datos relativos al diseño del equipo;

e) Una relación de la cantidad de sulfuros polimetálicos extraídos como muestras o con fines de ensayo; y

f) Una relación de la manera y el lugar en que se archivaron las muestras de los núcleos y su disponibilidad para la Autoridad.

11.3 Los datos y la información mencionados en la cláusula 11.2 serán presentados también al Secretario General si, antes de que expire el presente contrato, el Contratista solicita la aprobación de un plan de trabajo para la explotación o si el Contratista renuncia a sus derechos en la zona de exploración, en la medida en que los datos y la información se refieran a la zona respecto de la cual ha renunciado a sus derechos.

---

[4] ISBA/19/A/12, de fecha 25 de julio de 2013, enmiendas.

Cláusula 12
Confidencialidad

Los datos e informaciones que se hayan transmitido a la Autoridad de conformidad con el presente contrato se considerarán confidenciales con arreglo a las disposiciones de esta cláusula y del reglamento.

Cláusula 13
Obligaciones

13.1 El Contratista procederá a la exploración de conformidad con las cláusulas y las condiciones del presente contrato, el reglamento, la Parte XI de la Convención, el Acuerdo y otras normas de derecho internacional que no sean incompatibles con la Convención.

13.2 El Contratista se compromete a:

a) Cumplir las disposiciones del presente contrato y aceptar su carácter ejecutorio;

b) Cumplir las obligaciones aplicables que dimanen de las disposiciones de la Convención, las normas, los reglamentos y los procedimientos de la Autoridad y las decisiones de los órganos competentes de la Autoridad;

c) Aceptar el control de la Autoridad sobre las actividades en la Zona en la forma autorizada por la Convención;

d) Cumplir de buena fe las obligaciones estipuladas en el presente contrato; y

e) Cumplir, en la medida en que sea razonablemente posible, las recomendaciones que imparta la Comisión Jurídica y Técnica.

13.3 El Contratista llevará a cabo activamente el programa de actividades:

a) Con la diligencia, eficiencia y economía debidas;

b) Teniendo debidamente en cuenta los efectos de sus actividades sobre el medio marino; y

c) Teniendo razonablemente en cuenta otras actividades en el medio marino.

13.4 La Autoridad se compromete a ejercer de buena fe las facultades y las funciones que le corresponden en virtud de la Convención y del Acuerdo, de conformidad con el artículo 157 de la Convención.

Cláusula 14
Inspección

14.1 El Contratista permitirá a la Autoridad el envío de inspectores a bordo de los buques y las instalaciones que utilice para realizar actividades en la zona de exploración con el objeto de:

a) Vigilar el cumplimiento por el Contratista de las cláusulas del presente contrato y del reglamento; y

b) Vigilar los efectos de esas actividades sobre el medio marino.

14.2 El Secretario General notificará con una antelación razonable al Contratista la fecha y duración previstas de las inspecciones, el nombre de los inspectores y de todas las actividades que los inspectores habrán de realizar y que probablemente requieran la disponibilidad de equipo especial o de asistencia especial del personal del Contratista.

14.3 Los inspectores estarán facultados para inspeccionar cualquier buque o instalación, incluidos sus registros, equipo, documentos, instalaciones, los demás datos registrados y los documentos pertinentes que sean necesarios para vigilar el cumplimiento del contrato por el Contratista.

14.4 El Contratista, sus agentes y sus empleados prestarán asistencia a los inspectores en el desempeño de sus funciones y:

a) Aceptarán y facilitarán el acceso pronto y seguro de los inspectores a las naves e instalaciones;

b) Cooperarán en la inspección de un buque o instalación realizada con arreglo a estos procedimientos y prestarán asistencia en ella;

c) Darán en todo momento razonable acceso al equipo, las instalaciones y el personal que correspondan y se encuentren en las naves e instalaciones;

d) No obstruirán el ejercicio de las funciones de los inspectores, no los intimidarán ni se inmiscuirán en su labor;

e) Proporcionarán a los inspectores servicios razonables, con inclusión, si procede, de alimentación y alojamiento; y

f) Facilitarán el desembarco de los inspectores en condiciones de seguridad.

14.5 Los inspectores se abstendrán de intervenir en las operaciones normales y seguras a bordo de las naves e instalaciones que utilice el Contratista para realizar actividades en el área visitada y actuarán de conformidad con el reglamento y las medidas adoptadas para proteger el carácter confidencial de los datos y la información.

14.6 El Secretario General y cualquiera de sus representantes debidamente autorizados tendrán acceso, para los estudios y auditorías, a todos los libros, documentos, informes y registros del Contratista que sean necesarios y directamente pertinentes para verificar los gastos a que se hace referencia en la cláusula 10.2 c).

14.7 Cuando sea necesaria la adopción de medidas, el Secretario General pondrá la información pertinente que figure en los informes de los inspectores a disposición del Contratista y del Estado o los Estados que lo patrocinan.

14.8 El Contratista, si por cualquier razón no procede a la exploración y no solicita un contrato de explotación, lo notificará por escrito al Secretario General antes de abandonar la zona de exploración, a fin de que la Autoridad pueda, si así lo decide, llevar a cabo una inspección con arreglo a la presente cláusula.

Cláusula 15
Normas de seguridad, de trabajo y de salud

15.1 El Contratista deberá cumplir las normas y los estándares internacionales generalmente aceptados, establecidos por las organizaciones internacionales competentes o las conferencias diplomáticas generales, en relación con la seguridad de la vida en el mar y la prevención de colisiones, y las normas, los reglamentos y los procedimientos que adopte la Autoridad en relación con la seguridad en el mar, y los buques que se utilicen para realizar actividades en la Zona deberán estar en posesión de certificados vigentes y válidos, exigidos y emitidos de conformidad con dichas normas y estándares internacionales.

15.2 El Contratista, al realizar actividades de exploración con arreglo al presente contrato, deberá observar y cumplir las normas, los reglamentos y los procedimientos que adopte la Autoridad en materia de protección contra la discriminación en el empleo, salud y seguridad ocupacionales, relaciones laborales, seguridad social, seguridad en el empleo y condiciones de vida en el lugar de trabajo. En las normas, los reglamentos y los procedimientos se tendrán en cuenta los convenios y las recomendaciones de la Organización Internacional del Trabajo y otras organizaciones internacionales competentes.

Cláusula 16
Responsabilidad

16.1 El Contratista será responsable del monto efectivo de los daños y perjuicios, incluidos los causados al medio marino, derivados de actos u omisiones ilícitos cometidos por él o por sus empleados, subcontratistas, agentes y todas las personas que trabajen para ellos o actúen en su nombre en la realización de sus operaciones con arreglo al presente contrato, con inclusión del costo de las medidas que sean razonables para prevenir o limitar los daños al medio marino, teniendo en cuenta los actos u omisiones de la Autoridad que hayan contribuido a ellos.

16.2 El Contratista exonerará a la Autoridad, sus empleados, subcontratistas y agentes de las demandas y obligaciones que hagan valer terceros en razón de actos u omisiones ilícitos del Contratista y de sus empleados, agentes y subcontratistas y de todas las personas que trabajen para ellos o actúen en su nombre en la realización de sus operaciones con arreglo al presente contrato.

16.3 La Autoridad será responsable del monto efectivo de los daños y perjuicios causados al Contratista como resultado de sus actos ilícitos en el ejercicio de sus facultades y funciones, con inclusión de las violaciones previstas en el párrafo 2 del artículo 168 de la Convención, y teniendo debidamente en cuenta los actos u omisiones del Contratista, sus empleados, agentes y subcontratistas y todas las personas que trabajan para ellos o actúen en su nombre en la realización de sus operaciones con arreglo al presente contrato que hayan contribuido a ellos.

16.4 La Autoridad exonerará al Contratista, sus empleados, subcontratistas, agentes y a todas las personas que trabajen para ellos o actúen en su nombre en la realización de sus operaciones con arreglo al presente contrato de las demandas y obligaciones que hagan valer terceros derivadas de los actos u omisiones ilícitos en el ejercicio de sus facultades y funciones conforme al presente contrato, incluidas las violaciones previstas en el párrafo 2 del artículo 168 de la Convención.

16.5 El Contratista contratará con empresas internacionalmente reconocidas pólizas de seguro adecuadas, de conformidad con las prácticas marítimas internacionales generalmente aceptadas.

Cláusula 17
Fuerza mayor

17.1 El Contratista no será responsable de las demoras inevitables o del incumplimiento de alguna de sus obligaciones con arreglo al presente contrato ocurridos por razones de fuerza mayor. A los efectos del presente contrato, por fuerza mayor se entenderá un acontecimiento o una condición que no cabía razonablemente esperar que el Contratista impidiera o controlara, a condición de que no haya sido causado por negligencia o por inobservancia de las buenas prácticas de la industria minera.

17.2 Se concederá al Contratista, a su pedido, una prórroga equivalente al período en el cual el cumplimiento del contrato quedó demorado por razones de fuerza mayor y se prorrogará en la forma correspondiente la duración del presente contrato.

17.3 En caso de fuerza mayor, el Contratista tomará todas las medidas razonables para volver a ponerse en condiciones de cumplir las cláusulas y las condiciones del presente contrato con un mínimo de demora.

17.4 El Contratista notificará a la Autoridad tan pronto como sea razonablemente posible que ha habido fuerza mayor e, igualmente, notificará a la Autoridad cuando se restablezcan las condiciones normales.

Cláusula 18
Descargo de responsabilidad

El Contratista, sus empresas afiliadas o sus subcontratistas no podrán afirmar o sugerir de manera alguna, expresa ni tácitamente, que la Autoridad o cualquiera de sus funcionarios tiene o ha expresado una opinión con respecto a los sulfuros polimetálicos en la zona de exploración; no podrá incluirse una declaración en ese sentido en los prospectos, avisos, circulares, anuncios, comunicados de prensa o documentos similares que publique el Contratista, sus empresas afiliadas o sus subcontratistas y que se refieran directa o indirectamente al presente contrato. A los efectos de la presente cláusula, por "empresa afiliada" se entenderá cualquier persona, empresa o compañía o entidad estatal que tenga control sobre el Contratista, sea controlada por este o sea controlada junto con este por otra entidad.

Cláusula 19
Renuncia de derechos

El Contratista, previa notificación a la Autoridad, estará facultado para renunciar a sus derechos y poner término al presente contrato sin sanción alguna, si bien no quedará exento del cumplimiento de todas las obligaciones contraídas antes de la fecha de la renuncia y de las que debe cumplir una vez terminado el contrato de conformidad con el reglamento.

Cláusula 20
Terminación del patrocinio

20.1 El Contratista notificará prontamente a la Autoridad si cambia su nacionalidad o control o si el Estado que lo patrocina, tal como está definido en el reglamento, pone término a su patrocinio.

20.2 En cualquiera de esos casos, y si el Contratista no obtuviere otro patrocinador que cumpla los requisitos fijados en el reglamento y que presente a la Autoridad un certificado de patrocinio en la forma y dentro del plazo estipulados en el reglamento, el presente contrato quedará resuelto de inmediato.

Cláusula 21
Suspensión y rescisión del contrato y sanciones

21.1 El Consejo podrá suspender o rescindir el presente contrato, sin perjuicio de los demás derechos que pueda tener la Autoridad, de darse una de las siguientes circunstancias:

a) Si, a pesar de las advertencias por escrito de la Autoridad, la forma en que el Contratista ha realizado sus actividades constituye un incumplimiento grave, persistente y doloso de las disposiciones fundamentales del presente contrato, la Parte XI de la Convención, el Acuerdo o las normas, reglamentos y procedimientos de la Autoridad; o

b) Si el Contratista no ha cumplido una decisión definitiva y obligatoria del órgano de solución de controversias que le sea aplicable; o

c) Si el Contratista cae en insolvencia, comete un acto que entrañe la cesación de pagos, pacta un convenio con sus acreedores, queda sometido a liquidación o sindicatura voluntaria o forzada, pide a un tribunal que le sea nombrado un síndico o da comienzo a una actuación judicial relativa a sí mismo con arreglo a una ley sobre quiebras, insolvencia o ajuste de la deuda, esté o no en vigor en ese momento, para un fin distinto del de reorganizarse.

21.2 El Consejo podrá, sin perjuicio de lo establecido en la cláusula 17, después de consultar con el Contratista, suspender o rescindir el presente contrato, sin perjuicio de los demás derechos que pueda tener la Autoridad, si el Contratista se ve imposibilitado de cumplir las obligaciones que le impone el presente contrato por razones de fuerza mayor, en los términos previstos en la cláusula 17.1, cuando la situación haya persistido por plazo ininterrumpido superior a dos años y a pesar de haber adoptado el Contratista todas las medidas razonables para remediar su incumplimiento y ajustarse a los términos y condiciones del presente contrato lo antes posible.

21.3 La suspensión o rescisión se realizará por medio de una notificación, por intermedio del Secretario General, e incluirá una declaración acerca de los motivos que llevaron a tomar esa medida. La suspensión o rescisión entrará en vigor 60 días después de dicha notificación, a menos que el Contratista impugne el derecho de la

Autoridad de suspender o rescindir este contrato de conformidad con la Parte XI, sección 5, de la Convención.

21.4 Si el Contratista procede de esa manera, el presente contrato solo podrá ser suspendido o rescindido de conformidad con una decisión definitiva y con fuerza jurídica obligatoria adoptada de conformidad con la Parte XI, sección 5, de la Convención.

21.5 El Consejo, en caso de que suspenda el presente contrato, podrá, previa notificación, exigir al Contratista que reanude sus operaciones y cumpla las cláusulas y las condiciones previstas en él a más tardar dentro de los 60 días siguientes a la fecha de la notificación.

21.6 En caso de que se produzca un incumplimiento del contrato no previsto en la cláusula 21.1 a), o en lugar de la suspensión o rescisión con arreglo a esa disposición, el Consejo podrá imponer al Contratista sanciones pecuniarias proporcionales a la gravedad de la trasgresión.

21.7 El Consejo no podrá ejecutar una decisión que implique sanciones pecuniarias hasta que el Contratista haya tenido oportunidad razonable de agotar los recursos judiciales de que dispone con arreglo a la Parte XI, sección 5, de la Convención.

21.8 En caso de rescisión o expiración del presente contrato, el Contratista cumplirá el reglamento y sacará de la zona de exploración todas sus instalaciones, planta, equipo y materiales de manera de que esa zona no constituya un peligro para las personas, para el transporte marítimo ni para el medio marino.

Cláusula 22
Transferencia de derechos y obligaciones

22.1 Los derechos y las obligaciones del Contratista en virtud del presente contrato podrán ser transferidos en todo o parte únicamente con el consentimiento de la Autoridad y con arreglo al reglamento.

22.2 La Autoridad no negará sin causa bastante su consentimiento a la transferencia si el cesionario propuesto reúne todas las condiciones requeridas de un solicitante de conformidad con el reglamento y asume todas las obligaciones del Contratista y si la transferencia no confiere al cesionario un plan de trabajo cuya aprobación estaría prohibida por el anexo III, artículo 6, párrafo 3 c), de la Convención.

22.3 Las cláusulas, las obligaciones y las condiciones del presente contrato se entenderán en beneficio de las partes en él y sus respectivos sucesores y cesionarios y serán obligatorias para ellos.

Cláusula 23
Exoneración

El hecho de que una de las partes renuncie a los derechos que le correspondan por el incumplimiento por la otra parte de las cláusulas y condiciones del presente contrato no será interpretado en el sentido de que también la exonera de cualquier trasgresión ulterior de la misma cláusula o la misma condición o cualquier otra que haya de cumplir.

Cláusula 24
Revisión

24.1 Cuando hayan surgido o sea probable que surjan circunstancias que, a juicio de la Autoridad o el Contratista, hagan inequitativo el presente contrato o hagan impracticable o imposible el logro de los objetivos previstos en él y en la Parte XI de la Convención o en el Acuerdo, las partes entablarán negociaciones para revisarlo en la forma correspondiente.

24.2 El presente contrato podrá también ser revisado de común acuerdo entre el Contratista y la Autoridad para facilitar la aplicación de las normas, reglamentos y procedimientos que esta apruebe después de su entrada en vigor.

24.3 El presente contrato podrá ser revisado, enmendado o modificado únicamente con el consentimiento del Contratista y la Autoridad y mediante instrumento en regla y firmado por los representantes autorizados de las partes.

Cláusula 25
Controversias

25.1 Las controversias que surjan entre las partes acerca de la interpretación o aplicación del presente contrato se dirimirán con arreglo a lo dispuesto en la Parte XI, sección 5, de la Convención.

25.2 De conformidad con el artículo 21, párrafo 2, del anexo III de la Convención, el fallo definitivo que dicte un tribunal competente con arreglo a la Convención en lo relativo a los derechos y obligaciones de la Autoridad y del Contratista será ejecutable en el territorio de cualquier Estado parte en la Convención afectado por él.

Cláusula 26
Notificación

26.1 El Secretario General o el representante designado del Contratista, según el caso, harán por escrito todo pedido, solicitud, aviso, informe, autorización, aprobación, exención, directiva o instrucción en relación con el presente contrato. La notificación se hará en mano o por télex, facsímile, correo aéreo certificado o correo electrónico con firma electrónica autorizada al Secretario General en la sede de la Autoridad o al representante designado. La obligación de facilitar por escrito la información que establece el reglamento quedará satisfecha cuando se haga en un documento electrónico que contenga una firma digital.

26.2 Cualquiera de las partes estará facultada para cambiar su domicilio por cualquier otro, previo aviso enviado a la otra parte con no menos de diez días de antelación.

26.3 La notificación en mano surtirá efecto en el momento en que se haga. Se considerará que la notificación por télex surtirá efecto el día hábil siguiente a aquel en que aparezca en la máquina de télex del remitente la expresión "respuesta". La notificación por facsímile surtirá efecto cuando quien lo envíe reciba el "informe de confirmación de la transmisión", en el cual se confirme la transmisión al número de facsímile publicado por el receptor. La notificación por correo aéreo certificado se considerará hecha 21 días después del envío. Se entenderá que el destinatario de un documento electrónico lo ha recibido cuando dicho documento entre en un sistema de información diseñado o utilizado por el destinatario para recibir documentos del tipo enviado y pueda ser recuperado y procesado por él.

26.4 La notificación al representante designado del Contratista servirá de notificación a este para todos los efectos en relación con el presente contrato y el representante designado representará al Contratista a los efectos de la notificación de la demanda o de otra diligencia ante un tribunal competente.

26.5 La notificación al Secretario General servirá de notificación a la Autoridad para todos los efectos en relación con el presente contrato y el Secretario General representará a la Autoridad a los efectos de la notificación de la demanda o de otra diligencia ante cualquier tribunal competente.

Cláusula 27
Derecho aplicable

27.1 El presente contrato se regirá por sus propias disposiciones, por las normas, los reglamentos y los procedimientos de la Autoridad, por la Parte XI de la Convención, por el Acuerdo y por las demás normas de derecho internacional que no sean incompatibles con la Convención.

27.2 El Contratista, sus empleados, subcontratistas, agentes y todas las personas que trabajen para ellos o actúen en su nombre en la realización de operaciones en virtud del presente contrato cumplirán las normas aplicables a que se hace referencia en la cláusula 27.1 y no participarán directa o indirectamente en una transacción prohibida por esas normas.

27.3 Ninguna de las disposiciones del presente contrato será interpretada en el sentido de que exima de la necesidad de solicitar y obtener los permisos o autorizaciones necesarios para realizar actividades en virtud de él.

Cláusula 28
Interpretación

La división del contrato en cláusulas y párrafos y los epígrafes que figuran en él obedecen únicamente al propósito de facilitar la referencia y no afectarán a su interpretación.

Cláusula 29
Documentos adicionales

Cada una de las partes en el presente contrato acepta otorgar y entregar los demás instrumentos y realizar o dar los demás actos o cosas que sean necesarios o convenientes para poner en vigor sus disposiciones.

Autoridad Internacional de los Fondos Marinos

ISBA/18/A/11

Asamblea

Distr. general
22 de octubre de 2012
Español
Original: inglés

18º período de sesiones
Kingston (Jamaica)
16 a 27 de julio de 2012

Decisión de la Asamblea de la Autoridad Internacional de los Fondos Marinos sobre el Reglamento sobre prospección y exploración de costras de ferromanganeso con alto contenido de cobalto en la Zona

La Asamblea de la Autoridad Internacional de los Fondos Marinos,

Habiendo examinado el Reglamento sobre prospección y exploración de costras de ferromanganeso con alto contenido de cobalto en la Zona, aprobado provisionalmente por el Consejo en su 181ª sesión, celebrada el 26 de julio de 2012,

Aprueba el Reglamento sobre prospección y exploración de costras de ferromanganeso con alto contenido de cobalto en la Zona, que figura en el anexo de la presente decisión.

138ª sesión
27 de julio de 2012

Anexo

Reglamento sobre prospección y exploración de costras de ferromanganeso con alto contenido de cobalto en la Zona

Preámbulo

De conformidad con la Convención de las Naciones Unidas sobre el Derecho del Mar de 10 de diciembre de 1982 ("la Convención"), los fondos marinos y oceánicos y su subsuelo fuera de los límites de la jurisdicción nacional, así como sus recursos, son patrimonio común de la humanidad, cuya exploración y explotación se realizarán en beneficio de toda la humanidad, en cuyo nombre actúa la Autoridad Internacional de los Fondos Marinos. Este reglamento obedece al propósito de regir la prospección y la exploración de las costras de ferromanganeso con alto contenido de cobalto.

Parte I
Introducción

Artículo 1
Términos empleados y alcance

1. Los términos utilizados en la Convención tendrán igual acepción en el presente reglamento.

2. De conformidad con el Acuerdo relativo a la aplicación de la Parte XI de la Convención de las Naciones Unidas sobre el Derecho del Mar, de 10 de diciembre de 1982 (en adelante denominado "el Acuerdo"), las disposiciones del Acuerdo y la Parte XI de la Convención se interpretarán y aplicarán en forma conjunta como un solo instrumento. El presente reglamento y las referencias que en él se hagan a la Convención deberán interpretarse y aplicarse de la misma manera.

3. A los efectos del presente reglamento:

    a) Por "costras cobálticas" se entienden los depósitos de costras de hierro y manganeso (ferromanganeso) óxido e hidróxido con alto contenido de cobalto formadas por precipitación directa de minerales presentes en el agua de mar sobre sustratos sólidos y que contienen pequeñas pero significativas concentraciones de cobalto, titanio, níquel, platino, molibdeno, telurio, cerio y otros elementos metálicos y poco comunes de la tierra;

    b) Por "explotación" se entiende la recuperación con fines comerciales de costras cobálticas y la extracción de minerales en la Zona, incluidas la construcción y utilización de sistemas de extracción minera, tratamiento y transporte para la producción y comercialización de minerales;

    c) Por "exploración" se entiende la búsqueda de yacimientos de costras cobálticas en la Zona en virtud de derechos exclusivos, el análisis de esos yacimientos, la utilización y el ensayo de sistemas y equipo de extracción, instalaciones de tratamiento y sistemas de transporte y la realización de estudios de los factores ambientales, técnicos, económicos y comerciales y otros factores apropiados que haya que tener en cuenta en la explotación;

d) El "medio marino" incluye los componentes, las condiciones y los factores físicos, químicos, geológicos y biológicos que interactúan y determinan la productividad, el estado, la condición y la calidad del ecosistema marino, las aguas de los mares y océanos y el espacio aéreo sobre esas aguas, así como los fondos marinos y oceánicos y su subsuelo;

e) Por "prospección" se entiende la búsqueda de yacimientos de costras cobálticas en la Zona, incluida la estimación de la composición, el tamaño y la distribución de esos yacimientos y su valor económico, sin ningún derecho exclusivo;

f) Por "daños graves al medio marino" se entienden los efectos causados por las actividades realizadas en la Zona en el medio marino que constituyan un cambio adverso importante del medio marino determinado con arreglo a las normas, los reglamentos y los procedimientos aprobados por la Autoridad sobre la base de normas y prácticas internacionalmente reconocidas.

4. El presente reglamento no afectará de manera alguna a la libertad para realizar investigaciones científicas, de conformidad con el artículo 87 de la Convención, ni al derecho a realizar investigaciones científicas marinas en la Zona, de conformidad con los artículos 143 y 256 de la Convención. No se interpretará parte alguna del presente reglamento como una restricción al ejercicio por los Estados de la libertad de la alta mar con arreglo al artículo 87 de la Convención.

5. El presente reglamento podrá complementarse con normas, reglamentos y procedimientos adicionales, en particular acerca de la protección y preservación del medio marino, y estará sujeto a las disposiciones de la Convención y el Acuerdo y demás normas del derecho internacional que no sean incompatibles con la Convención.

Parte II
Prospección

Artículo 2
Prospección

1. La prospección se realizará de conformidad con la Convención y con el presente reglamento y únicamente podrá comenzar una vez que el Secretario General haya informado al prospector de que su notificación ha sido registrada de conformidad con el artículo 4 2).

2. Los prospectores y la Autoridad aplicarán el criterio de precaución enunciado en el principio 15 de la Declaración de Río sobre el medio ambiente y el desarrollo[1].

3. La prospección no se iniciará cuando haya pruebas fehacientes de que existe riesgo de daños graves al medio marino.

4. La prospección no podrá realizarse en un área comprendida en un plan de trabajo aprobado para la exploración de costras cobálticas o en un área reservada; tampoco podrá realizarse en un área en la cual el Consejo de la Autoridad

---

[1] *Informe de la Conferencia de las Naciones Unidas sobre el Medio Ambiente y el Desarrollo, Río de Janeiro, 3 a 14 de junio de 1992* (publicación de las Naciones Unidas, núm. de venta: S.93.I.8 y corrección), vol. I, *Resoluciones aprobadas por la Conferencia*, resolución 1, anexo I.

Internacional de los Fondos Marinos haya excluido la explotación por el riesgo de daños graves al medio marino.

5. La prospección no conferirá al prospector derecho alguno sobre los recursos. No obstante, el prospector podrá extraer una cantidad razonable de minerales, la necesaria para las pruebas de ensayo, pero no con fines comerciales.

6. La prospección no estará sujeta a plazo, pero la prospección en un área determinada cesará cuando el prospector reciba notificación por escrito del Secretario General de que se ha aprobado un plan de trabajo para la exploración respecto de esa área.

7. La prospección podrá ser realizada simultáneamente por más de un prospector en la misma área o las mismas áreas.

Artículo 3
Notificación de la prospección

1. Quien se proponga proceder a una prospección lo notificará a la Autoridad.

2. Las notificaciones de prospección se harán en la forma prescrita en el anexo I del presente reglamento, serán dirigidas al Secretario General y se ajustarán a los requisitos enunciados en el presente reglamento.

3. Las notificaciones serán presentadas:

   a) En el caso de los Estados, por la autoridad que designen a tal fin;

   b) En el caso de una entidad, por sus representantes designados;

   c) En el caso de la Empresa, por su autoridad competente.

4. Las notificaciones se harán en uno de los idiomas de la Autoridad y contendrán:

   a) El nombre, la nacionalidad y la dirección de quien se proponga proceder a la prospección y su representante designado;

   b) Las coordenadas del área o las áreas generales dentro de las cuales se realizará la prospección, de conformidad con el estándar internacional más reciente e internacionalmente aceptado que aplique la Autoridad;

   c) Una descripción general del programa de prospección en que consten la fecha de comienzo de las actividades y su duración aproximada;

   d) Un compromiso escrito, contraído en forma satisfactoria, de que quien se proponga proceder a la prospección:

   i) Cumplirá la Convención y las normas, reglamentos y procedimientos de la Autoridad relativos a:

   a. La cooperación en los programas de capacitación relacionados con la investigación científica marina y la transferencia de tecnología a que se hace referencia en los artículos 143 y 144 de la Convención; y

   b. La protección y preservación del medio marino;

   ii) Aceptará que la Autoridad verifique el cumplimiento de lo que antecede; y

iii) Facilitará a la Autoridad, en la medida de lo posible, los datos que sean pertinentes para la protección y preservación del medio marino.

Artículo 4
Examen de las notificaciones

1. El Secretario General acusará recibo por escrito de las notificaciones presentadas de conformidad con el artículo 3, especificando la fecha en que las recibió.

2. El Secretario General examinará la notificación y tomará una decisión dentro de los 45 días siguientes a la fecha en que la haya recibido. Si la notificación cumple los requisitos previstos en la Convención y en el presente reglamento, el Secretario General inscribirá los pormenores de la notificación en el registro que llevará a esos efectos e informará de ello al prospector por escrito.

3. El Secretario General, dentro de los 45 días siguientes a la fecha en que reciba la notificación, comunicará por escrito a quien se proponga proceder a la prospección si la notificación incluye una parte de un área comprendida en un plan de trabajo aprobado para la exploración o explotación de cualquier tipo de recursos, una parte de un área reservada o una parte de un área en la cual el Consejo haya excluido la explotación por entrañar riesgos de daños graves al medio marino o que el compromiso escrito no es satisfactorio y le remitirá una exposición escrita de las razones. En tales casos, quien se proponga proceder a la prospección podrá presentar una notificación enmendada en un plazo de 90 días. El Secretario General dispondrá de 45 días para examinar la notificación enmendada y tomar una decisión.

4. El prospector deberá comunicar por escrito al Secretario General cualquier cambio en la información contenida en la notificación.

5. El Secretario General no revelará los pormenores que figuren en la notificación, salvo con el consentimiento escrito del prospector. Sin embargo, el Secretario General comunicará periódicamente a todos los miembros de la Autoridad la identidad del prospector y las áreas en que se estén realizando actividades de prospección sin especificarlas.

Artículo 5
Protección y preservación del medio marino durante la prospección

1. Cada prospector tomará las medidas necesarias para prevenir, reducir y controlar, en la medida de lo razonablemente posible, la contaminación y otros riesgos para el medio marino derivados de la prospección, aplicando un criterio de precaución y las mejores prácticas ambientales. En particular, los prospectores reducirán al mínimo o eliminarán:

a) Los efectos ambientales adversos de la prospección; y

b) Los conflictos o las interferencias reales o posibles con las actividades de investigación científica marina existentes o previstas, conforme a las futuras directrices que se establezcan al respecto.

2. Los prospectores cooperarán con la Autoridad para preparar y aplicar programas de vigilancia y evaluación de los posibles efectos sobre el medio marino de la exploración y la explotación de costras cobálticas.

3. El prospector notificará inmediatamente por escrito al Secretario General, utilizando el medio más eficaz, todo incidente dimanado de la prospección que haya causado, esté causando o amenace con causar daños graves al medio marino. Al recibir la notificación, el Secretario General actuará de conformidad con el artículo 35 del presente reglamento.

Artículo 6
Informe anual

1. El prospector presentará a la Autoridad, dentro de los 90 días siguientes al final de cada año civil, un informe sobre el estado de la prospección y el Secretario General lo presentará a la Comisión Jurídica y Técnica. El informe contendrá:

   a) Una descripción general del estado de la prospección y de los resultados obtenidos;

   b) Indicaciones sobre el cumplimiento del compromiso estipulado en el artículo 3 4) d); y

   c) Información sobre el cumplimiento de las directrices que se establezcan al respecto.

2. El prospector, si se propone resarcirse de los gastos de la prospección como parte de los gastos de inversión que haya efectuado con anterioridad a la producción comercial, deberá presentar un estado financiero anual conforme a los principios contables internacionalmente aceptados y certificado por una empresa de contadores públicos debidamente acreditada sobre los gastos reales y directos que haya realizado con ocasión de la prospección.

Artículo 7
Confidencialidad de los datos y la información contenidos en el informe anual

1. El Secretario General protegerá el carácter confidencial de todos los datos y la información que consten en los informes que se presenten en cumplimiento del artículo 6, aplicando, *mutatis mutandis*, las disposiciones de los artículos 38 y 39 del presente reglamento, con la salvedad de que no se considerarán confidenciales los datos y la información que se refieran a la protección y preservación del medio marino, en particular los procedentes de programas de vigilancia ambiental. El prospector podrá solicitar que no se divulguen datos de ese tipo durante un período de hasta tres años después de su presentación.

2. El Secretario General podrá en cualquier momento, con el consentimiento del prospector de que se trate, revelar datos e información relativos a la prospección en un área con respecto a la cual se haya presentado la notificación correspondiente. El Secretario General podrá revelar los datos y la información si, tras hacer gestiones razonables durante dos años por lo menos, determinase que el prospector ha dejado de existir o que se desconoce su paradero.

Artículo 8
Objetos de interés arqueológico o histórico

El prospector notificará inmediatamente por escrito al Secretario General el hallazgo de cualquier objeto de valor arqueológico o histórico real o potencial y su emplazamiento. El Secretario General transmitirá esa información al Director General de la Organización de las Naciones Unidas para la Educación, la Ciencia y la Cultura.

Parte III
Solicitudes de aprobación de planes de trabajo para la exploración en la forma de contratos

Sección 1
Disposiciones generales

Artículo 9
Disposición común

Con sujeción a las disposiciones de la Convención, podrán solicitar de la Autoridad la aprobación de un plan de trabajo para la exploración:

a) La Empresa, actuando en nombre propio o en virtud de un arreglo conjunto;

b) Los Estados partes, las empresas estatales o las personas naturales o jurídicas que posean la nacionalidad de Estados partes o sean efectivamente controlados por ellos o por sus nacionales, cuando las patrocinen dichos Estados, o cualquier agrupación de los anteriores que reúna los requisitos previstos en el presente reglamento.

Sección 2
Contenido de la solicitud

Artículo 10
Forma de la solicitud

1. Las solicitudes de aprobación de un plan de trabajo para la exploración se presentarán en la forma indicada en el anexo II del presente reglamento, estarán dirigidas al Secretario General y se ajustarán a los requisitos del presente reglamento.

2. Las solicitudes serán presentadas:

a) En el caso de los Estados, por la autoridad que designen a tal fin;

b) En el caso de una entidad, por sus representantes designados o por la autoridad designada con tal fin por el Estado o los Estados patrocinadores; y

c) En el caso de la Empresa, por su autoridad competente.

3. En las solicitudes presentadas por una empresa estatal o una de las entidades a que se refiere el artículo 9 b) figurará además:

a) Información suficiente para determinar la nacionalidad del solicitante o la identidad del Estado o los Estados, o la de sus nacionales, que lo controlen efectivamente; y

b) El establecimiento o domicilio principal del solicitante y, si procede, el lugar en donde está inscrito.

4. Las solicitudes presentadas por una asociación o un consorcio de entidades incluirán la información requerida en relación con cada uno de los componentes.

Artículo 11
Certificado de patrocinio

1. La solicitud presentada por una empresa estatal o una de las entidades a que se refiere el artículo 9 b) irá acompañada de un certificado de patrocinio expedido por el Estado del cual sea nacional o a cuyo control o el de sus nacionales esté efectivamente sujeta. Si el solicitante tuviere más de una nacionalidad, como en el caso de las asociaciones o consorcios de entidades de más de un Estado, cada uno de ellos expedirá un certificado de patrocinio.

2. Si el solicitante tuviere la nacionalidad de un Estado pero estuviere sujeto al control efectivo de otro Estado o sus nacionales, cada uno de ellos expedirá un certificado de patrocinio.

3. Los certificados de patrocinio serán debidamente firmados en nombre del Estado que los presente y consignarán:

   a) El nombre del solicitante;

   b) El nombre del Estado patrocinador;

   c) Una declaración de que el solicitante:

   i) Es nacional del Estado patrocinador; o

   ii) Está sujeto al control efectivo del Estado patrocinador o sus nacionales;

   d) La declaración de que el Estado patrocina al solicitante;

   e) La fecha en que el Estado patrocinador depositó el instrumento de ratificación, adhesión o sucesión con respecto a la Convención;

   f) Una declaración de que el Estado patrocinador asume la responsabilidad a que se hace referencia en los artículos 139 y 153 4) de la Convención, y en el artículo 4 4) del anexo III de esta.

4. Los Estados o las entidades que hayan concertado un arreglo conjunto con la Empresa tendrán que cumplir también lo dispuesto en el presente artículo.

Artículo 12
Superficie total a que se refiere la solicitud

1. A los efectos del presente reglamento, por "bloque de costras cobálticas", se entiende una o más secciones de la retícula establecida por la Autoridad que puede tener forma cuadrada o rectangular, y una superficie no superior a 20 kilómetros cuadrados.

2. La superficie a que se refiera cada solicitud de aprobación de un plan de trabajo de exploración de costras cobálticas no podrá exceder de 150 bloques de costras cobálticas, que estarán configurados por el solicitante en conglomerados, como se indica en el párrafo 3.

3. Cinco bloques contiguos de bloques de costras cobálticas constituyen un conglomerado de bloques de costras cobálticas. Se consideran contiguos dos de esos bloques que coincidan en cualquier punto. Los conglomerados de bloques de costras

cobálticas no deben necesariamente ser contiguos, pero han de hallarse próximos entre sí y estar situados íntegramente en una zona geográfica que no mida más de 550 kilómetros por 550 kilómetros.

4. No obstante lo dispuesto en el párrafo 2, cuando el solicitante opta por aportar un área reservada para desarrollar actividades con arreglo al artículo 9 del anexo III de la Convención, de conformidad con el artículo 17 del presente reglamento, la superficie total a que se refiera la solicitud no podrá exceder de 300 bloques de costras cobálticas. Esos bloques estarán configurados en dos grupos de igual valor comercial estimado y cada uno de esos grupos de bloques de costras cobálticas estará configurado por el solicitante en conglomerados, como se indica en el párrafo 3.

Artículo 13
Capacidad financiera y técnica

1. La solicitud de aprobación de un plan de trabajo para la exploración contendrá información concreta y suficiente que permita al Consejo comprobar si el solicitante tiene la capacidad financiera y técnica para realizar el plan de trabajo para la exploración que propone y para cumplir sus obligaciones financieras con la Autoridad.

2. La solicitud de aprobación de un plan de trabajo para la exploración presentada por la Empresa incluirá una declaración de su autoridad competente en que se certifique que la Empresa cuenta con los recursos financieros necesarios para sufragar los gastos estimados del plan de trabajo para la exploración que propone.

3. La solicitud de aprobación de un plan de trabajo para la exploración presentada por un Estado o una empresa estatal incluirá una declaración del Estado o del Estado patrocinador que certifique que el solicitante tiene los recursos financieros necesarios para sufragar los gastos estimados del plan de trabajo para la exploración que propone.

4. La solicitud de aprobación de un plan de trabajo para la exploración presentada por una entidad incluirá copias de sus estados financieros comprobados, junto con los balances y los estados de pérdidas y ganancias, correspondientes a los tres últimos años ajustados a los principios contables internacionalmente aceptados y certificados por una empresa de contadores públicos debidamente acreditada.

5. Si el solicitante fuere una entidad recientemente organizada y no tuviere balances certificados, la solicitud incluirá un balance pro forma certificado por un funcionario competente del solicitante.

6. Si el solicitante fuere una filial de otra entidad, la solicitud incluirá copias de los estados financieros de esa entidad y declaración de esa entidad ajustada a los principios contables internacionalmente aceptados y certificada por una empresa de contadores públicos debidamente acreditada de que el solicitante contará con los recursos financieros para ejecutar el plan de trabajo para la exploración.

7. Si el solicitante estuviere bajo el control de un Estado o una empresa estatal, la solicitud incluirá la certificación del Estado o la empresa estatal de que el solicitante contará con los recursos financieros para realizar el plan de trabajo para la exploración.

8. Si una de las entidades que solicitan la aprobación de un plan de trabajo para la exploración tuviese la intención de financiar el plan propuesto mediante empréstitos, su solicitud deberá hacer mención del importe de los empréstitos, el período de amortización y el tipo de interés.

9. Todas las solicitudes incluirán:

a) Una descripción general de la experiencia, los conocimientos, la pericia, la competencia técnica y la especialización del solicitante pertinentes al plan de trabajo para la exploración que propone;

b) Una descripción general del equipo y los métodos que se prevé utilizar en la realización del plan de trabajo para la exploración que se propone y otra información pertinente, que no sea objeto de derechos de propiedad intelectual, acerca de las características de esa tecnología;

c) Una descripción general de la capacidad financiera y técnica del solicitante para actuar en caso de incidente o actividad que causen daños graves al medio marino.

10. Si el solicitante fuere una asociación o un consorcio de entidades que hubieren concertado un arreglo conjunto, cada una de ellas proporcionará la información prevista en el presente reglamento.

Artículo 14
Contratos anteriores con la Autoridad

Si se hubiere adjudicado anteriormente un contrato con la Autoridad al solicitante o, en caso de que la solicitud hubiese sido presentada por una asociación o un consorcio de entidades que hubieran concertado un arreglo conjunto, a cualquiera de esas entidades, la solicitud incluirá:

a) La fecha del contrato o los contratos anteriores;

b) La fecha, los números de referencia y el título de cada informe presentado a la Autoridad en relación con el contrato o los contratos; y

c) La fecha de terminación del contrato o los contratos, si procediere.

Artículo 15
Obligaciones

Como parte de su solicitud de aprobación de un plan de trabajo para la exploración, los solicitantes, incluida la Empresa, se comprometerán por escrito con la Autoridad a:

a) Aceptar y cumplir las obligaciones aplicables que dimanen de las disposiciones de la Convención y las normas, los reglamentos y los procedimientos de la Autoridad, las decisiones de los órganos de la Autoridad y las cláusulas de los contratos celebrados con ella;

b) Aceptar el control de la Autoridad sobre las actividades en la Zona en la forma autorizada por la Convención; y

c) Dar a la Autoridad por escrito seguridades de que cumplirá de buena fe las obligaciones estipuladas en el contrato.

Artículo 16
Elección por el solicitante de la aportación de un área reservada u ofrecimiento de una participación en una empresa conjunta

En la solicitud, el solicitante consignará si elige la opción de:

a) Aportar un área reservada para realizar actividades en virtud de lo dispuesto en el artículo 9 del anexo III de la Convención, de conformidad con lo dispuesto en el artículo 17;

b) Ofrecer una participación en una empresa conjunta de conformidad con lo dispuesto en el artículo 19.

Artículo 17
Datos e información que deberán presentarse antes de la designación de un área reservada

1. Cuando el solicitante opte por aportar un área reservada para realizar actividades en virtud de lo dispuesto en el artículo 9 del anexo III de la Convención, el área a que se refiere la solicitud será suficientemente extensa y de suficiente valor comercial estimado para permitir dos explotaciones mineras y será configurada por el solicitante de conformidad con el artículo 12 4).

2. Dichas solicitudes contendrán datos e información suficientes, con arreglo a lo dispuesto en la sección II del anexo II del presente reglamento, respecto del área solicitada para que el Consejo pueda, por recomendación de la Comisión Jurídica y Técnica, designar un área reservada sobre la base del valor comercial estimado de cada una de las partes. Esos datos e información consistirán en los datos de que disponga el solicitante respecto de las dos partes del área solicitada, incluidos los datos empleados para determinar su valor comercial.

3. El Consejo, sobre la base de los datos y la información presentados por el solicitante, con arreglo a la sección II del anexo II del presente reglamento, si los estima satisfactorios, y teniendo en cuenta la recomendación de la Comisión Jurídica y Técnica, designará la parte del área solicitada que será área reservada. El área así designada pasará a ser área reservada tan pronto como se apruebe el plan de trabajo para la exploración correspondiente al área no reservada y se firme el contrato. El Consejo, si determina que, de conformidad con el reglamento y el anexo II, se necesita información adicional para designar el área reservada, devolverá la cuestión a la Comisión para su ulterior examen especificando la información adicional necesaria.

4. Una vez aprobado el plan de trabajo para la exploración y firmado un contrato, la Autoridad, de conformidad con el artículo 14 3) del anexo III de la Convención, podrá dar a conocer la información y los datos que le haya trasmitido el solicitante respecto del área reservada.

Artículo 18
Solicitudes de aprobación de planes de trabajo en relación con un área reservada

1. Todo Estado en desarrollo o toda persona natural o jurídica patrocinada por él y que esté bajo su control efectivo o bajo el de otro Estado en desarrollo, o toda agrupación de los anteriores, podrá notificar a la Autoridad su intención de presentar

un plan de trabajo para la exploración respecto de un área reservada. El Secretario General transmitirá la notificación a la Empresa, la cual informará al Secretario General por escrito dentro del plazo de seis meses si tiene o no intención de realizar actividades en esa área reservada. La Empresa, si tiene el propósito de realizar actividades en el área reservada, en cumplimiento de lo dispuesto en el párrafo 4 también informará por escrito al Contratista en cuya solicitud de aprobación de un plan de trabajo para la exploración se incluía esa área.

2. Se podrán presentar solicitudes de aprobación de un plan de trabajo para la exploración respecto de un área reservada en cualquier momento después de que ésta quede disponible tras la decisión de la Empresa de no realizar actividades en ella o cuando, en el plazo de seis meses contados desde la notificación por el Secretario General, la Empresa no haya adoptado la decisión de realizar actividades en esa área o no haya notificado por escrito al Secretario General que está celebrando negociaciones relativas a una posible empresa conjunta. En este último caso, la Empresa tendrá un año a partir de la fecha de esa notificación para decidir si realizará actividades en el área mencionada.

3. Si la Empresa, un Estado en desarrollo o una de las entidades a que se refiere el párrafo 1 no presentase una solicitud de aprobación de un plan de trabajo para la exploración para realizar actividades en un área reservada en el plazo de 15 años contados desde que la Empresa hubiera empezado a funcionar con independencia de la Secretaría de la Autoridad, o en el plazo de 15 años contados desde la fecha en que esa área se hubiera reservado para la Autoridad, si esta fecha fuere posterior, el Contratista en cuya solicitud de aprobación de un plan de trabajo para la exploración se incluía esa área tendrá derecho a solicitar la aprobación de un plan de trabajo para la exploración respecto de ella siempre que ofrezca de buena fe incluir a la Empresa como socia en una empresa conjunta.

4. Un contratista tendrá derecho de opción preferente para concertar un arreglo de empresa conjunta con la Empresa para la exploración del área incluida en su solicitud de aprobación de un plan de trabajo para la exploración que el Consejo haya designado área reservada.

Artículo 19
Participación en una empresa conjunta

1. Cuando el solicitante opte por ofrecer una participación en una empresa conjunta, presentará los datos y la información correspondientes de conformidad con lo dispuesto en el artículo 20. El área que se asignará al solicitante estará sujeta a lo dispuesto en el artículo 27.

2. El acuerdo de empresa conjunta, que entrará en vigor en el momento en que el solicitante firme un contrato para la explotación, deberá incluir lo siguiente:

a) La Empresa obtendrá una participación mínima del 20% en la empresa conjunta sobre la base siguiente:

i) La mitad de esa participación se obtendrá sin el pago de ninguna contraprestación, directa o indirecta, al solicitante y se considerará *pari passu* con la participación del solicitante a todos los efectos;

ii) El resto de esa participación se considerará *pari passu* con la participación del solicitante a todos los efectos, con la salvedad de que la

Empresa no participará en la distribución de beneficios con respecto a esa participación hasta que el solicitante haya recuperado el total de su participación en la empresa conjunta;

b) No obstante lo dispuesto en el apartado a), el solicitante ofrecerá a la Empresa la posibilidad de adquirir hasta un 30% más de participación en la empresa conjunta o un porcentaje inferior, si así lo decide la Empresa, sobre la base de una consideración *pari passu* con el solicitante a todos los efectos[2];

c) Salvo que así se disponga expresamente en el acuerdo entre el solicitante y la Empresa, esta no estará obligada en virtud de su participación a proporcionar fondos o créditos o a emitir garantías o aceptar ninguna otra seguridad financiera de cualquier tipo para la empresa conjunta o en nombre de esta, ni podrá exigirse a la Empresa que suscriba una participación adicional para mantener la proporción de su participación en la empresa conjunta.

Artículo 20
Datos e información que deben presentarse para la aprobación del plan de trabajo para la exploración

1. Cada solicitante presentará, a fin de que se apruebe el plan de trabajo para exploración en forma de un contrato, la información siguiente:

a) Una descripción general del programa de exploración propuesto y el período dentro del cual se propone terminarla, con inclusión de los detalles del programa de actividades para el período inmediato de cinco años, como los estudios que se han de realizar respecto de los factores ambientales, técnicos, económicos y otros factores apropiados que haya que tener en cuenta en la exploración;

b) Una descripción de un programa de estudios de referencia oceanográficos y ambientales de conformidad con el presente reglamento y con las normas, reglamentos y procedimientos ambientales publicados por la Autoridad que permiten hacer una evaluación del posible impacto ambiental, en la biodiversidad, entre otros casos, de las actividades de exploración propuestas, teniendo en cuenta las recomendaciones de la Comisión Jurídica y Técnica;

c) Una evaluación preliminar del posible impacto en el medio marino de las actividades de exploración propuestas;

d) Una descripción de las medidas propuestas para prevenir, reducir y controlar la contaminación y otros riesgos para el medio marino, así como los posibles efectos en él;

e) Los datos necesarios para que el Consejo pueda adoptar la decisión que le incumbe con arreglo al artículo 13 1); y

f) Un plan de los gastos anuales previstos en relación con el programa de actividades para el período inmediato de cinco años.

2. El solicitante, cuando opte por aportar un área reservada, transferirá a la Autoridad los datos y la información correspondientes a ésta cuando el Consejo haya designado el área reservada de conformidad con lo dispuesto en el artículo 17 3).

---

[2] Habrá que seguir precisando las condiciones y modalidades de esa participación en la empresa conjunta.

3. Cuando el solicitante opte por ofrecer una participación en una empresa conjunta, transferirá en ese momento a la Autoridad los datos y la información correspondientes al área.

Sección 3
Derechos de tramitación

Artículo 21
Pago de derechos

1. Los derechos de tramitación de una solicitud para la aprobación de un plan de exploración de costras cobálticas consistirán en: una suma fija de 500.000 dólares de los Estados Unidos o su equivalente en moneda de libre convertibilidad, que se pagará íntegramente al momento de presentar la solicitud.

2. Si los gastos administrativos hechos por la Autoridad al tramitar una solicitud son menores a la suma fija que se indica en el párrafo 1, la Autoridad devolverá al solicitante la diferencia. Si los gastos administrativos hechos por la Autoridad al tramitar una solicitud son mayores a la suma fija que se indica en el párrafo 1, el solicitante abonará la diferencia a la Autoridad, siempre que la suma adicional que deba pagar el solicitante no sea superior al 10% de la suma fija a que se refiere el párrafo 1.

3. Teniendo en cuenta cualquier criterio establecido por el Comité de Finanzas con este propósito, el Secretario General determinará la suma de las diferencias que se indican en el párrafo 2 y la notificará al solicitante. La notificación incluirá una declaración de los gastos realizados por la Autoridad. La cantidad adeudada será abonada por el solicitante o reembolsada por la Autoridad en un plazo de tres meses a partir de la firma del contrato a que se refiere el artículo 25.

4. La suma fija a que se refiere el párrafo 1 será revisada periódicamente por el Consejo a fin de asegurar que cubre los gastos administrativos previstos para la tramitación de las solicitudes y evitar la necesidad de que los solicitantes desembolsen sumas adicionales con arreglo al párrafo 2.

Sección 4
Tramitación de las solicitudes

Artículo 22
Recepción, acuse de recibo y custodia de las solicitudes

El Secretario General:

a) Acusará recibo por escrito dentro de los 30 días siguientes a la fecha en que haya recibido una solicitud de aprobación de un plan de trabajo para exploración presentada conforme a lo dispuesto en esta Parte y especificará esa fecha;

b) Conservará a buen recaudo la solicitud y los documentos adjuntos y anexos y preservará el carácter confidencial de todos los datos y la información de esa naturaleza que se incluyan en la solicitud; y

c) Notificará a los miembros de la Autoridad que ha recibido una solicitud y les transmitirá la información general sobre ella que no tenga carácter confidencial.

Artículo 23
Examen por la Comisión Jurídica y Técnica

1. El Secretario General, al recibir una solicitud de aprobación de un plan de trabajo para la exploración, lo notificará a los miembros de la Comisión Jurídica y Técnica e incluirá su examen en el orden del día de la siguiente sesión de la Comisión. La Comisión únicamente examinará las solicitudes respecto de las cuales el Secretario General haya presentado la notificación y transmitido la información que se disponen en el artículo 22 c) al menos 30 días antes del inicio de la sesión de la Comisión en que han de examinarse.

2. La Comisión examinará las solicitudes en el orden en que sean recibidas.

3. La Comisión determinará si el solicitante:

   a) Ha cumplido las disposiciones del presente reglamento;

   b) Ha contraído los compromisos y dado las garantías indicados en el artículo 15;

   c) Tiene la capacidad financiera y técnica para llevar a cabo el plan de trabajo para la exploración propuesto y ha proporcionado detalles acerca de su capacidad para cumplir prontamente una orden de emergencia; y

   d) Ha cumplido debidamente sus obligaciones con respecto a contratos anteriores con la Autoridad.

4. La Comisión determinará, de conformidad con lo dispuesto en el presente reglamento y sus procedimientos, si el plan de trabajo para la exploración propuesto:

   a) Contiene disposiciones relativas a la protección efectiva de la vida y la seguridad humanas;

   b) Contiene disposiciones relativas a la protección y preservación del medio marino, al impacto en la biodiversidad entre otras cosas;

   c) Asegura que no se erigirán instalaciones de modo que causen interferencia en la utilización de vías marítimas esenciales para la navegación internacional o en áreas de intensa actividad pesquera.

5. La Comisión, si hace las determinaciones indicadas en el párrafo 3 y constata que el plan de trabajo para la exploración propuesto cumple los requisitos del párrafo 4, recomendará al Consejo que lo apruebe.

6. La Comisión no recomendará que se apruebe un plan de trabajo para la exploración propuesto si una parte o la totalidad del área abarcada por él está incluida en:

   a) Un plan de trabajo para la exploración de costras cobálticas aprobado por el Consejo; o

   b) Un plan de trabajo para la exploración o la explotación de otros recursos aprobado por el Consejo si el plan de trabajo para la exploración de costras cobálticas propuesto puede dificultar indebidamente las actividades del plan de trabajo aprobado para aquellos otros recursos; o

c) Un área cuya explotación haya sido excluida por el Consejo en virtud de pruebas fehacientes del riesgo de causar daños graves al medio marino.

7. La Comisión podrá recomendar que se apruebe un plan de trabajo si determina que con ello impediría que un Estado parte o entidades patrocinadas por él monopolizaran la realización de actividades en la Zona en relación con las costras cobálticas o evitaran que otros Estados partes ejecutaran actividades vinculadas a las costras cobálticas en la Zona.

8. Salvo las solicitudes presentadas por la Empresa, en su nombre o en el de una empresa conjunta, y las solicitudes a que se refiere el artículo 18, la Comisión no recomendará la aprobación del plan de trabajo para la exploración si una parte o la totalidad del área abarcada por el plan de trabajo para la exploración que se propone está incluida en un área reservada o designada por el Consejo como reservada.

9. La Comisión, si determina que una solicitud no cumple con lo dispuesto en el presente reglamento, lo notificará al solicitante por escrito, por intermedio del Secretario General, indicando las razones. El solicitante podrá enmendar la solicitud dentro de los 45 días siguientes a esa notificación. Si la Comisión, tras un nuevo examen, entiende que no debe recomendar la aprobación del plan de trabajo para la exploración, lo comunicará al solicitante, dándole un plazo de 30 días, a contar desde la fecha de la comunicación, para presentar sus observaciones. La Comisión tomará en consideración las observaciones del solicitante al preparar su informe y la recomendación al Consejo.

10. Al examinar el plan de trabajo para la exploración propuesto, la Comisión tendrá en cuenta los principios, normas y objetivos relacionados con las actividades en la Zona que se enuncian en la Parte XI y el Anexo III de la Convención y en el Acuerdo.

11. La Comisión examinará las solicitudes sin dilación y presentará al Consejo un informe y recomendaciones sobre la designación de las áreas y sobre el plan de trabajo para la exploración en la primera oportunidad posible, teniendo en cuenta el programa de reuniones de la Autoridad.

12. La Comisión, en el desempeño de sus funciones, aplicará el presente reglamento y las normas, los reglamentos y los procedimientos de la Autoridad de manera uniforme y no discriminatoria.

Artículo 24
Examen y aprobación por el Consejo de los planes de trabajo para la exploración

El Consejo examinará los informes y las recomendaciones de la Comisión Jurídica y Técnica relativos a la aprobación de planes de trabajo para la exploración de conformidad con los párrafos 11 y 12 de la sección 3 del anexo del Acuerdo.

Parte IV
Contratos de exploración

Artículo 25
El contrato

1.   El plan de trabajo para la exploración, una vez aprobado por el Consejo, será preparado en la forma de un contrato entre la Autoridad y el solicitante como se prescribe en el anexo III del presente reglamento. Cada contrato de ese tipo incluirá las cláusulas estándar mencionadas en el anexo IV que estén vigentes en la fecha en que entre en vigor el contrato.

2.   El contrato será firmado por el Secretario General, en nombre de la Autoridad, y por el solicitante. El Secretario General notificará por escrito a todos los miembros de la Autoridad cada uno de los contratos que firme.

Artículo 26
Derechos del contratista

1.   El contratista tendrá el derecho exclusivo de explorar un área abarcada por el plan de trabajo de la exploración respecto de las costras cobálticas. La Autoridad velará por que ninguna otra entidad realice en la misma área actividades relacionadas con otros recursos de forma tal que pueda dificultar las operaciones del contratista.

2.   El contratista cuyo plan de trabajo para realizar únicamente actividades de exploración haya sido aprobado tendrá preferencia y prioridad respecto de los demás solicitantes que hayan presentado un plan de trabajo para la explotación de la misma área o de los mismos recursos. El Consejo podrá retirar esa preferencia o prioridad si el contratista no hubiere cumplido las condiciones del plan de trabajo para la exploración aprobado dentro del plazo fijado en uno o varios avisos dados por escrito por el Consejo al contratista en los que indique los requisitos que este no ha cumplido. El plazo fijado en este tipo de avisos será razonable. Deberá otorgarse al contratista una oportunidad razonable de ser oído antes de que la decisión de retirar la preferencia o prioridad sea firme. El Consejo indicará las razones por las cuales se propone retirar la preferencia o prioridad y tomará en consideración las observaciones del contratista. La decisión del Consejo tendrá en cuenta tales observaciones y se adoptará sobre la base de pruebas fehacientes.

3.   La preferencia o prioridad no quedará efectivamente retirada hasta que se haya dado al contratista oportunidad razonable de agotar los recursos judiciales de que dispone de conformidad con la Parte XI, sección 5, de la Convención.

Artículo 27
Dimensión del área y cesión de partes de ella

1.   El contratista cederá el área que le hubiese sido asignada según lo dispuesto en el párrafo 1 del presente artículo. El área objeto de la cesión no tendrá que ser contigua y el contratista la configurará en la forma de subbloques que comprenderán uno o más secciones de una retícula establecida por la Autoridad. A más tardar al final del octavo año contado a partir de la fecha del contrato, el contratista habrá cedido al menos un tercio del área original que le había sido asignada; a más tardar al final del décimo año contado a partir de la fecha del contrato, el contratista habrá

cedido al menos dos tercios del área original que le había sido asignada; o al final del decimoquinto año contado a partir de la fecha del contrato, o cuando el contratista solicite derechos de explotación, lo que antes suceda, el contratista designará, de lo que le quede del área que le había sido asignada, un área que conservará para fines de explotación.

2. No obstante lo dispuesto en el párrafo 1, un contratista no deberá ceder ninguna parte adicional de esa área cuando lo que le quede del área que le había sido asignada tras la cesión no sea superior a 1.000 kilómetros cuadrados.

3. El contratista podrá en cualquier momento ceder partes del área que le hubiese sido asignada antes de los plazos fijados en el párrafo 1.

4. Las áreas cedidas se revertirán a la Zona.

5. El Consejo, a solicitud del contratista y por recomendación de la Comisión, podrá, en circunstancias excepcionales, extender el cronograma para la cesión. La determinación de esas circunstancias excepcionales competerá al Consejo e incluirá, entre otras, la consideración de las circunstancias económicas imperantes u otras circunstancias excepcionales imprevistas que se hubieran presentado en conexión con las actividades operacionales del contratista.

Artículo 28
Duración de los contratos

1. Los planes de trabajo para la exploración serán aprobados por un período de 15 años. Cuando venza el plan de trabajo para la exploración, el contratista deberá solicitar uno para la explotación, a menos que lo haya hecho ya, haya obtenido una prórroga del plan de trabajo para la exploración o decida renunciar a sus derechos en el área a que se refiere este.

2. A más tardar seis meses antes de la expiración de un plan de trabajo para la exploración, el contratista podrá solicitar que este se prorrogue por períodos no superiores a cinco años cada vez. Las prórrogas serán aprobadas por el Consejo, previa recomendación de la Comisión, siempre que el contratista se haya esforzado de buena fe por cumplir los requisitos del plan de trabajo pero, por razones ajenas a su voluntad, no haya podido completar el trabajo preparatorio necesario para pasar a la etapa de explotación o las circunstancias económicas imperantes no justifiquen que se pase a esa etapa.

Artículo 29
Capacitación

De conformidad con el artículo 15 del anexo III de la Convención, todos los contratos incluirán en un anexo un programa práctico para la capacitación del personal de la Autoridad y de los Estados en desarrollo, preparado por el contratista en cooperación con la Autoridad y el Estado o los Estados patrocinadores. El programa de capacitación se centrará en la realización de la exploración, y dispondrá la plena participación de dicho personal en todas las actividades previstas en el contrato. Este programa podrá ser revisado y ampliado de común acuerdo, según sea necesario.

Artículo 30
Examen periódico de la ejecución del plan de trabajo para la exploración

1. El contratista y el Secretario General procederán conjuntamente a un examen periódico de la ejecución del plan de trabajo para la exploración a intervalos de cinco años. El Secretario General podrá pedir al contratista que presente los datos y la información adicionales que sean necesarios para los fines del examen.

2. El contratista, a la luz del examen, indicará su programa de actividades para el quinquenio siguiente e introducirá en el programa anterior los ajustes que sean necesarios.

3. El Secretario General presentará un informe sobre el examen a la Comisión y al Consejo. En su informe el Secretario General indicará si en el examen se tuvieron en cuenta las observaciones que le hubiesen comunicado los Estados partes en la Convención acerca del cumplimiento por el contratista de sus obligaciones en virtud del presente reglamento en lo relativo a la protección y preservación del medio marino.

Artículo 31
Terminación del patrocinio

1. El contratista deberá tener el patrocinio necesario durante todo el período de vigencia del contrato.

2. El Estado que ponga término al patrocinio lo notificará sin dilación y por escrito al Secretario General. El Estado patrocinador también comunicará al Secretario General las razones de la terminación del patrocinio. La terminación del patrocinio surtirá efecto seis meses después de la fecha en que el Secretario General reciba la notificación, a menos que en esta se especifique una fecha ulterior.

3. En el caso de que termine el patrocinio, el contratista tendrá el plazo mencionado en el párrafo 2 para obtener otro patrocinador, el cual deberá presentar otro certificado de patrocinio de conformidad con lo dispuesto en el artículo 11. Si el contratista no consiguiere un patrocinador dentro del plazo prescrito, el contrato quedará resuelto.

4. La terminación del patrocinio no eximirá al Estado de ninguna de las obligaciones contraídas cuando era Estado patrocinante ni afectará a los derechos y obligaciones surgidos durante el patrocinio.

5. El Secretario General notificará a los miembros de la Autoridad la terminación o modificación del patrocinio.

Artículo 32
Responsabilidad

La responsabilidad del contratista y de la Autoridad se ajustará a la Convención. El contratista seguirá siendo responsable de todos los daños y perjuicios derivados de los actos ilícitos cometidos en la realización de sus operaciones, en particular los daños al medio marino, después de finalizada la etapa de exploración.

Parte V
Protección y preservación del medio marino

Artículo 33
Protección y preservación del medio marino

1. La Autoridad, con arreglo a la Convención y el Acuerdo, dictará normas, reglamentos y procedimientos ambientales y los revisará periódicamente para asegurar que se proteja eficazmente al medio marino contra los efectos nocivos que puedan derivarse de las actividades en la Zona.

2. Para asegurar la protección eficaz del medio marino contra los efectos nocivos que puedan derivarse de las actividades en la Zona, la Autoridad y los Estados patrocinadores aplicarán el criterio de precaución enunciado en el principio 15 de la Declaración de Río y las mejores prácticas ambientales.

3. La Comisión Jurídica y Técnica hará recomendaciones al Consejo sobre la aplicación de los dos párrafos precedentes.

4. La Comisión establecerá y aplicará procedimientos para determinar, sobre la base de la mejor información científica y técnica disponible, incluida la proporcionada de conformidad con el artículo 20, si las actividades de exploración propuestas en la Zona tendrían graves efectos nocivos en ecosistemas marinos vulnerables, en particular los asociados a montes submarinos y los arrecifes de coral de aguas frías, y para cerciorarse de que, en caso de determinarse que ciertas actividades de exploración propuestas tendrían graves efectos nocivos en ecosistemas marinos vulnerables, se proceda a una ordenación de esas actividades destinada a prevenir esos efectos o no se autorice su realización.

5. Con arreglo al artículo 145 de la Convención y el párrafo 2 del presente artículo, el contratista tomará las medidas necesarias para prevenir, reducir y controlar la contaminación del medio marino y otros riesgos para éste derivados de sus actividades en la Zona aplicando a esos efectos, en la medida que sea razonablemente posible, un criterio de precaución y las mejores prácticas ambientales.

6. Los contratistas, los Estados patrocinadores y otros Estados o entidades interesados cooperarán con la Autoridad en la preparación y aplicación de programas para la vigilancia y evaluación de los efectos sobre el medio marino de la extracción de minerales de los fondos marinos. Cuando así lo disponga el Consejo, dichos programas han de incluir propuestas de zonas que se utilicen exclusivamente como zonas de referencia para los efectos y para la preservación. Se entenderá por "zonas de referencia para los efectos" las que se utilicen para evaluar los efectos en el medio marino de las actividades en la Zona y que sean representativas de las características ambientales de la Zona. Se entenderá por "zonas de referencia para la preservación" aquellas en que no se efectuarán extracciones a fin de que la biota del fondo marino se mantenga representativa y estable y permita evaluar los cambios que tengan lugar en la biodiversidad del medio marino.

Artículo 34
Líneas de base ambientales y vigilancia

1. En todo contrato se exigirá al contratista que reúna datos ambientales de referencia y establezca líneas de base ambientales, teniendo en cuenta las

recomendaciones que hubiese formulado la Comisión Jurídica y Técnica con arreglo al artículo 41, para evaluar los efectos probables en el medio marino de su programa de actividades en virtud del plan de trabajo para la exploración, así como un programa para vigilar esos efectos y presentar informes al respecto. Las recomendaciones de la Comisión podrán referirse, entre otras cosas, a las actividades de exploración respecto de las cuales se considere que no tienen posibilidades de causar efectos nocivos en el medio marino. El contratista cooperará con la Autoridad y el Estado o los Estados patrocinadores en la formulación y ejecución del programa de vigilancia.

2. El contratista informará por escrito anualmente al Secretario General de la aplicación y los resultados del programa de vigilancia mencionado en el párrafo 1 y le presentará datos e información teniendo en cuenta las recomendaciones formuladas por la Comisión con arreglo al artículo 41. El Secretario General transmitirá a la Comisión dichos informes para que los examine de conformidad con el artículo 165 de la Convención.

Artículo 35
Órdenes de emergencia

1. El contratista notificará rápidamente y por escrito al Secretario General, utilizando el medio más eficaz para ello, cualquier incidente derivado de sus actividades que haya causado, esté causando o amenace con causar daños graves al medio marino.

2. El Secretario General, al ser notificado por un contratista o tomar conocimiento de otra manera de un incidente derivado de las actividades del contratista en la Zona haya causado, esté causando o amenace con causar daños graves al medio marino, hará que se publique una notificación general del incidente, notificará por escrito al contratista y al Estado o los Estados patrocinadores y presentará inmediatamente un informe a la Comisión Jurídica y Técnica, al Consejo y a todos los demás miembros de la Autoridad. Se distribuirá un ejemplar del informe a las organizaciones internacionales competentes y a las organizaciones e instituciones subregionales, regionales y mundiales a que concierna. El Secretario General mantendrá en observación lo que ocurra en relación con dichos incidentes e informará de ellos, según proceda, a la Comisión, al Consejo y a los demás miembros de la Autoridad.

3. Hasta que el Consejo adopte una decisión, el Secretario General tomará en forma inmediata medidas de carácter temporal, prácticas y razonables en las circunstancias del caso para prevenir, contener y reducir al mínimo un daño grave al medio marino o la amenaza de un daño grave al medio marino. Esas medidas temporales tendrán vigencia por un período máximo de 90 días o hasta que el Consejo, en su período ordinario de sesiones siguiente o en un período extraordinario de sesiones, decida si se tomarán medidas con arreglo al párrafo 6 del presente artículo y, en la afirmativa, cuáles.

4. Después de haber recibido el informe del Secretario General, la Comisión determinará, sobre la base de las pruebas presentadas y teniendo en cuenta las medidas que haya tomado el contratista, qué otras medidas son necesarias para hacer frente efectivamente al incidente con vistas a prevenir, contener y reducir al mínimo un daño grave o la amenaza de un daño grave al medio marino y formulará recomendaciones al Consejo.

5. El Consejo examinará las recomendaciones de la Comisión.

6. El Consejo, tomando en cuenta las recomendaciones de la Comisión, el informe del Secretario General, la información que proporcione el contratista y cualquier otra información pertinente, podrá expedir órdenes de emergencia que podrán incluir la suspensión o el ajuste de las operaciones según sea razonablemente necesario con el objeto de prevenir, contener o reducir al mínimo un daño grave o la amenaza de un daño grave al medio marino derivado de actividades realizadas en la Zona.

7. Si un contratista no cumple prontamente una orden de emergencia para prevenir, contener o reducir al mínimo un daño grave o la amenaza de un daño grave al medio marino derivado de sus actividades en la Zona, el Consejo adoptará, por sí mismo o mediante mecanismos concertados en su nombre con terceros, las medidas prácticas que sean necesarias para prevenir, contener y reducir al mínimo cualquier daño grave o amenaza de daño grave al medio marino.

8. A fin de que el Consejo pueda, en caso necesario, adoptar inmediatamente las medidas prácticas para prevenir, contener y reducir al mínimo un daño grave o la amenaza de un daño grave al medio marino a que se hace referencia en el párrafo 7, el contratista, antes de comenzar el ensayo de los sistemas de recolección y las operaciones de tratamiento, dará al Consejo una garantía de su capacidad financiera y técnica de cumplir rápidamente las órdenes de emergencia o de asegurar que el Consejo pueda adoptar ese tipo de medidas de emergencia. Si el contratista no diese al Consejo esa garantía, el Estado o los Estados patrocinadores deberán, en respuesta a una solicitud del Secretario General y en virtud de los artículos 139 y 235 de la Convención, adoptar las medidas necesarias para que el contratista dé dicha garantía o adoptar medidas para que se preste esa asistencia a la Autoridad en el cumplimiento de las obligaciones que le incumben en virtud del párrafo 7.

Artículo 36
Derechos de los Estados ribereños

1. Nada de lo dispuesto en el presente reglamento se entenderá en perjuicio de los derechos que tienen los Estados ribereños en virtud del artículo 142 y otras disposiciones pertinentes de la Convención.

2. El Estado ribereño que tuviera motivos para creer que una actividad de un contratista en la Zona haya probablemente de causar un daño grave o la amenaza de un daño grave al medio marino bajo su jurisdicción o soberanía podrá notificar al Secretario General por escrito esos motivos. El Secretario General dará al contratista y al Estado o los Estados patrocinadores un plazo razonable para examinar las pruebas, si las hubiere, presentadas por el Estado ribereño para corroborar sus afirmaciones. El contratista y el Estado o los Estados que lo patrocinen podrán presentar sus observaciones al respecto al Secretario General dentro de un plazo razonable.

3. De haber motivos claros para considerar que es probable que se causen daños graves al medio marino, el Secretario General actuará con arreglo al artículo 35 y, de ser necesario, tomará medidas inmediatas de carácter temporal, de conformidad con lo dispuesto en el párrafo 3 de ese artículo.

4. Los contratistas tomarán todas las medidas necesarias para garantizar que sus actividades se realicen de tal forma que no causen daños graves al medio marino

bajo la jurisdicción o soberanía de otros Estados ribereños, contaminación entre otros, y que los daños graves o la contaminación causados por incidentes o actividades en su zona de exploración no se extiendan más allá de dicha zona.

Artículo 37
Restos humanos y objetos y sitios de carácter arqueológico o histórico

El contratista, si hallare en la zona de exploración restos humanos de carácter arqueológico o histórico o cualquier objeto o sitio de carácter similar, notificará inmediatamente al Secretario General por escrito del hallazgo y su ubicación, así como de las medidas de preservación y protección que se hayan adoptado. El Secretario General transmitirá de inmediato la información al Director General de la Organización de las Naciones Unidas para la Educación, la Ciencia y la Cultura y a cualquier otra organización internacional competente. Tras el hallazgo de un resto humano, objeto o sitio de esa índole en la zona de exploración y a fin de no perturbarlos, no se llevará a cabo ninguna otra prospección o exploración dentro de un radio razonable hasta que el Consejo decida otra cosa teniendo en cuenta las observaciones del Director General de la Organización de las Naciones Unidas para la Educación, la Ciencia y la Cultura o de cualquier otra organización competente.

Parte VI
Confidencialidad

Artículo 38
Carácter confidencial de los datos y la información

1. Los datos y la información presentados o transmitidos a la Autoridad o a cualquier persona que participe en una actividad o programa de la Autoridad en virtud del presente reglamento o un contrato expedido en virtud de él y calificados de confidenciales por el contratista, en consulta con el Secretario General, se considerarán confidenciales a menos que se trate de datos e información:

    a) De dominio público o que se puedan obtener públicamente de otras fuentes;

    b) Dados a conocer previamente por el propietario a otros sin obligación alguna en materia de confidencialidad; o

    c) Que se encuentre ya en poder de la Autoridad sin obligación alguna en materia de confidencialidad.

2. No se considerarán confidenciales los datos y la información necesarios para que la Autoridad formule normas, reglamentos y procedimientos sobre la protección y preservación del medio marino y su seguridad que no sean datos relativos al diseño del equipo que estén protegidos por derechos de propiedad intelectual.

3. Los datos y la información confidenciales solo podrán ser utilizados por el Secretario General y el personal de la Secretaría que autorice el Secretario General y por los miembros de la Comisión Jurídica y Técnica en la medida en que sean necesarios y pertinentes para el ejercicio efectivo de sus facultades y funciones. El Secretario General autorizará el acceso a esos datos y a esa información únicamente para que sean utilizados en forma limitada en relación con las funciones y obligaciones del personal de la Secretaría y las de la Comisión Jurídica y Técnica.

4. Diez años después de la fecha de presentación de los datos e información confidenciales a la Autoridad o de la expiración del contrato de exploración, si esta última fecha es posterior, y posteriormente cada cinco años, el Secretario General y el contratista examinarán los datos y la información a fin de determinar si deberán seguir teniendo carácter confidencial. Los datos y la información seguirán siendo confidenciales si el contratista establece que podría existir un riesgo importante de perjuicio económico grave e injusto en caso de que se dieran a conocer. No se darán a conocer los datos ni la información a menos que se haya dado al contratista oportunidad razonable de agotar los recursos judiciales de que dispone de conformidad con la sección 5 de la Parte XI de la Convención.

5. Si, en cualquier momento posterior a la expiración del contrato de exploración, el contratista celebrara un contrato de explotación en relación con cualquier parte de la zona de exploración, los datos y la información confidenciales relativos a dicha parte de la zona seguirán siendo confidenciales de conformidad con el contrato de exploración.

6. El contratista podrá renunciar en cualquier momento a la confidencialidad de los datos y la información.

Artículo 39
Procedimientos para velar por la confidencialidad

1. El Secretario General será responsable del mantenimiento del carácter confidencial de todos los datos y las informaciones confidenciales y en ningún caso, excepto con consentimiento previo por escrito del contratista, revelará esos datos y esa información a ninguna persona ajena a la Autoridad. El Secretario General establecerá procedimientos, en consonancia con las disposiciones de la Convención, para velar por el carácter confidencial de esos datos y esa información, en que se determinará de qué manera los miembros de la Secretaría, los miembros de la Comisión Jurídica y Técnica y todas las demás personas que participen en cualquier actividad o programa de la Autoridad habrán de manejar la información confidencial. Entre los procedimientos se incluirán:

a) El mantenimiento de la información y los datos confidenciales en instalaciones seguras y la elaboración de procedimientos de seguridad para impedir el acceso a ellos o su retiro sin autorización;

b) La preparación y el mantenimiento de una clasificación, un registro y un sistema de inventario de toda la información y los datos recibidos por escrito, incluido su tipo, su fuente y su recorrido desde el momento de la recepción hasta el de su destino final.

2. Toda persona que en virtud del presente reglamento tuviera acceso autorizado a datos e información confidenciales no los dará a conocer a menos que ello estuviese permitido en virtud de la Convención y del presente reglamento. El Secretario General exigirá a todos quienes tengan acceso autorizado a datos e información confidenciales que formulen una declaración por escrito, de la que será testigo el Secretario General o su representante autorizado, en el sentido de que:

a) Reconoce su obligación en virtud de la Convención y del presente reglamento de no dar a conocer datos o información confidenciales;

b) Acepta respetar los reglamentos y procedimientos aplicables establecidos para velar por la confidencialidad de dichos datos e información.

3. La Comisión Jurídica y Técnica protegerá la confidencialidad de los datos y la información confidenciales que le hayan sido presentados en virtud del presente reglamento o de un contrato expedido en virtud del presente reglamento. De conformidad con el artículo 163 8) de la Convención, los miembros de la Comisión no revelarán, ni siquiera después de la terminación de sus funciones, ningún secreto industrial, ningún dato que sea objeto de derechos de propiedad intelectual y se transmita a la Autoridad con arreglo al artículo 14 del anexo III de la Convención ni ninguna otra información confidencial que llegue a su conocimiento como consecuencia del desempeño de sus funciones en la Autoridad.

4. El Secretario General y el personal de la Autoridad no revelarán, ni siquiera después de la terminación de sus funciones, ningún secreto industrial, ningún dato que sea objeto de derechos de propiedad intelectual y se transmita a la Autoridad con arreglo al artículo 14 del anexo III de la Convención ni ninguna otra información confidencial que llegue a su conocimiento como consecuencia de su empleo con la Autoridad.

5. Habida cuenta de la responsabilidad que le incumbe en virtud del artículo 22 del anexo III de la Convención, la Autoridad adoptará todas las medidas que sean adecuadas contra las personas que, como consecuencia del desempeño de sus funciones en ella, tengan acceso a datos y a información confidenciales y que no cumplan sus obligaciones relativas a la confidencialidad estipuladas en la Convención y en el presente reglamento.

Parte VII
Procedimientos generales

Artículo 40
Notificación y procedimientos generales

1. El Secretario General o el representante designado del prospector, solicitante o contratista, según corresponda, harán todo pedido, solicitud, aviso, informe, autorización, aprobación, exención, dirección o instrucción por escrito. La notificación se hará en mano, o por télex, fax, correo aéreo certificado o correo electrónico con firma electrónica autorizada al Secretario General en la sede de la Autoridad o al representante designado.

2. La notificación en mano surtirá efecto en el momento en que se haga. Se considerará que la notificación por télex surtirá efecto el día hábil siguiente a aquel en que aparezca en la máquina de télex del remitente la expresión "respuesta". La notificación por fax surtirá efecto cuando quien lo envíe reciba el "informe de confirmación de la transmisión", en el cual se confirme la transmisión al número de fax publicado por el receptor. La notificación por correo aéreo certificado se considerará hecha 21 días después del envío. Se entenderá que el destinatario de un correo electrónico lo ha recibido cuando dicho correo entre en un sistema de información diseñado o utilizado por el destinatario para recibir documentos del tipo enviado y pueda ser recuperado y procesado por él.

3. La notificación al representante designado del prospector, solicitante o contratista servirá de notificación a estos para todos los efectos en relación con el

presente reglamento y el representante designado representará al prospector, solicitante o contratista a los efectos de la notificación de la demanda o de otra diligencia ante un tribunal competente.

4. La notificación al Secretario General servirá de notificación a la Autoridad para todos los efectos en relación con el presente reglamento y el Secretario General representará a la Autoridad a los efectos de la notificación de la demanda o de otra diligencia ante cualquier tribunal competente.

Artículo 41
Recomendaciones para orientar a los contratistas

1. La Comisión Jurídica y Técnica podrá formular periódicamente recomendaciones de índole técnica o administrativa para que sirvan como directrices a los contratistas a fin de ayudarlos en la aplicación de las normas, reglamentos y procedimientos de la Autoridad.

2. El texto completo de estas recomendaciones será comunicado al Consejo. Si el Consejo considerara que una recomendación no es acorde con la intención y el propósito del presente reglamento, podrá solicitar que sea modificada o retirada.

Parte VIII
Solución de controversias

Artículo 42
Controversias

1. Las controversias relativas a la interpretación o aplicación del presente reglamento se dirimirán con arreglo a lo dispuesto en la Parte XI, sección 5, de la Convención.

2. El fallo definitivo que dicte un tribunal competente en virtud de la Convención en lo relativo a los derechos y obligaciones de la Autoridad y del contratista será ejecutable en el territorio de cada uno de los Estados partes en la Convención.

Parte IX
Recursos que no sean costras cobálticas

Artículo 43
Recursos que no sean costras cobálticas

La exploración y explotación de los recursos que no sean costras cobálticas y que hallen el prospector o el contratista en la Zona estarán sujetas a las normas, los reglamentos y los procedimientos relativos a esos recursos que dicte la Autoridad de conformidad con la Convención y con el Acuerdo. El prospector o el contratista notificarán a la Autoridad de lo que hallen.

Parte X
Revisión

Artículo 44
Revisión

1. El Consejo procederá a una revisión de la forma en que se ha aplicado en la práctica el presente reglamento cinco años después de que la Asamblea lo haya aprobado o en cualquier otro momento a partir de esa fecha.

2. Si, en razón de tecnología o conocimientos más avanzados, queda de manifiesto que el presente reglamento no es apropiado, cualquier Estado parte, la Comisión Jurídica y Técnica o cualquier contratista, a través del Estado que lo patrocine, podrá en cualquier momento solicitar del Consejo que, en su período ordinario de sesiones siguiente, examine revisiones de él.

3. Habida cuenta de la revisión, el Consejo podrá dictar y aplicar provisionalmente, hasta que las apruebe la Asamblea, enmiendas de lo dispuesto en el presente reglamento, teniendo en cuenta las recomendaciones de la Comisión Jurídica y Técnica o de otros órganos subordinados pertinentes. Estas enmiendas se entenderán sin perjuicio de los derechos conferidos a un contratista en virtud de las cláusulas de un contrato firmado con la Autoridad en virtud del presente reglamento y que esté en vigor a la fecha de la enmienda.

4. En caso de enmienda a lo dispuesto en el presente reglamento, el contratista y la Autoridad podrán revisar el contrato de conformidad con la cláusula 24 del anexo IV.

Anexo I

Notificación de la intención de realizar actividades de prospección

1. Nombre del prospector:

2. Dirección del prospector:

3. Dirección postal (si es diferente de la anterior):

4. Número de teléfono:

5. Número de fax:

6. Dirección de correo electrónico:

7. Nacionalidad del prospector:

8. Si el prospector es una persona jurídica:

    a) Especificar su lugar de inscripción;

    b) Especificar su oficina principal o domicilio comercial;

    c) Adjuntar una copia del certificado de inscripción del prospector.

9. Nombre del representante designado por el prospector:

10. Dirección del representante designado por el prospector (si es diferente de la anterior):

11. Dirección postal (si es diferente de la anterior):

12. Número de teléfono:

13. Número de fax:

14. Dirección de correo electrónico:

15. Adjuntar las coordenadas de la zona o zonas generales en que se hará la prospección (de conformidad con el Sistema Geodésico Mundial WGS 84).

16. Adjuntar una descripción general del programa de prospección, con inclusión de la fecha de inicio y la duración aproximada del programa.

17. Adjuntar una declaración por escrito en el sentido de que el prospector:

    a) Cumplirá con la Convención y con las normas, reglamentos y procedimientos de la Autoridad que se refieren a:

    i) La cooperación en los programas de capacitación en relación con la investigación científica marina y la transferencia de tecnología indicadas en los artículos 143 y 144 de la Convención; y

    ii) La protección y preservación del medio marino; y

    b) Aceptará que la Autoridad verifique el cumplimiento a ese respecto.

18. Enumérense a continuación todos los apéndices y anexos de esta notificación (todos los datos e información deben presentarse en forma impresa y en el formato digital especificado por la Autoridad).

_____ _____
Fecha   Firma del representante designado por el prospector

Testigo:

_____
Firma del testigo

_____
Nombre del testigo

_____
Cargo del testigo

Anexo II

Solicitud de aprobación de un plan de trabajo para la exploración con el fin de obtener un contrato

Sección I
Información relativa al solicitante

1. Nombre del solicitante:

2. Dirección del solicitante:

3. Dirección postal (si es diferente de la anterior):

4. Número de teléfono:

5. Número de fax:

6. Dirección de correo electrónico:

7. Nombre del representante designado por el solicitante:

8. Dirección del representante designado por el solicitante (si es diferente de la anterior):

9. Dirección postal (si es diferente de las anteriores):

10. Número de teléfono:

11. Número de fax:

12. Dirección de correo electrónico:

13. Si el solicitante es una persona jurídica:

    a) Especificar su lugar de inscripción;

    b) Especificar su oficina principal o domicilio comercial;

    c) Adjuntar una copia del certificado de inscripción del solicitante.

14. Sírvase indicar el Estado o los Estados patrocinantes.

15. Con respecto a cada Estado patrocinante, indíquese la fecha de depósito de su instrumento de ratificación de la Convención de las Naciones Unidas sobre el Derecho del Mar de 10 de diciembre de 1982 o de adhesión a ella o de sucesión y la fecha de su consentimiento para obligarse por el Acuerdo relativo a la aplicación de la Parte XI de la Convención.

16. Deberá adjuntarse a la presente solicitud un certificado de patrocinio expedido por el Estado patrocinante. Si el solicitante tuviera más de una nacionalidad, como en el caso de una sociedad o consorcio de entidades de más de un Estado, deberán adjuntarse los certificados de patrocinio expedidos por cada uno de los Estados patrocinadores.

Sección II
Información relativa al área respecto del cual se presenta la solicitud

17. Sírvase indicar los límites de los bloques a que se refiere la solicitud adjuntando una carta (en la escala y la proyección prescrita por la Autoridad) y una

lista de coordenadas geográficas (de conformidad con el Sistema Geodésico Mundial WGS 84).

18. Sírvase indicar si el solicitante opta por aportar un área reservada de conformidad con el artículo 17 u ofrecer una participación en una empresa conjunta de conformidad con el artículo 19.

19. Si el solicitante opta por aportar un área reservada, sírvase:

a) Adjuntar una lista de las coordenadas de las dos partes del área total de igual valor comercial estimado; y

b) Incluir en un apéndice información suficiente para que el Consejo pueda designar un área reservada sobre la base del valor comercial estimado de cada una de las partes del área a que se refiera la solicitud. El apéndice deberá incluir los datos de que disponga el solicitante respecto de ambas partes del área a que se refiere la solicitud, con inclusión de:

i) Datos sobre la ubicación, los estudios y la evaluación de las costras cobálticas en las áreas, en particular:

a. Una descripción de la tecnología para la extracción y el tratamiento de las costras cobálticas que sea necesaria para la designación de un área reservada;

b. Un mapa de las características físicas y geológicas, como la topografía de los fondos marinos, la batimetría y las corrientes del fondo e información relativa a la fiabilidad de esos datos;

c. Un mapa que indique los parámetros de las costras cobálticas (grosor, etc.) necesarios para determinar su tonelaje dentro de los límites de cada bloque o conglomerado de bloques en la zona de exploración y el área reservada;

d. Datos que indiquen el tonelaje medio (en toneladas métricas) de cada conglomerado de bloques de costras cobálticas que comprendan el emplazamiento del yacimiento y un mapa conexo del tonelaje en que consten los lugares en que se tomaron muestras;

e. Mapas combinados del tonelaje y ley de las costras cobálticas;

f. Un cálculo basado en procedimientos estándar, incluidos análisis estadísticos, en que se utilicen los datos presentados y los supuestos de los cálculos, de que cabe esperar que las dos áreas contengan costras cobálticas de igual valor comercial estimado expresado como metales extraíbles en zonas explotables;

g. Una descripción de las técnicas utilizadas por el solicitante;

ii) Información relativa a parámetros ambientales (estacionales y durante el período de ensayo), entre ellos, velocidad y dirección del viento, salinidad del agua, temperatura y comunidades biológicas.

20. Si la zona a que se refiere la solicitud incluye una parte de un área reservada, sírvase adjuntar una lista de coordenadas del área que forme parte del área reservada e indicar las condiciones que reúne el solicitante de conformidad con el artículo 18 del reglamento.

Sección III
Información técnica y financiera

21. Se adjuntará información suficiente para que el Consejo pueda determinar si el solicitante tiene la capacidad financiera para realizar el plan de trabajo para la exploración que propone y para cumplir sus obligaciones financieras respecto de la Autoridad:

    a) Si la solicitud es presentada por la Empresa, se adjuntarán certificados de su autoridad competente respecto de que dispone de fondos para sufragar el costo estimado del plan de trabajo para la exploración que se propone;

    b) Si la solicitud es formulada por un Estado o una empresa estatal, se adjuntará una declaración del Estado, o del Estado patrocinante, en que se certifique que el solicitante cuenta con los recursos financieros necesarios para sufragar los gastos estimados del plan de trabajo para la exploración que se propone;

    c) Si la solicitud es formulada por una entidad, se adjuntarán copias de los estados financieros comprobados de la entidad solicitante, incluidos balances consolidados y los estados de ganancias y pérdidas correspondientes a los últimos tres años, de conformidad con principios de contabilidad internacionalmente aceptados, y certificados por una empresa de contadores públicos debidamente reconocida; y

    i) Si el solicitante es una entidad recientemente organizada y no se cuenta con un balance certificado, se adjuntará una hoja de balance proforma, certificado por el funcionario competente de la entidad solicitante;

    ii) Si el solicitante es una empresa subsidiaria de otra entidad, se presentarán copias de los estados financieros de dicha entidad y una declaración de ella, conforme a las prácticas de contabilidad internacionalmente aceptadas y certificada por una empresa de contadores públicos debidamente reconocida, de que la empresa solicitante cuenta con los recursos financieros para cumplir con el plan de trabajo para la exploración;

    iii) Si el solicitante se encuentra bajo el control de un Estado o una empresa estatal, se presentará una declaración del Estado o de la empresa estatal en la que certifique que el solicitante cuenta con los recursos financieros necesarios para cumplir con el plan de trabajo para la exploración.

22. Si el plan de trabajo para la exploración que se propone se ha de financiar mediante empréstitos, se adjuntará un estado del monto de esos empréstitos, el plazo de amortización y el tipo de interés.

23. Se adjuntará información suficiente para que el Consejo pueda determinar si el solicitante tiene la capacidad técnica necesaria para realizar el plan de trabajo que propone, con inclusión de una descripción general de lo siguiente:

    a) La experiencia previa, los conocimientos, las aptitudes y los conocimientos técnicos pertinentes al plan de trabajo propuesto para la exploración;

    b) El equipo y los métodos que se prevé utilizar en la realización del plan de trabajo para la exploración que se propone y otra información pertinente no protegida por derechos de propiedad intelectual acerca de las características de esa tecnología;

c) La capacidad financiera y técnica del solicitante para hacer frente a cualquier incidente o actividad que cause daños graves al medio marino.

Sección IV
El plan de trabajo para la exploración

24. Se adjuntará la información siguiente respecto del plan de trabajo para la exploración:

a) Una descripción general y un cronograma del plan de trabajo para la exploración que se propone, incluido el programa de actividades para el siguiente período de cinco años, como los estudios que se han de hacer respecto de los factores ambientales, técnicos, económicos y de otro orden que deban tenerse en cuenta en la exploración;

b) Una descripción de un programa de estudios básicos oceanográficos y ambientales de conformidad con el presente reglamento y con las normas, reglamentos y procedimientos ambientales establecidos por la Autoridad que permitan evaluar el posible impacto ambiental, sobre la biodiversidad en particular pero no exclusivamente, de las actividades de exploración propuestas, teniendo en cuenta las recomendaciones que formule la Comisión Jurídica y Técnica;

c) Una evaluación preliminar de los posibles efectos de las actividades propuestas de exploración en el medio marino;

d) Una descripción de las medidas propuestas para prevenir, reducir y controlar la contaminación y otros peligros para el medio marino, así como los posibles efectos sobre este;

e) Un cronograma de los gastos anuales previstos por concepto del programa de actividades para el siguiente período de cinco años.

Sección V
Obligaciones

25. Sírvase adjuntar una declaración por escrito en el sentido de que el solicitante:

a) Acepta el carácter ejecutorio de las obligaciones aplicables dimanadas de las disposiciones de la Convención, y las normas, reglamentos y procedimientos de la Autoridad, las decisiones de los órganos pertinentes de la Autoridad y las cláusulas de su contrato con la Autoridad y los cumplirá;

b) Acepta el control de la Autoridad sobre las actividades en la Zona en la forma autorizada en la Convención;

c) Da a la Autoridad por escrito la seguridad de que cumplirá de buena fe las obligaciones estipuladas en el contrato.

Sección VI
Contratos anteriores

26. Si la Autoridad ha adjudicado algún contrato al solicitante o, en el caso de una solicitud conjunta de una asociación o consorcio de entidades, a algún miembro de la Autoridad o consorcio, la solicitud deberá incluir:

a) La fecha del contrato o los contratos anteriores;

b) Las fechas, los números de referencia y los títulos de cada informe presentado a la Autoridad con respecto al contrato o a los contratos; y

c) La fecha de expiración del contrato o los contratos si procede.

Sección VII
Apéndices

27. Enumérense todos los apéndices y anexos de la presente solicitud (todos los datos e información deben presentarse en forma impresa y en el formato digital prescrito por la Autoridad).

_____   _____
Fecha   Firma del representante designado por el solicitante

Testigo:

_____
Firma del testigo

_____
Nombre del testigo

_____
Cargo del testigo

Anexo III

Contrato de exploración

CONTRATO suscrito el día ____ de _____ entre la **AUTORIDAD INTERNACIONAL DE LOS FONDOS MARINOS** representada por su **SECRETARIO GENERAL** (en adelante denominada "la Autoridad") y _____ representado por _____ (en adelante denominado "el Contratista"):

Incorporación de cláusulas

1. Las cláusulas uniformes que figuran en el anexo IV del reglamento sobre la prospección y exploración de costras de ferromanganeso con alto contenido de cobalto en la Zona serán incorporadas al presente contrato y tendrán efecto como si estuvieran enunciadas en él expresamente.

Zona de exploración

2. A los efectos del presente contrato, por "zona de exploración" se entenderá la parte de la Zona asignada al contratista para la exploración, según se define en las coordenadas enumeradas en el anexo 1 del presente, que se reducirá cada cierto tiempo de conformidad con las cláusulas uniformes y el Reglamento.

Concesión de derechos

3. La Autoridad, teniendo en cuenta: a) el interés mutuo en la realización de actividades de exploración en el área de exploración de conformidad con la Convención de las Naciones Unidas sobre el Derecho del Mar de 10 de diciembre de 1982 y el Acuerdo relativo a la aplicación de la Parte XI de la Convención, b) la función que le cabe de organizar y controlar las actividades en la Zona, especialmente con miras a administrar los recursos de esta de conformidad con el régimen jurídico establecido en la Parte XI de la Convención y el Acuerdo y en la Parte XII de la Convención, respectivamente, y c) el compromiso financiero del contratista de realizar actividades en la zona de exploración y su interés en ello y las obligaciones recíprocas que contraen en el presente contrato, confiere al contratista el derecho exclusivo de explorar el área de exploración de conformidad con las cláusulas del presente contrato para buscar costras cobálticas.

Entrada en vigor y duración del contrato

4. El presente contrato entrará en vigor una vez que haya sido firmado por ambas partes y, con sujeción a las cláusulas uniformes, seguirá en vigor por un período de quince años a menos que:

   a) Se adjudique al Contratista un contrato de explotación en la zona de exploración que entre en vigor antes de que expire ese período de quince años; o

   b) El contrato sea resuelto antes, con la salvedad de que la duración del contrato podrá prorrogarse de conformidad con las cláusulas uniformes 3.2 y 17.2.

Anexos

5. Los anexos mencionados en las cláusulas uniformes, concretamente en la cláusula 4 y la cláusula 8, son, a los efectos del presente contrato, los anexos 2 y 3 respectivamente.

Integridad del acuerdo

6. En el presente contrato se expresa en su integridad el acuerdo entre las partes y ninguna de sus cláusulas podrá ser modificada por un entendimiento verbal ni un entendimiento anterior expresado por escrito.

EN TESTIMONIO DE LO CUAL, los infrascritos, debidamente autorizados para ello por las partes respectivas, han firmado el presente contrato en el día de hoy ____ de _____.

Anexo 1

[Coordenadas y carta ilustrativa de la zona de exploración]

Anexo 2

[Programa de actividades para el quinquenio en curso, revisado periódicamente]

Anexo 3

[El programa de capacitación pasará a constituir un anexo del contrato cuando la Autoridad lo apruebe de conformidad con la cláusula uniforme 8.]

Anexo IV

Cláusulas uniformes del contrato para la exploración

Cláusula 1
Términos empleados

1.1 En las cláusulas siguientes:

   a) Por "zona de exploración" se entiende la parte de la Zona asignada al contratista para la exploración, según se describe en el anexo 1 del presente, y que podrá ser reducida de conformidad con el presente contrato y con las normas aplicables;

   b) Por "programa de actividades" se entiende el indicado en el anexo 2, que podrá modificarse de conformidad con las cláusulas 4.3 y 4.4 del presente contrato;

   c) Por "reglamento" se entiende el Reglamento sobre prospección y exploración de costras de ferromanganeso con alto contenido de cobalto en la Zona que apruebe la Autoridad.

1.2 Los términos y frases que se definen en el reglamento tendrán igual sentido en estas cláusulas uniformes.

1.3 De conformidad con el Acuerdo relativo a la aplicación de la Parte XI de la Convención de las Naciones Unidas sobre el Derecho del Mar de 10 de diciembre de 1982, sus disposiciones y la Parte XI de la Convención se interpretarán y aplicarán conjuntamente como un solo instrumento; el presente contrato y las referencias que en él se hacen a la Convención se interpretarán y aplicarán en consecuencia.

1.4 El presente contrato incluye sus anexos, que formarán parte integrante de él.

Cláusula 2
Derechos del contratista

2.1 Los derechos del contratista estarán garantizados, por lo que el presente contrato no será suspendido, rescindido ni modificado, excepto de conformidad con sus cláusulas 20, 21 y 24.

2.2 El contratista tendrá el derecho exclusivo de explorar la zona de exploración en busca de costras cobálticas de conformidad con las cláusulas del presente contrato. La Autoridad velará por que ninguna otra entidad realice actividades en la zona de exploración relacionadas con una categoría diferente de recursos que puedan dificultar indebidamente las operaciones del contratista.

2.3 El contratista, previa notificación a la Autoridad, podrá renunciar en cualquier momento sin sanción alguna a la totalidad o parte de sus derechos en el área de exploración, pero seguirá siendo responsable del cumplimiento de las obligaciones que haya contraído antes de la fecha de la renuncia y respecto del área objeto de la renuncia.

2.4 Nada de lo dispuesto en el presente contrato será interpretado en el sentido de que confiera al contratista más derechos que los que le son conferidos expresamente en él. La Autoridad se reserva el derecho a concertar con terceros contratos relativos a recursos distintos de costras cobálticas en la zona abarcada por el presente contrato.

Cláusula 3
Duración del contrato

3.1 El presente contrato entrará en vigor una vez que haya sido firmado por ambas partes y seguirá en vigor por un período de quince años a menos que:

    a) Se adjudique al contratista un contrato de explotación en la zona de exploración que entre en vigor antes de que expire ese período de quince años; o

    b) El contrato sea resuelto antes, con la salvedad de que la duración del contrato podrá prorrogarse de conformidad con las cláusulas 3.2 y 17.2.

3.2 Si el contratista lo solicitare, a más tardar seis meses antes de la expiración del presente contrato, este podrá ser prorrogado por períodos no superiores a cinco años cada uno, en las condiciones en que la Autoridad y el contratista convengan de conformidad con el reglamento. La prórroga será aprobada si el contratista se ha esforzado de buena fe por cumplir los requisitos del presente contrato pero, por razones ajenas a su voluntad, no ha podido completar el trabajo preparatorio necesario para pasar a la etapa de explotación o las circunstancias económicas imperantes no justifiquen que se pase a esa etapa.

3.3 No obstante la expiración del presente contrato de conformidad con la cláusula 3.1, si el contratista hubiere solicitado, por lo menos 90 días antes de la fecha de expiración, un contrato de explotación, sus derechos y obligaciones con arreglo al presente contrato seguirán vigentes hasta el momento en que la solicitud haya sido examinada y aceptada o denegada.

Cláusula 4
Exploración

4.1 El contratista comenzará la exploración de conformidad con el cronograma estipulado en el programa de actividades establecido en el anexo 2 del presente y cumplirá ese cronograma con las modificaciones que se estipulen en el presente contrato.

4.2 El contratista llevará a cabo el programa de actividades establecido en el anexo 2 del presente. Al realizar esas actividades, realizará cada año de vigencia del contrato gastos directos y efectivos por concepto de exploración de un monto no inferior al indicado en el programa o en una modificación del programa introducida de común acuerdo.

4.3 El contratista, previo consentimiento de la Autoridad, que no podrá denegarlo sin fundamento, podrá introducir en el programa de actividades y en los gastos indicados en él los cambios que sean necesarios y prudentes con arreglo a las buenas prácticas de la industria minera, teniendo en cuenta las condiciones de mercado de los metales contenidos en costras cobálticas y las demás condiciones económicas mundiales que sean pertinentes.

4.4 El contratista y el Secretario General procederán, a más tardar 90 días antes de la expiración de cada quinquenio a partir de la fecha de entrada en vigor del presente contrato, según lo estipulado en su cláusula 3, a examinar conjuntamente los resultados de la ejecución del plan de trabajo para la exploración en virtud del presente contrato. El Secretario General podrá pedir al contratista que le presente los datos y la información adicionales que fueren necesarios para los fines del examen. A la luz del examen, el contratista indicará su programa de actividades para el quinquenio siguiente, incluido un cronograma revisado de los gastos anuales previstos, y hará en su anterior programa de actividades los ajustes que sean necesarios. El anexo 2 del presente se ajustará en consecuencia.

Cláusula 5
Vigilancia ambiental

5.1 El contratista tomará las medidas necesarias para prevenir, reducir y controlar la contaminación del medio marino y otros riesgos para este derivados de sus actividades en la Zona en la medida en que sea razonablemente posible aplicando el criterio de precaución y las mejores prácticas ambientales.

5.2 Antes de iniciar las actividades de exploración, el contratista presentará a la Autoridad:

a) Una evaluación de los posibles efectos sobre el medio marino de las actividades propuestas;

b) Una propuesta relativa a un programa de vigilancia para determinar los posibles efectos sobre el medio marino de las actividades propuestas; y

c) Datos que puedan utilizarse para establecer una línea de base ambiental que permita evaluar los efectos de las actividades propuestas.

5.3 El contratista, de conformidad con los reglamentos, obtendrá datos ambientales de referencia a medida que avancen y se desarrollen las actividades de exploración y establecerá líneas de base ambientales con respecto a las cuales se puedan evaluar los efectos probables sobre el medio marino de las actividades del contratista.

5.4 El contratista elaborará y llevará a cabo, de conformidad con el reglamento, un programa de vigilancia e información respecto de esos efectos en el medio marino. El contratista cooperará con la Autoridad a los efectos de esa vigilancia.

5.5 El contratista, dentro de los 90 días anteriores a la finalización de cada año civil del contrato, informará al Secretario General respecto de la aplicación y los resultados del programa de vigilancia mencionado en la cláusula 5.4 y presentará los datos y la información exigidos en el reglamento.

Cláusula 6
Planes de contingencia y casos de emergencia

6.1 El contratista, antes de comenzar su programa de actividades en virtud del presente contrato, presentará al Secretario General un plan de contingencia a fin de actuar eficazmente en caso de accidentes que probablemente hayan de causar graves daños o la amenaza de graves daños al medio marino como consecuencia de las actividades marítimas del contratista en el área de exploración. En ese plan de contingencia se establecerán procedimientos especiales y se preverá el suministro del equipo suficiente y adecuado para hacer frente a esos accidentes y, en particular, el plan comprenderá disposiciones relativas a:

a) Una llamada de alarma general inmediata en la zona de las actividades de exploración;

b) La inmediata notificación al Secretario General;

c) Una llamada de alerta a los buques que estén a punto de entrar en la cercanía inmediata de la zona;

d) El suministro constante de información completa al Secretario General sobre los pormenores de las medidas de emergencia que se hayan tomado ya y las que haya que tomar;

e) La eliminación, en caso necesario, de sustancias contaminantes;

f) La reducción y, en la medida de lo razonablemente posible, la prevención de daños graves al medio marino, así como la mitigación de sus efectos;

g) La cooperación, según proceda, con otros contratistas y con la Autoridad para actuar en caso de emergencia; y

h) Simulacros periódicos de acción en casos de emergencia.

6.2 El contratista informará prontamente al Secretario General de cualquier accidente dimanado de sus actividades que haya causado, esté causando o amenace con causar daños graves al medio marino. En cada informe se consignarán los detalles del accidente, entre otros:

a) Las coordenadas de la zona afectada o que quepa razonablemente prever que ha de ser afectada;

b) La descripción de las medidas que esté adoptando el contratista para prevenir, contener, reducir al mínimo o reparar el daño grave o la amenaza de daño grave al medio marino;

c) La descripción de las medidas que esté tomando el contratista para vigilar los efectos del accidente sobre el medio marino; y

d) La información complementaria que el Secretario General razonablemente necesite.

6.3 El contratista cumplirá las órdenes de emergencia que dicte el Consejo y las medidas inmediatas de índole temporal que decrete el Secretario General de conformidad con el reglamento para prevenir, contener, reducir al mínimo o reparar el daño grave o la amenaza de daño grave al medio marino, las cuales podrán incluir órdenes al contratista para que suspenda o modifique de inmediato sus actividades en el área de exploración.

6.4 Si el contratista no cumpliere prontamente esas órdenes de emergencia o medidas inmediatas de índole temporal, el Consejo podrá tomar las medidas que sean razonablemente necesarias para prevenir, contener, reducir al mínimo o reparar el daño grave o la amenaza de daño grave al medio marino a costa del contratista. El contratista reembolsará prontamente a la Autoridad el monto de esos gastos, que será adicional a las sanciones pecuniarias que le sean impuestas de conformidad con las disposiciones del presente contrato o del reglamento.

Cláusula 7
Restos humanos y objetos y sitios de carácter arqueológico o histórico

El contratista, si hallare en la zona de exploración restos humanos de carácter arqueológico o histórico o cualquier objeto o sitio de carácter similar, notificará inmediatamente al Secretario General por escrito del hallazgo y su ubicación, así como de las medidas de preservación y protección que se hayan adoptado. El

Secretario General transmitirá la información al Director General de la Organización de las Naciones Unidas para la Educación, la Ciencia y la Cultura y a cualquiera otra organización internacional competente. Tras el hallazgo de un resto humano, objeto o sitio de esa índole en la zona de exploración y a fin de no perturbarlos, no se llevará a cabo ninguna otra prospección o exploración dentro de un radio razonable hasta que el Consejo decida otra cosa teniendo en cuenta las observaciones del Director General de la Organización de las Naciones Unidas para la Educación, la Ciencia y la Cultura o de cualquier otra organización competente.

Cláusula 8
Capacitación

8.1 De conformidad con el reglamento, el contratista, antes de comenzar la exploración en virtud del presente contrato, presentará a la Autoridad, para su aprobación, propuestas de programas para la capacitación de personal de la Autoridad y de Estados en desarrollo, incluida la participación de ese personal en todas las actividades que realice el contratista en virtud del presente contrato.

8.2 El ámbito y la financiación del programa de capacitación serán objeto de negociaciones entre el contratista, la Autoridad y el Estado o los Estados patrocinantes.

8.3 El contratista llevará a cabo los programas de esta índole de conformidad con el programa concreto de capacitación a que se hace referencia en el párrafo 8.1, aprobado por la Autoridad de conformidad con el presente reglamento, y que, con sus revisiones o adiciones, se convertirá en parte del presente contrato como anexo 3.

Cláusula 9
Libros y registros

El contratista llevará un juego completo y en debida forma de libros, cuentas y registros financieros compatibles con los principios contables internacionalmente admitidos. En esos libros, cuentas y registros financieros se dejará constancia clara de los gastos efectivos y directos de exploración y de los demás datos que faciliten la comprobación efectiva de esos gastos.

Cláusula 10
Presentación de informes anuales

10.1 El contratista, dentro de los 90 días siguientes a la finalización de cada año civil, presentará al Secretario General, en el formato que recomiende de cuando en cuando la Comisión Jurídica y Técnica, un informe relativo a su programa de actividades en la zona de exploración que contendrá, en la medida en que proceda, información suficientemente detallada sobre:

a) Las actividades de exploración realizadas durante el año civil, lo que comprende mapas, cartas y gráficos que ilustren la labor realizada y los resultados obtenidos;

b) El equipo utilizado para realizar las actividades de exploración, incluidos los resultados de los ensayos de tecnologías de explotación minera propuestas, aunque no sobre los datos relativos al diseño del equipo; y

c) La ejecución de los programas de capacitación, incluidas las propuestas de revisiones o adiciones a esos programas.

10.2 Los informes contendrán también:

a) Los resultados de los programas de vigilancia ambiental, entre ellos observaciones, mediciones, evaluaciones y análisis de los parámetros ambientales;

b) Una relación de la cantidad de costras cobálticas obtenidas como muestra o para fines de ensayo;

c) Un estado, conforme a los principios contables internacionalmente aceptados y certificado por una firma de contadores públicos internacionalmente reconocida o, en caso de que el contratista sea un Estado o una empresa estatal, por el Estado patrocinante, de los gastos efectivos y directos que haya hecho el contratista en la ejecución del programa de actividades durante el año contable del contratista. El contratista podrá reclamar esos gastos como parte de los gastos de inversión efectuados antes del comienzo de la producción comercial; y

d) Las propuestas de ajustes del programa de actividades y las razones en que se fundan.

10.3 El contratista presentará además toda la información adicional necesaria para complementar los informes a que se hace referencia en las cláusulas 10.1 y 10.2 y que el Secretario General pueda pedir razonablemente a fin de que la Autoridad cumpla las funciones que le asignan la Convención, el reglamento y el presente contrato.

10.4 El contratista conservará, en buen estado, una parte representativa de las muestras y núcleos de costras cobálticas obtenidos en el curso de la exploración hasta que termine el presente contrato. La Autoridad podrá pedir por escrito al contratista que le entregue, para analizarla, una parte de cualquier muestra y núcleo que haya obtenido en el curso de la exploración.

10.5 En el momento de presentar el informe anual, el Contratista pagará una tasa fija anual de 47.000 dólares de los Estados Unidos (o la suma fijada de conformidad con la cláusula 10.6 *infra*) para sufragar los gastos generales de la Autoridad relacionados con la administración y supervisión del contrato y con el examen de los informes presentados de conformidad con la cláusula 10.1 *supra*.

10.6 La Autoridad podrá revisar el monto de la tasa anual en concepto de gastos generales con el fin de reflejar los gastos que efectiva y razonablemente haya efectuado[3].

Cláusula 11
Datos e información que deberán entregarse al expirar el contrato

11.1 El contratista transferirá a la Autoridad todos los datos y la información que sean necesarios y pertinentes para el ejercicio efectivo de las facultades y las funciones de la Autoridad con respecto a la zona de exploración de conformidad con lo dispuesto en la presente cláusula.

---

[3] ISBA/19/A/12, de fecha 25 de julio de 2013, enmiendas.

11.2 Al expirar o rescindirse el contrato, el contratista, si no lo hubiese hecho ya, presentará los siguientes datos e información al Secretario General:

a) Copias de los datos geológicos, ambientales, geoquímicos y geofísicos que haya adquirido durante la ejecución del programa de actividades que sean necesarios y pertinentes para el ejercicio efectivo de las facultades y funciones de la Autoridad con respecto a la zona de exploración;

b) La estimación de los yacimientos explotables, cuando se hayan individualizado, lo que comprenderá detalles de la ley y cantidad de reservas comprobadas, probables y posibles de costras cobálticas y las condiciones de explotación previstas;

c) Copias de los informes geológicos, técnicos, financieros y económicos preparados por él o para él que sean necesarios y pertinentes para el ejercicio efectivo de las facultades y funciones de la Autoridad con respecto a la zona de exploración;

d) Información suficientemente detallada sobre el equipo utilizado para llevar a cabo las actividades de exploración, incluidos los resultados de los ensayos de tecnologías de explotación minera propuestas, aunque no los datos relativos al diseño del equipo;

e) Una relación de la cantidad de costras cobálticas extraídas como muestras o con fines de ensayo; y

f) Una relación de la manera y el lugar en que se archivaron muestras de los núcleos y su disponibilidad para la Autoridad.

11.3 Los datos y la información mencionados en la cláusula 11.2 serán presentados también al Secretario General si, antes de que expire el presente contrato, el contratista solicita la aprobación de un plan de trabajo de explotación o si el contratista renuncia a sus derechos en la zona de exploración, en la medida en que los datos y la información se refieran a la zona respecto de la cual ha renunciado a sus derechos.

Cláusula 12
Confidencialidad

Los datos e informaciones que se hayan transmitido a la Autoridad de conformidad con el presente contrato se considerarán confidenciales con arreglo a las disposiciones del reglamento.

Cláusula 13
Obligaciones

13.1 El contratista procederá a la exploración de conformidad con las cláusulas y las condiciones del presente contrato, el reglamento, la Parte XI de la Convención, el Acuerdo y otras normas de derecho internacional que no sean incompatibles con la Convención.

13.2 El contratista se compromete a:

a) Cumplir las disposiciones del presente contrato y aceptar su carácter ejecutorio;

b) Cumplir las obligaciones aplicables que dimanen de las disposiciones de la Convención, las normas, los reglamentos y los procedimientos de la Autoridad y las decisiones de los órganos competentes de la Autoridad;

c) Aceptar el control de la Autoridad sobre las actividades en la Zona en la forma autorizada por la Convención;

d) Cumplir de buena fe las obligaciones estipuladas en el presente contrato; y

e) Cumplir, en la medida en que sea razonablemente posible, las recomendaciones que imparta periódicamente la Comisión Jurídica y Técnica.

13.3 El contratista llevará a cabo activamente el programa de actividades:

a) Con la diligencia, eficiencia y economía debidas;

b) Teniendo debidamente en cuenta los efectos de sus actividades sobre el medio marino; y

c) Teniendo razonablemente en cuenta otras actividades en el medio marino.

13.4 La Autoridad se compromete a ejercer de buena fe las facultades y las funciones que le corresponden en virtud de la Convención y del Acuerdo, de conformidad con el artículo 157 de la Convención.

Cláusula 14
Inspección

14.1 El contratista permitirá que la Autoridad envíe inspectores a bordo de los buques y las instalaciones que utilice para realizar actividades en la zona de exploración con el objeto de:

a) Vigilar el cumplimiento por el contratista de las cláusulas del presente contrato y del reglamento; y

b) Vigilar los efectos de esas actividades sobre el medio marino.

14.2 El Secretario General dará aviso razonable al contratista de la fecha y duración previstas de las inspecciones, el nombre de los inspectores y de todas las actividades que los inspectores habrán de realizar y que probablemente requieran la disponibilidad de equipo especial o de asistencia especial del personal del contratista.

14.3 Los inspectores estarán facultados para inspeccionar cualquier buque o instalación, incluidos sus registros, equipo, documentos, instalaciones, los demás datos registrados y los documentos pertinentes que sean necesarios para vigilar el cumplimiento del contrato por el contratista.

14.4 El contratista, sus agentes y sus empleados prestarán asistencia a los inspectores en el desempeño de sus funciones y:

a) Aceptarán y facilitarán el acceso pronto y seguro de los inspectores a las naves e instalaciones;

b) Cooperarán con la inspección de un buque o instalación realizada con arreglo a estos procedimientos y prestarán asistencia en ella;

c) Darán en todo momento razonable acceso al equipo, las instalaciones y el personal que correspondan y se encuentren en las naves e instalaciones;

    d) No obstruirán el ejercicio de las funciones de los inspectores, no los intimidarán ni interferirán en su labor;

    e) Suministrarán a los inspectores facilidades razonables, con inclusión, si procede, de alimentación y alojamiento; y

    f) Facilitarán el desembarco de los inspectores en condiciones de seguridad.

14.5 Los inspectores se abstendrán de interferir con las operaciones normales y seguras a bordo de las naves e instalaciones que utilice el contratista para realizar actividades en el área visitada y actuarán de conformidad con el reglamento y las medidas adoptadas para proteger el carácter confidencial de los datos y la información.

14.6 El Secretario General y cualquiera de sus representantes debidamente autorizados tendrán acceso, para los estudios y auditorías, a todos los libros, documentos, informes y registros del contratista que sean necesarios y directamente pertinentes para verificar los gastos a que se hace referencia en la cláusula 10.2 c).

14.7 Cuando sea necesario adoptar medidas, el Secretario General pondrá la información pertinente que figure en los informes de los inspectores a disposición del contratista y del Estado o los Estados que lo patrocinan.

14.8 El contratista, si por cualquier razón no procede a la exploración y no solicita un contrato de explotación, lo notificará por escrito al Secretario General a fin de que la Autoridad pueda, si decide hacerlo, llevar a cabo una inspección con arreglo a la presente cláusula.

Cláusula 15
Condiciones de seguridad, de trabajo y de salud

15.1 El contratista deberá cumplir las normas y los estándares internacionales generalmente aceptados, establecidos por las organizaciones internacionales competentes o las conferencias diplomáticas generales, en relación con la seguridad de la vida en el mar y la prevención de colisiones, y las normas, los reglamentos y los procedimientos que adopte la Autoridad en relación con la seguridad de la vida en el mar. Los buques que se utilicen para realizar actividades en la Zona deberán estar en posesión de certificados vigentes y válidos, exigidos y emitidos de conformidad con los reglamentos y los estándares internacionales.

15.2 El contratista, al realizar actividades de exploración con arreglo al presente contrato, deberá observar y cumplir las normas, los reglamentos y los procedimientos que adopte la Autoridad en materia de protección contra la discriminación en el empleo, salud y seguridad ocupacionales, relaciones laborales, seguridad social, seguridad en el empleo y condiciones de vida en el lugar de trabajo. En las normas, los reglamentos y los procedimientos se tendrán en cuenta los convenios y las recomendaciones de la Organización Internacional del Trabajo y otras organizaciones internacionales competentes.

Cláusula 16
Responsabilidad

16.1 El contratista será responsable del monto efectivo de los daños y perjuicios, incluidos los causados al medio marino, derivados de actos u omisiones ilícitos cometidos por él o por sus empleados, subcontratistas, agentes y personas que trabajen para ellos o actúen en su nombre en la realización de sus operaciones con arreglo al presente contrato, con inclusión del costo de las medidas que sean razonables para prevenir o limitar los daños al medio marino, teniendo en cuenta los actos u omisiones de la Autoridad que hayan contribuido a ellos.

16.2 El contratista exonerará a la Autoridad, sus empleados, subcontratistas y agentes de las demandas y obligaciones que hagan valer terceros, en razón de actos u omisiones ilícitos del contratista y de sus empleados, agentes, y subcontratistas, y de todas las personas que trabajen para ellos o actúen en su nombre en la realización de sus operaciones con arreglo al presente contrato.

16.3 La Autoridad será responsable del monto efectivo de los daños y perjuicios causados al contratista como resultado de sus actos ilícitos en el ejercicio de sus facultades y funciones, con inclusión de las violaciones previstas en el artículo 168 2) de la Convención, y teniendo debidamente en cuenta los actos u omisiones del contratista, los empleados, agentes y subcontratistas y las personas que trabajan para ellos o actuasen en su nombre en la realización de sus operaciones con arreglo al presente contrato que hayan contribuido a ellos.

16.4 La Autoridad exonerará al contratista, sus empleados, subcontratistas, agentes y a todas las personas que trabajen para ellos o actúen en su nombre en la realización de sus operaciones, con arreglo al presente contrato, de las demandas y obligaciones que hagan valer terceros derivadas de los actos u omisiones ilícitos en el ejercicio de sus facultades y funciones conforme al presente contrato, incluidas las violaciones previstas en el artículo 168 2) de la Convención.

16.5 El contratista contratará con empresas internacionalmente reconocidas pólizas de seguro adecuadas, de conformidad con las prácticas marítimas internacionales generalmente aceptadas.

Cláusula 17
Fuerza mayor

17.1 El contratista no será responsable de una demora inevitable o del incumplimiento de alguna de sus obligaciones con arreglo al presente contrato por razones de fuerza mayor. A los efectos del presente contrato, por fuerza mayor se entiende un acontecimiento o una condición que no cabía razonablemente prever que el contratista impidiera o controlara, a condición de que no haya sido causado por negligencia o por inobservancia de las buenas prácticas de la industria minera.

17.2 Se concederá al contratista, previa solicitud, una prórroga equivalente al período en el cual el cumplimiento del contrato quedó demorado por razones de fuerza mayor y se prorrogará en la forma correspondiente la duración del presente contrato.

17.3 En caso de fuerza mayor, el contratista tomará todas las medidas razonables para volver a ponerse en condiciones de cumplir las cláusulas y las condiciones del presente contrato con un mínimo de demora.

17.4 El contratista notificará a la Autoridad tan pronto como sea razonablemente posible que ha habido fuerza mayor e, igualmente, notificará a la Autoridad cuando se restablezca la normalidad.

Cláusula 18
Descargo de responsabilidad

El contratista, sus empresas afiliadas o sus subcontratistas no podrán afirmar o sugerir de manera alguna, expresa ni tácitamente, que la Autoridad o cualquiera de sus funcionarios tiene o ha expresado una opinión con respecto a costras cobálticas en la zona de exploración; no podrá incluirse una declaración en ese sentido en los prospectos, avisos, circulares, anuncios, comunicados de prensa o documentos similares que publique el contratista, sus empresas afiliadas o sus subcontratistas y que se refieran directa o indirectamente al presente contrato. A los efectos de la presente cláusula, por "empresa afiliada" se entenderá cualquier persona, empresa o compañía o entidad estatal que tenga control sobre el contratista, sea controlada por este o sea controlada junto con este por otra entidad.

Cláusula 19
Renuncia a derechos

El contratista, previa notificación a la Autoridad, estará facultado para renunciar a sus derechos y poner término al presente contrato sin sanción alguna, si bien no quedará exento del cumplimiento de las obligaciones contraídas antes de la fecha de la renuncia y de las que debe cumplir una vez terminado el contrato de conformidad con el reglamento.

Cláusula 20
Término del patrocinio

20.1 El contratista notificará prontamente a la Autoridad si cambia su nacionalidad o control o si el Estado que lo patrocina, tal como está definido en el reglamento, pone término a su patrocinio.

20.2 En cualquiera de esos casos, y si el contratista no obtuviere otro patrocinador que cumpla los requisitos fijados en las normas aplicables y que presente a la Autoridad un certificado de patrocinio en la forma y dentro del plazo estipulados en las normas aplicables, el presente contrato quedará resuelto de inmediato.

Cláusula 21
Suspensión y rescisión del contrato y sanciones

21.1 El Consejo podrá suspender o rescindir el presente contrato, sin perjuicio de los demás derechos que pueda tener la Autoridad, de darse una de las siguientes circunstancias:

a) Si, a pesar de las advertencias por escrito de la Autoridad, la forma en que el contratista ha realizado sus actividades constituye un incumplimiento grave, persistente y doloso de las disposiciones fundamentales del presente contrato, la Parte XI de la Convención, el Acuerdo o las normas, reglamentos y procedimientos de la Autoridad; o

b) Si el contratista no ha cumplido una decisión definitiva y obligatoria del órgano de solución de controversias que le sea aplicable; o

c) Si el contratista cae en insolvencia, comete un acto que entrañe la cesación de pagos, pacta un convenio con sus acreedores, queda sometido a liquidación o sindicatura voluntaria o forzada, pide a un tribunal que le sea nombrado un síndico o da comienzo a un procedimiento que se refiera a sí mismo con arreglo a una ley sobre quiebras, insolvencia o ajuste de la deuda, esté o no en vigor en ese momento, para un fin distinto del de reorganizarse.

21.2 El Consejo podrá, sin perjuicio de lo dispuesto en la cláusula 17, suspender o rescindir el presente contrato, tras haber celebrado consultas con el contratista, sin perjuicio de ningún otro derecho que posea la Autoridad, si el contratista no puede cumplir las obligaciones que le corresponden en virtud del presente contrato debido a un acontecimiento o una condición de fuerza mayor, conforme a lo estipulado en la cláusula 17.1, que haya persistido durante un período de más de dos años continuos, aunque el contratista haya adoptado todas las medidas razonables para superar su incapacidad de cumplir con las cláusulas del presente contrato con una demora mínima.

21.3 La suspensión o rescisión tendrá lugar por medio de una notificación, por intermedio del Secretario General, e incluirá una declaración acerca de los motivos para esa medida. La suspensión o rescisión entrará en vigor 60 días después de dicha notificación, a menos que el contratista impugne el derecho de la Autoridad de suspender o rescindir este contrato de conformidad con la Parte XI, sección 5, de la Convención.

21.4 Si el contratista procede de esa manera, el presente contrato sólo podrá ser suspendido o rescindido de conformidad con una decisión definitiva y con fuerza jurídica obligatoria adoptada de conformidad con la Parte XI, sección 5, de la Convención.

21.5 El Consejo, en caso de que suspenda el presente contrato, podrá, previa notificación, exigir al contratista que reanude sus operaciones y cumpla las cláusulas y las condiciones de él a más tardar dentro de los 60 días siguientes a la fecha de la notificación.

21.6 En caso de que se produzca un incumplimiento del contrato no previsto en la cláusula 21.1 a), o en lugar de la suspensión o rescisión con arreglo a la cláusula 21.1, el Consejo podrá imponer al contratista sanciones pecuniarias proporcionales a la gravedad de la transgresión.

21.7 El Consejo no podrá ejecutar una decisión que implique sanciones pecuniarias hasta que el contratista haya tenido oportunidad razonable de agotar los recursos judiciales de que dispone con arreglo a la Parte XI, sección 5, de la Convención.

21.8 En caso de rescisión o expiración del presente contrato, el contratista cumplirá los reglamentos y sacará del área de exploración todas sus instalaciones, planta, equipo y materiales y hará lo necesario para que esa área no constituya un peligro para las personas, para el transporte marítimo ni para el medio marino.

Cláusula 22
Transferencia de derechos y obligaciones

22.1 Los derechos y las obligaciones del contratista en virtud del presente contrato podrán ser transferidos en todo o parte únicamente con el consentimiento de la Autoridad y con arreglo al reglamento.

22.2 La Autoridad no negará sin causa bastante su consentimiento a la transferencia si el cesionario propuesto reúne todas las condiciones requeridas de un solicitante calificado de conformidad con el reglamento y asume todas las obligaciones del contratista.

22.3 Las cláusulas, las obligaciones y las condiciones del presente contrato se entenderán en beneficio de las partes en él y sus respectivos sucesores y cesionarios y serán obligatorias para ellos.

Cláusula 23
Exoneración

El hecho de que una de las partes renuncie a los derechos que le correspondan por el incumplimiento de las cláusulas y condiciones del presente contrato por la otra no será interpretado en el sentido de que también la exonera de cualquier transgresión ulterior de la misma cláusula o la misma condición o cualquier otra que haya de cumplir.

Cláusula 24
Revisión

24.1 Cuando hayan surgido o puedan surgir circunstancias que, a juicio de la Autoridad o el contratista, hagan inequitativo el presente contrato o hagan impracticable o imposible el logro de los objetivos previstos en él y en la Parte XI de la Convención o en el Acuerdo, las partes entablarán negociaciones para revisarlo en la forma correspondiente.

24.2 El presente contrato podrá también ser revisado de común acuerdo entre el contratista y la Autoridad para facilitar la aplicación de las normas, reglamentos y procedimientos que esta apruebe después de su entrada en vigor.

24.3 El presente contrato podrá ser revisado, enmendado o modificado únicamente con el consentimiento del contratista y la Autoridad y mediante instrumento en regla y firmado por los representantes autorizados de las partes.

Cláusula 25
Controversias

25.1 Las controversias que surjan entre las partes acerca de la interpretación o aplicación del presente contrato se dirimirán con arreglo a lo dispuesto en la Parte XI, sección 5, de la Convención.

25.2 De conformidad con el artículo 21 2) del anexo III de la Convención, las decisiones definitivas de una corte o tribunal que tenga competencia en virtud de la Convención respecto de los derechos y obligaciones de la Autoridad y del contratista serán ejecutables en el territorio de cada uno de los Estados Partes en la Convención afectados.

Cláusula 26
Notificación

26.1 El Secretario General o el representante designado del contratista, según el caso, harán por escrito todo pedido, solicitud, aviso, informe, autorización, aprobación, exención, directiva o instrucción en relación con el presente contrato. La notificación se hará en mano o por télex, fax, correo aéreo certificado o correo electrónico con firma autorizada al Secretario General en la sede de la Autoridad o al representante designado. La obligación de facilitar por escrito la información que establece el presente reglamento quedará satisfecha cuando se haga en un documento electrónico que contenga una firma digital.

26.2 Cualquiera de las partes estará facultada para cambiar esa dirección por cualquier otra, previo aviso enviado a la otra parte con no menos de diez días de antelación.

26.3 La notificación en mano surtirá efecto en el momento en que se haga. Se considerará que la notificación por télex surtirá efecto el día hábil siguiente a aquel en que aparezca en la máquina de télex del remitente la expresión "respuesta". La notificación por fax surtirá efecto cuando quien lo envíe reciba el "informe de confirmación de la transmisión", en el cual se confirme la transmisión al número de fax publicado por el receptor. La notificación por correo aéreo certificado se considerará hecha 21 días después del envío. Se entenderá que el destinatario de un correo electrónico lo ha recibido, cuando dicho correo entre en un sistema de información diseñado o utilizado por el destinatario para recibir documentos del tipo enviado y pueda ser recuperado y procesado por él.

26.4 La notificación al representante designado del contratista servirá de notificación a este para todos los efectos en relación con el presente contrato y el representante designado representará al contratista a los efectos de la notificación de la demanda o de otra diligencia ante un tribunal competente.

26.5 La notificación al Secretario General servirá de notificación a la Autoridad para todos los efectos en relación con el presente contrato y el Secretario General representará a la Autoridad a los efectos de la notificación de la demanda o de otra diligencia ante cualquier tribunal competente.

Cláusula 27
Derecho aplicable

27.1 El presente contrato se regirá por sus propias disposiciones, por las normas, los reglamentos y los procedimientos de la Autoridad, por la Parte XI de la Convención, por el Acuerdo y por las demás normas de derecho internacional que no sean incompatibles con la Convención.

27.2 El contratista, sus empleados, subcontratistas, agentes y todas las personas que trabajen para ellos o actúen en su nombre en la realización de operaciones en virtud del presente contrato cumplirán las normas aplicables a que se hace referencia en el párrafo 27.1 y no participarán directa o indirectamente en ninguna transacción prohibida por esas normas.

27.3 Ninguna de las disposiciones del presente contrato será interpretada en el sentido de que exima de la necesidad de solicitar y obtener los permisos o autorizaciones necesarios para realizar actividades en virtud de él.

Cláusula 28
Interpretación

La división del contrato en cláusulas y párrafos y los epígrafes que figuran en él obedecen únicamente al propósito de facilitar la referencia y no afectarán a su interpretación.

Cláusula 29
Documentos adicionales

Cada una de las partes en el presente contrato acepta firmar y entregar los demás instrumentos y realizar los demás actos que sean necesarios o convenientes para poner en vigor sus disposiciones.

II. RECOMENDACIONES Y PROCEDIMIENTOS

Autoridad Internacional de los Fondos Marinos

ISBA/19/LTC/8

 **Comisión Jurídica y Técnica**

Distr. general
1 de marzo de 2013
Español
Original: inglés

19º período de sesiones
Kingston (Jamaica)
15 a 26 de julio de 2013

Recomendaciones para información de los contratistas con respecto a la evaluación de los posibles efectos ambientales de la exploración de minerales marinos en la Zona

Publicadas por la Comisión Jurídica y Técnica

I. Introducción

1. En relación con la prospección y la exploración de minerales marinos, la Autoridad Internacional de los Fondos Marinos debe, entre otras cosas, dictar normas, reglamentos y procedimientos ambientales y los mantenerlos en examen periódico para asegurar que se proteja eficazmente el medio marino contra los efectos nocivos que puedan derivarse de las actividades en la Zona; además junto con los Estados patrocinadores, debe aplicar un criterio de precaución a esas actividades de acuerdo con las recomendaciones que haga la Comisión Jurídica y Técnica. Además, en todo contrato de exploración de minerales en la Zona se exige al contratista que obtenga datos de referencia oceanográficos y ambientales y establezca líneas de base para evaluar los efectos probables en el medio marino de su programa de actividades con arreglo al plan de trabajo para la exploración, y que elabore un programa para vigilar esos efectos y presentar informes al respecto. El contratista deberá cooperar con la Autoridad y el Estado o los Estados patrocinadores en la formulación y ejecución de esos programas de vigilancia. El contratista informará anualmente de los resultados de sus programas de vigilancia ambiental. Además, cuando se solicite la aprobación de un plan de trabajo para la exploración, todos los solicitantes deberán adjuntar, entre otras cosas, la descripción de un programa de estudios de referencia oceanográficos y ambientales de conformidad con los reglamentos pertinentes y con las normas, reglamentos y procedimientos ambientales dictados por la Autoridad, que permita evaluar los posibles efectos ambientales de las actividades de exploración propuestas, teniendo en cuenta las recomendaciones que formule la Comisión Jurídica y Técnica, así como una evaluación preliminar de los posibles efectos en el medio marino de las actividades de exploración propuestas.

2. La Comisión Jurídica y Técnica podrá formular recomendaciones periódicas de índole técnica o administrativa para ayudar a los contratistas a aplicar las normas, reglamentos y procedimientos de la Autoridad. De conformidad con lo dispuesto en el artículo 165, párrafo 2 e), de la Convención de las Naciones Unidas sobre el Derecho del Mar, de 1982, la Comisión también hará recomendaciones al Consejo acerca de la protección del medio marino, teniendo en cuenta las opiniones de expertos reconocidos en la materia.

3. Corresponde recordar que, en junio de 1998, la Autoridad organizó un seminario sobre la elaboración de directrices ambientales para la exploración de depósitos de nódulos polimetálicos. El resultado del seminario fue un proyecto de directrices para evaluar el posible impacto ambiental de la exploración de depósitos de nódulos polimetálicos en la Zona. En el seminario se señaló que se necesitaban métodos claros y uniformes de análisis del medio ambiente que se basaran en principios científicos aceptados y tuvieran en cuenta las limitaciones de carácter oceanográfico. Un año después de la aprobación del reglamento sobre prospección y exploración de nódulos polimetálicos en la Zona (ISBA/6/A/18), la Comisión Jurídica y Técnica publicó directrices en 2001 como documento ISBA/7/LTC/1/Rev.1** y luego las revisó en 2010 a la luz de la evolución de los conocimientos en la materia (véase ISBA/16/LTC/7). Tras la aprobación del reglamento sobre prospección y exploración de sulfuros polimetálicos en la Zona en 2010 (ISBA/16/A/12/Rev.1) y el reglamento sobre prospección y exploración de costras de ferromanganeso con alto contenido de cobalto en la Zona en 2012 (ISBA/18/A/11), se acordó que era necesario formular un conjunto de directrices ambientales que incluyese orientaciones para la exploración de sulfuros polimetálicos y de costras de ferromanganeso con alto contenido de cobalto.

4. Del 6 al 10 de septiembre de 2004, se celebró en Kingston un seminario sobre "Sulfuros polimetálicos y costras cobálticas: su medio y consideraciones para la elaboración de perfiles ambientales de referencia y un programa conexo de vigilancia de la explotación" en vista de la necesidad de formular principios de protección ambiental para las actividades de exploración de esos dos recursos. Las recomendaciones del seminario se basaron en los conocimientos científicos existentes acerca del medio marino y la tecnología que se usaría.

5. A menos que se indique otra cosa, las recomendaciones formuladas en el presente documento sobre la exploración y las pruebas de extracción se aplican a todos los tipos de depósitos. En algunos sitios, quizás no sea razonablemente factible poner en práctica algunas de las recomendaciones concretas. En ese caso, el contratista deberá presentar argumentos en ese sentido a la Autoridad, que podrá eximir al contratista del cumplimiento del requisito en cuestión, si corresponde.

6. La Comisión consideró que, habida cuenta de la naturaleza técnica de las recomendaciones y del escaso conocimiento que había acerca de las repercusiones de las actividades de exploración en el medio marino, era indispensable proporcionar un comentario explicativo en el anexo I de las recomendaciones. Ese comentario se complementa con un glosario de términos técnicos.

7. La naturaleza de las consideraciones ambientales referentes a los ensayos de extracción de minerales depende del tipo de tecnología que se emplee en ellos y de la escala de las operaciones (es decir, la cantidad de toneladas extraídas por año y por región). Se consideró que la remoción mecánica sin procesamiento inicial en el fondo marino sería la tecnología que más probablemente se utilizase, y es el método

de extracción de minerales que en el presente documento se supone que se empleará. Es probable que en futuras operaciones de minería se usen técnicas no consideradas acá. Dado que las recomendaciones recogidas en el presente documento se basan en los conocimientos científicos sobre el medio marino y en la tecnología existentes en el momento en que se elaboraron, es posible que haya que revisarlas más adelante teniendo en cuenta los progresos de la ciencia y la tecnología. De conformidad con cada conjunto de reglamentaciones, la Comisión Jurídica y Técnica puede examinar periódicamente las presentes recomendaciones a la luz de la información y los conocimientos científicos disponibles en el momento. Se recomienda que ese examen se lleve a cabo periódicamente y con intervalos de no más de cinco años. A fin de facilitarlo, se recomienda que la Autoridad organice seminarios con la frecuencia que corresponda y que se invite a participar en ellos a los integrantes de la Comisión, a los contratistas y a expertos científicos de reconocido prestigio.

8. Después de la aprobación del plan de trabajo para la exploración en forma de contrato y antes de iniciar las actividades de exploración, el contratista presentará a la Autoridad:

a) Una evaluación de los posibles efectos sobre el medio marino de todas las actividades propuestas, excluidas aquellas que la Comisión Jurídica y Técnica considere que no tienen ninguna posibilidad de causar efectos perjudiciales para el medio marino;

b) Una propuesta relativa a un programa de vigilancia para determinar los posibles efectos sobre el medio marino de las actividades propuestas; y verificar si se producen o no daños graves para el medio marino como resultado de la prospección y exploración de minerales;

c) Datos que puedan utilizarse para establecer una línea de base ambiental que permita evaluar los efectos de las actividades propuestas.

II. Ámbito de aplicación

A. Finalidad

9. En las presentes recomendaciones se describen los procedimientos que habrán de aplicarse para reunir datos de referencia, así como la labor de vigilancia que habrá de llevarse a cabo durante y después de la ejecución de actividades en la zona de exploración que puedan causar daños graves al medio marino. Los fines concretos de estas recomendaciones son los siguientes:

a) Definir los componentes biológicos, químicos, geológicos y físicos que habrán de medirse y los procedimientos que deberán aplicar los contratistas para garantizar la protección efectiva del medio marino contra los efectos nocivos que puedan derivarse de sus actividades en la Zona;

b) Facilitar la presentación de informes por los contratistas;

c) Orientar a los posibles contratistas en la elaboración de un plan de trabajo para la exploración de minerales marinos de conformidad con lo dispuesto en la Convención, en el Acuerdo de 1994 relativo a la aplicación de la Parte XI de la Convención de las Naciones Unidas sobre el Derecho del Mar y en los reglamentos pertinentes de la Autoridad.

B. Definiciones

10. Salvo que en el presente documento se indique otra cosa, los términos y expresiones definidos en cada conjunto de reglamentaciones tendrán el mismo sentido en estas recomendaciones. En el anexo II del presente documento figura un glosario de términos técnicos.

C. Estudios ambientales

11. En todo plan de trabajo para la exploración de minerales marinos se tendrán en cuenta las siguientes etapas de los estudios ambientales:

    a) Realización de estudios ambientales de referencia;

    b) Vigilancia para asegurar que no se produzcan daños graves al medio marino a causa de actividades efectuadas durante la prospección y exploración;

    c) Vigilancia durante y después de las pruebas de los sistemas y el equipo de recolección.

12. Los contratistas permitirán que la Autoridad envíe inspectores a bordo de los buques y las instalaciones que utilicen para realizar actividades de exploración en la Zona con el fin, entre otros, de vigilar los efectos de esas actividades sobre el medio marino.

III. Estudios ambientales de referencia

13. Es importante obtener suficiente información de la zona de exploración a fin de documentar las condiciones naturales existentes antes de las pruebas de extracción, comprender mejor procesos naturales como la dispersión y la sedimentación de partículas, así como la sucesión de la fauna bentónica, y recoger otros datos que permitan adquirir la capacidad necesaria para predecir con exactitud los efectos en el medio ambiente. Los efectos en el medio marino de procesos naturales que ocurren periódicamente pueden ser significativos pero no están bien cuantificados. Por lo tanto, es importante obtener la mayor cantidad de antecedentes que sea posible acerca de las reacciones naturales de las comunidades de las aguas superficiales y de profundidad intermedia y de los fondos marinos a la variabilidad ambiental natural.

Datos de referencia necesarios

14. A fin de establecer la línea de base ambiental de la zona de exploración que se exige en los reglamentos pertinentes, el contratista, utilizando la mejor tecnología disponible, incluido el Sistema de Información Geográfica, y métodos estadísticos eficaces para elaborar la estrategia de muestreo, reunirá datos con miras a establecer las condiciones de referencia de los parámetros físicos, químicos, biológicos y de otro tipo característicos de los sistemas que es probable que resulten afectados por las actividades de exploración y las posibles pruebas de extracción. Es indispensable contar con datos de referencia que demuestren cuáles son las condiciones naturales previas a las pruebas de extracción para poder determinar los cambios ocurridos

como consecuencia de las pruebas y para predecir el efecto de la explotación minera a escala comercial.

15. Para contar con los datos necesarios, se debe, entre otras cosas:

   a) En lo que respecta a la oceanografía física:

   i) Recoger información sobre las condiciones oceanográficas, en especial sobre los regímenes de corrientes, temperatura y turbidez en toda la columna hídrica y, en particular, cerca del fondo marino;

   ii) Adaptar el programa de medición a la geomorfología del fondo marino;

   iii) Adaptar el programa de medición a la actividad hidrodinámica regional en la superficie del mar, en la parte superior de la columna hídrica y en el fondo marino;

   iv) Medir los parámetros físicos a la profundidad en que sea probable que repercutan los penachos de descarga durante las pruebas de los sistemas y el equipo de recolección;

   v) Medir las concentraciones de partículas y su composición para determinar su distribución en la columna hídrica;

   b) En lo que respecta a la geología:

   i) Elaborar mapas regionales basados en el Sistema de Información Geográfica con batimetría de alta resolución para mostrar las principales características geológicas y geomorfológicas y reflejar así la heterogeneidad del medio; esos mapas deben prepararse a una escala adecuada en relación con los recursos y la variabilidad del hábitat;

   ii) Recoger información sobre los metales pesados y las trazas que pueden liberarse durante las pruebas de extracción y sus concentraciones;

   c) En lo que respecta a la oceanografía química:

   i) Recoger información sobre las propiedades químicas generales de la columna hídrica, incluida la capa de agua que cubre los recursos, en especial sobre los metales y otros elementos que podrían liberarse durante el proceso de extracción;

   ii) Recoger información sobre los metales pesados y las trazas que pueden liberarse durante las pruebas de extracción y sus concentraciones;

   iii) Determinar qué otros productos químicos se pueden liberar en el penacho de descarga después del procesamiento del recurso durante las pruebas de extracción;

   d) En lo que respecta a las propiedades del sedimento:

   i) Determinar las propiedades básicas del sedimento, incluida la medición de las propiedades mecánicas del suelo y su composición, para analizar con precisión los depósitos sedimentarios superficiales que son las posibles fuentes de los penachos a grandes profundidades;

   ii) Recoger muestras del sedimento teniendo en cuenta la variabilidad de los fondos marinos;

e) En lo que respecta a las comunidades biológicas, y con ayuda de mapas batimétricos de alta resolución para planificar una estrategia de muestreo biológico que tenga en cuenta la variabilidad del medio:

i) Recoger datos sobre las comunidades biológicas, tomando muestras de la fauna representativa de la variabilidad del hábitat, la topografía del fondo, la profundidad, las características del fondo marino y el sedimento y la abundancia y el recurso mineral que se contempla explotar;

ii) Recopilar datos sobre las comunidades que habitan en los fondos marinos, sobre todo la megafauna, la macrofauna, la meiofauna, la microfauna, los detritívoros demersales y la fauna vinculada directamente con el recurso, tanto en la zona de exploración como en las zonas en las que pueden repercutir las operaciones (por ejemplo, los penachos operacionales y de descarga);

iii) Analizar las comunidades pelágicas en la columna hídrica y en la capa bentónica limítrofe en las que pueden repercutir las operaciones (por ejemplo, los penachos operacionales y de descarga);

iv) Registrar los niveles de referencia de los metales que se encuentran en las especies dominantes que pueden liberarse durante la extracción;

v) Registrar los avistamientos de mamíferos marinos, otros animales grandes en aguas próximas a la superficie (como tortugas y cardúmenes) y grupos de aves y, en la medida de lo posible, identificar las especies correspondientes; se deben registrar detalles en los traslados hacia las zonas de exploración y desde ellas y en el tránsito entre estaciones; se debe evaluar la variabilidad temporal;

vi) Instalar por lo menos una estación dentro de cada región o tipo de hábitat, según proceda, para evaluar las variaciones temporales en las comunidades de la columna hídrica y los fondos marinos;

vii) Evaluar la distribución regional de las especies y la conectividad genética de las especies clave;

viii) Documentar *in situ* con fotografías la materia recogida (e indizarla contra imágenes de vídeo) de modo que se disponga de un archivo de datos sobre el contexto o el entorno de cada muestra;

f) En lo que respecta a la bioturbación: recopilar datos sobre la mezcla de sedimentos por los organismos, cuando corresponda;

g) En lo que respecta a la sedimentación: recopilar datos para series temporales sobre el flujo y la composición de los materiales desde la parte superior de la columna hídrica hasta los fondos marinos.

16. Además de un análisis de los datos, se deben ofrecer datos sin elaborar en formato electrónico con los informes anuales según se convenga con la secretaría. Esos datos se emplearán en la ordenación ambiental regional y para evaluar los efectos acumulativos.

IV. Evaluación de los efectos ambientales

17. Se debe utilizar la mejor tecnología y metodología de muestreo disponible a fin de obtener los datos de referencia para las evaluaciones de los efectos ambientales.

A. Actividades que no requieren una evaluación de los efectos ambientales

18. A juzgar por la información disponible, en la exploración actualmente se están usando varias tecnologías que, según se considera, no es probable que causen daños graves al medio marino y que, por ello, no requieren una evaluación de los efectos ambientales. Entre ellas figuran las siguientes:

   a) Observaciones y mediciones gravimétricas y magnetométricas;

   b) Trazado de imágenes y de perfiles acústicos o electromagnéticos de resistividad, autopotencial o polarización inducida en el fondo y el subsuelo marinos sin usar explosivos ni frecuencias que se sabe que afectan significativamente a la vida marina;

   c) Recogida de muestras de agua, biota, sedimentos y rocas para el estudio ambiental de referencia, lo cual incluye:

   i) Recogida de muestras de pequeñas cantidades de agua, sedimentos y biota (por ejemplo, con vehículos teledirigidos);

   ii) Recogida de muestras de minerales y rocas de alcance limitado, como las que se hacen con sacamuestras de pequeño tamaño o de cucharas o cangilones;

   iii) Recogida de muestras de sedimentos con sacatestigos de caja o de diámetro pequeño;

   d) Observaciones y mediciones meteorológicas, incluida la instalación de instrumentos (por ejemplo, amarrados);

   e) Observaciones y mediciones oceanográficas, en particular hidrográficas, incluida la instalación de instrumentos (por ejemplo, amarrados);

   f) Observaciones y mediciones con grabaciones de vídeo y cine y con fotografías;

   g) Análisis y ensayos con minerales a bordo de buques;

   h) Sistemas de localización, incluidos los transpondedores de fondo y las boyas de superficie y subsuperficie indicados en los avisos a los navegantes;

   i) Mediciones con sensores de penachos remolcados (análisis químicos, nefelómetros, fluorómetros, etc.);

   j) Mediciones metabólicas *in situ* de la fauna (por ejemplo, consumo de oxígeno del sedimento);

   k) Análisis de ADN de muestras biológicas;

l) Estudios con liberación de colorantes o trazadores, a menos que los exija la legislación nacional o internacional que rige las actividades de los buques de bandera.

B. Actividades que requieren una evaluación de los efectos ambientales

19. Es necesario realizar una evaluación previa de los efectos ambientales de las actividades que se indican a continuación y elaborar un programa de vigilancia ambiental que se aplique durante y después de la ejecución de la actividad en cuestión, conforme a las recomendaciones que figuran en los párrafos 29 y 30. Es importante señalar que los estudios de referencia, de vigilancia y de evaluación de los efectos serán, probablemente, los principales elementos utilizados en la evaluación de los efectos ambientales de la explotación comercial:

a) Recogida de muestras para realizar estudios en tierra firme sobre la extracción y el procesamiento, si la zona en que se realiza la actividad de muestreo supera el límite estipulado en las orientaciones específicas dadas a los contratistas respecto de los distintos recursos minerales, según lo indicado en la sección IV.F *infra*;

b) Utilización de sistemas para crear perturbaciones artificiales en el fondo marino;

c) Prueba de los sistemas y el equipo de recolección;

d) Perforaciones con equipo de perforación a bordo;

e) Recogida de muestras de rocas;

f) Recogida de muestras con trineos epibentónicos, dragas o aparatos de arrastre, salvo que esté permitida para zonas menos extensas que la estipulada en las orientaciones específicas dadas a los contratistas respecto de los distintos recursos minerales, según lo indicado en la sección IV.F *infra*.

20. El contratista presentará al Secretario General la evaluación previa de los efectos ambientales y la información que se menciona en la recomendación que figura en el párrafo 27, así como el correspondiente programa de vigilancia ambiental, con al menos un año de antelación respecto del inicio de la actividad y por lo menos tres meses antes del período anual de sesiones de la Autoridad.

21. Se necesitan datos de vigilancia ambiental antes, durante y después de las pruebas de extracción en el lugar en que esta tiene lugar y en lugares de referencia comparables (elegidos de acuerdo con sus características ambientales y la composición de su fauna). La evaluación de los efectos se debe basar en un programa de vigilancia correctamente concebido que permita detectar repercusiones en distintos momentos y lugares y que proporcione datos estadísticamente justificables.

22. Se prevé que las mayores repercusiones ambientales se producirán en el fondo marino. Es posible que haya otras repercusiones en la profundidad en que se descarguen los desechos y en la columna hídrica. La evaluación del impacto debe abarcar los efectos para el ambiente bentónico, la capa bentónica limítrofe y el ambiente pelágico. La evaluación debe comprender no solo las zonas directamente afectadas por la extracción de minerales sino también la región más extensa en que

repercuten los penachos cerca del fondo marino, el penacho de descarga y el material liberado por el transporte de los minerales a la superficie del océano, dependiendo de la tecnología que se emplee.

23. Los contratistas podrán efectuar pruebas de extracción individualmente o en colaboración con otros. En un ensayo, se han de montar todos los componentes del sistema de extracción y se ejecutará todo el proceso de extracción experimental, de elevación de los minerales a la superficie del océano y de descarga de los desechos. A los fines de las evaluaciones de los efectos ambientales, esta etapa de ensayo se debe vigilar estrictamente, al igual que las pruebas de todos los componentes del proceso de extracción experimental. Cuando ya se hayan realizado pruebas de extracción, aunque hayan sido hechas por otro contratista, el conocimiento adquirido en ellas se debe utilizar cuando sea posible, para tener la seguridad de que con nuevas investigaciones se solucionarán las cuestiones aún no resueltas.

24. La vigilancia de las pruebas de extracción ha de permitir prever los efectos esperables del desarrollo y la aplicación de sistemas comerciales.

25. Los penachos de descarga en las aguas de superficie pueden interferir con la productividad primaria aumentando los niveles de los nutrientes y reduciendo la penetración de luz en el océano. La introducción de agua fría de profundidad también alterará la temperatura en la superficie en algunos lugares y liberará dióxido de carbono en la atmósfera. Antes de llevar a la superficie grandes volúmenes de agua de profundidad durante una prueba de extracción, es necesario hacer una evaluación de los efectos ambientales, porque los cambios del medio pueden modificar las cadenas tróficas, perturbar las migraciones verticales y de otro tipo y dar lugar a cambios de las características geoquímicas de una zona de oxígeno mínimo, si existe. Dado que el tamaño de las zonas de oxígeno mínimo varía de una región a otra y también en cierta medida de una estación a otra, los estudios ambientales deberán determinar el gradiente de profundidad de la capa de oxígeno mínimo en todos los lugares en que se hagan pruebas de extracción.

C. Información que debe proporcionar el contratista

26. El contratista deberá presentar a la Autoridad una descripción general y un calendario del programa propuesto de exploración, incluido el programa de trabajo para el período quinquenal inmediato, con indicación, por ejemplo, de los estudios que se harán acerca de los factores ambientales, técnicos y económicos y otros factores pertinentes que se han de tener en cuenta durante las pruebas de extracción. Esta descripción general incluirá lo siguiente:

   a) Un programa de estudios oceanográficos y ambientales de referencia de conformidad con el conjunto correspondiente de reglamentaciones y cualesquiera normas y procedimientos ambientales publicados por la Autoridad que permitan evaluar los posibles efectos para el medio ambiente de las actividades de exploración propuestas, teniendo en cuenta las directrices publicadas por la Autoridad;

   b) Las medidas propuestas para la prevención, la reducción y el control de la contaminación, otros riesgos y posibles efectos para el medio marino;

   c) Una evaluación preliminar de los posibles efectos de las actividades de exploración propuestas sobre el medio marino;

d) La delineación de las zonas de referencia para los efectos y de las zonas de referencia para la preservación. La zona de referencia para los efectos debe ser representativa del lugar donde se hará la extracción, desde el punto de vista de las características ambientales y la biota. La zona de referencia para la preservación debe estar en un lugar elegido cuidadosamente y ser suficientemente extensa como para no resultar afectada por las actividades de extracción, incluidos los efectos de los penachos operacionales y de descarga. El lugar de referencia será importante para determinar las variaciones naturales de las condiciones del medio ambiente. Tiene que incluir especies cuya composición sea comparable a la de la zona donde se hagan las pruebas de extracción.

27. El contratista proporcionará al Secretario General la totalidad o parte de la información siguiente, dependiendo de la actividad concreta que se ejecute:

a) Tamaño, forma, tonelaje y calidad del depósito;

b) Técnica de recolección del mineral (dragado mecánico pasivo o activo, succión hidráulica, desprendimiento mediante chorros de agua, etc.);

c) Profundidad de penetración en el fondo marino;

d) Mecanismos de desplazamiento (esquíes, ruedas, vehículos oruga, tornillos de Arquímedes, placas de apoyo, cojines de agua, etc.) que entren en contacto con el fondo marino;

e) Métodos para separar el recurso mineral del sedimento en el fondo marino, incluido el lavado de los minerales; la concentración y composición del sedimento mezclado con agua en el penacho operacional creado en el fondo marino; la altura de las descargas con respecto al fondo marino; la construcción de modelos de la dispersión de las partículas según su tamaño y de su sedimentación, y estimaciones de la profundidad a la cual el sedimento causa asfixia de organismos a distintas distancias del lugar de extracción;

f) Métodos de procesamiento en el fondo marino;

g) Métodos de trituración de los minerales;

h) Métodos de transporte del material a la superficie;

i) Separación del recurso mineral de los finos y del sedimento en el buque de superficie;

j) Métodos para tratar el sedimento y los finos procedentes de la abrasión;

k) Volumen y profundidad del penacho de descarga, concentración y composición de las partículas en el agua descargada y propiedades químicas y físicas de la descarga;

l) Procesamiento del recurso mineral en el buque de superficie;

m) Lugar donde se hará la prueba de extracción y límites de la zona de pruebas;

n) Duración probable de las pruebas;

o) Planes de las pruebas (manera de llevar a cabo la recolección, zona que sufrirá perturbaciones, etc.);

p) Mapas de referencia (por ejemplo, sonar de escaneo lateral, batimetría de alta resolución) de los depósitos que se recogerán;

q) Situación de los datos de referencia sobre el medio ambiente regionales y locales.

28. Cada contratista deberá incluir en el programa de una actividad específica una enumeración de los sucesos que pueden provocar la suspensión o modificación de las actividades debido a daños graves al medio ambiente si los efectos de esos sucesos no pueden mitigarse en forma adecuada.

D. Observaciones y mediciones que habrán de hacerse mientras se ejecuta una actividad concreta

29. El contratista proporcionará al Secretario General la totalidad o parte de la información siguiente, dependiendo de la actividad concreta que se ejecute:

a) Anchura, longitud y recorrido de las pistas de recolección en el fondo marino;

b) Profundidad de penetración en el sedimento o la roca y perturbaciones laterales provocadas por el colector;

c) Volumen y tipo del material recogido por el colector;

d) Proporción del sedimento que se separe de la fuente del mineral en el colector, volumen y dimensiones máxima y mínima del material que deseche el colector, tamaño y configuración geométrica del penacho operacional en el fondo marino, trayectoria y dispersión espacial del penacho operacional en relación con las dimensiones de las partículas que contiene;

e) Superficie y espesor de la sedimentación procedente del penacho operacional y distancia en que la sedimentación es insignificante;

f) Volumen del penacho de descarga procedente del buque de superficie, concentración y composición de las partículas en el agua descargada, propiedades químicas y físicas de la descarga, comportamiento del penacho de descarga en la superficie, a profundidad media o en el fondo marino, según corresponda.

E. Observaciones y mediciones que habrán de hacerse después de ejecutada una actividad concreta

30. El contratista proporcionará al Secretario General la totalidad o parte de la información siguiente, dependiendo de la actividad concreta que se ejecute:

a) Espesor del sedimento redepositado y los escombros rocosos en la zona afectada por el penacho operacional causado por las pruebas de extracción y por el penacho de descarga;

b) Abundancia y diversidad de las comunidades bentónicas y cambios en el comportamiento de las principales especies afectadas por asfixia por sedimentación;

c) Cambios en la distribución, abundancia y diversidad de las comunidades bentónicas en la zona de extracción, incluidos los niveles de recolonización;

d) Posibles cambios que experimenten las comunidades bentónicas de las zonas adyacentes que no se prevé que sean perturbadas por la actividad, incluidos los penachos operacionales y de descarga;

e) Cambios en las propiedades del agua al nivel del penacho de descarga durante la prueba de extracción y cambios en el comportamiento de la fauna en el penacho de descarga y debajo de él;

f) Para los depósitos minerales, mapas posteriores a la prueba de extracción de la zona donde esta se haya hecho que indiquen los cambios en la geomorfología;

g) Nivel de los metales que se encuentren en la fauna bentónica dominante afectada por los sedimentos reasentados procedentes de los penachos operacionales y de descarga;

h) Obtención de muestras nuevas de datos de referencia sobre el medio ambiente local en la zona de referencia y en la zona de pruebas y evaluación de los efectos ambientales;

i) Cambios en el flujo de líquidos y respuesta de los organismos a los cambios en las condiciones hidrotermales, si corresponde;

j) Cambios en las corrientes de agua y en la respuesta de los organismos a los cambios en la circulación.

F. Requisitos adicionales específicos para distintos tipos de recursos

Nódulos polimetálicos

31. Aparte de la información indicada precedentemente, la información siguiente se refiere concretamente a los nódulos polimetálicos: se necesita una evaluación de los efectos para el medio ambiente respecto de toda obtención de muestras con trineos epibentónicos, dragas o aparatos de arrastre o técnicas similares que abarque más de 10.000 m^2.

Sulfuros polimetálicos

32. Aparte de la información indicada precedentemente, la información siguiente se refiere concretamente a los sulfuros polimetálicos:

a) Se deben registrar todas las modificaciones de la descarga de líquidos en distintas condiciones hidrotermales y de la fauna correspondiente (empleando documentación fotográfica, mediciones de temperatura y otros indicadores, según sea conveniente);

b) Para los depósitos de sulfuros activos, se deben analizar las relaciones entre la temperatura y la fauna (por ejemplo, entre 5 y 10 mediciones de temperatura distintas, documentadas con vídeo, dentro de cada subhábitat);

c) Se deben confeccionar mapas que muestren la presencia de taxones importantes, incluidas las comunidades quimiosintéticas localizadas especiales, y se debe determinar su posición en relación con posibles lugares de extracción dentro de un radio de 10 km desde el lugar propuesto para la extracción;

d) La estructura y la biomasa de las comunidades de la meiofauna y los microbios propias de los depósitos de sulfuros polimetálicos se deben estudiar usando muestras obtenidas dragando y perforando la roca o usando vehículos teledirigidos y sumergibles, cuando sea posible. Se debe sacar una cantidad estadísticamente justificable de muestras de sulfuros polimetálicos, en las que se deben identificar las especies que viven en la roca o en las grietas y agujeros del depósito;

e) Se deben reunir ejemplares de la fauna usando técnicas de muestreo de precisión mediante vehículos teledirigidos y sumergibles en los distintos subhábitats y se deben conservar en cajas de muestras separadas;

f) Se deben determinar la abundancia y la cobertura de los taxones dominantes en cada subhábitat.

Costras de ferromanganeso con alto contenido de cobalto

33. Aparte de la información indicada precedentemente, la información siguiente se refiere concretamente a las costras de ferromanganeso con alto contenido de cobalto:

a) Las comunidades vinculadas con las costras de ferromanganeso con alto contenido de cobalto pueden tener una distribución muy localizada. Por lo tanto, las muestras biológicas deben estratificarse de acuerdo con el tipo de hábitat, que quedará definido por la topografía (por ejemplo, la cumbre, la ladera y la base de los montes submarinos), la hidrografía, el régimen de las corrientes, la megafauna predominante (por ejemplo, barreras de coral), el contenido de oxígeno del agua (si la capa de oxígeno mínimo toca el accidente de que se trata) y posiblemente también por la profundidad. Se deben tomar muestras biológicas repetidas usando técnicas adecuadas de muestreo en cada subhábitat;

b) En la medida de lo posible, se deben obtener muestras biológicas para un subconjunto representativo de todas las características de posible interés para la minería dentro de cada zona reclamada, a fin de contar con un cuadro de la distribución de la comunidad dentro de esa zona;

c) Se deben tomar imágenes fotográficas o de vídeo transversales para determinar el tipo de hábitat, la estructura de las comunidades y las asociaciones de la megafauna con tipos específicos de sustratos. La abundancia, la cubierta porcentual y la diversidad de la megafauna se deben determinar inicialmente con base en por lo menos cuatro tomas. Las imágenes deben ir desde un punto situado sobre el fondo plano del mar a 100 m o más de la base del monte submarino, subir por la ladera del monte y llegar hasta la cumbre. Quizás se necesiten muestras más limitadas para los accidentes más grandes del monte. Se deben hacer más tomas transversales en las zonas donde hay costras que pueden ser de interés para hacer pruebas de extracción;

d) Se recomienda sacar con vehículos teledirigidos o sumergibles una cantidad estadísticamente justificable de muestras repetidas por estrato para recoger especímenes y evaluar la variedad de especies;

e) Antes de las pruebas de extracción, se deben estudiar los peces demersales y otros componentes del necton que viven por encima del fondo marino, usando tomas transversales fotográficas y de vídeo sacadas con cámaras de arrastre programadas para funcionar en momentos predeterminados, o con observaciones y fotografías obtenidas con sumergibles y vehículos teledirigidos. Los montes submarinos pueden ser ecosistemas importantes con una variedad de hábitats para distintas especies de peces que se congregan allí para desovar o alimentarse. Las pruebas de extracción pueden afectar el comportamiento de los peces;

f) La estructura y la biomasa de las comunidades de la meiofauna y los microbios propias de las costras de ferromanganeso con alto contenido de cobalto se deben estudiar usando muestras obtenidas con vehículos teledirigidos y sumergibles. Se debe sacar una cantidad estadísticamente justificable de muestras de costras de ferromanganeso con alto contenido de cobalto, en las que se deben identificar las especies que viven en la roca o en las grietas y agujeros de las costras.

V. Protocolo de reunión, comunicación y archivo de datos

A. Reunión y análisis de datos

34. Los tipos de datos que habrán de obtenerse, la frecuencia con que habrá que recogerlos y las técnicas analíticas empleadas de conformidad con las presentes recomendaciones deberán ajustarse a la mejor metodología disponible y utilizar un sistema de control de calidad internacional y procedimientos y laboratorios certificados.

B. Sistema de archivo y recuperación de datos

35. En el plazo máximo de un año a partir de la finalización de una expedición, se debe presentar a la secretaría de la Autoridad un informe sobre la expedición con listas de estaciones y de actividades y otros metadatos pertinentes.

36. El contratista debe proporcionar a la Autoridad todos los datos pertinentes, las descripciones de los datos y los inventarios, incluidos datos sin elaborar sobre el medio ambiente en el formato en que se convenga con la Autoridad. Los datos y la información necesarios para que la Autoridad formule normas, reglamentos y procedimientos sobre la protección y preservación del medio marino y su seguridad que no sean datos relativos al diseño del equipo que estén protegidos por derechos de propiedad intelectual (incluidos los datos hidrográficos, químicos y biológicos) deben estar libremente disponibles para hacer análisis científicos a más tardar cuatro años después de la finalización de la expedición. Se debe publicar en la web un inventario de los datos con que cuenta cada contratista. Junto con los datos propiamente dichos, se deben facilitar metadatos sobre las técnicas analíticas, los análisis de error, las descripciones de fallos, las técnicas y tecnologías que se deben evitar, comentarios sobre la suficiencia de los datos y otros elementos descriptivos pertinentes.

C. Presentación de informes

37. Se presentarán periódicamente a la Autoridad informes con una evaluación e interpretación de los resultados de las actividades de vigilancia, junto con los datos sin elaborar, en el formato prescrito.

D. Transmisión de datos

38. Todos los datos relativos a la protección y preservación del medio marino, con excepción de los datos relativos al diseño del equipo, que se hayan reunido en cumplimiento de las recomendaciones que figuran en los párrafos 29 y 30 deberán transmitirse al Secretario General, que les dará libre distribución con fines de análisis e investigación científicos dentro de un plazo de cuatro años desde la conclusión de la expedición, con sujeción a los requisitos de confidencialidad previstos en el reglamento pertinente.

39. El contratista transmitirá al Secretario General todos los demás datos no confidenciales que obren en su poder y que puedan ser importantes para proteger y preservar el medio marino.

VI. Cooperación en materia de investigación y recomendaciones para colmar lagunas en los conocimientos

40. La cooperación en materia de investigación puede proporcionar datos adicionales para la protección del medio marino y ofrecer una buena relación costo-eficacia a los contratistas.

41. La interacción entre múltiples disciplinas oceanográficas y múltiples instituciones puede ser útil para colmar lagunas en los conocimientos que resulten del hecho de que los contratistas trabajan de manera individual. La Autoridad puede prestar apoyo a la coordinación y difusión de los resultados de tales investigaciones, de conformidad con la Convención. La Autoridad debe prestar asesoramiento a los contratistas de minería para definir oportunidades de cooperación en materia de investigación, pero los contratistas deben tratar de establecer sus propios vínculos con instituciones académicas y otros grupos profesionales.

42. Los programas de cooperación en el campo de la investigación pueden ser especialmente útiles para combinar los recursos técnicos, las instalaciones de investigación, la capacidad logística y los intereses comunes de las empresas mineras y de las instituciones y los organismos de cooperación. De esta forma, los contratistas pueden aprovechar al máximo recursos de investigación en gran escala, como buques, vehículos submarinos autónomos y vehículos teledirigidos, y la capacidad técnica en geología, ecología, química y oceanografía física de las instituciones académicas.

43. Para responder algunas preguntas acerca de los efectos ambientales de la extracción de minerales, habrá que hacer experimentos, observaciones y mediciones especiales. No es necesario que todos los contratistas hagan los mismos estudios. La repetición de algunos experimentos o de estudios sobre los efectos no mejorará necesariamente los conocimientos científicos ni las evaluaciones de los efectos, pero podrá implicar un derroche de recursos financieros, humanos y tecnológicos. Se alienta a los contratistas a que consideren las posibilidades existentes para aunar sus esfuerzos de cooperación en materia de estudios oceanográficos internacionales.

Anexo I

Comentario explicativo

1. Las presentes recomendaciones tienen por objeto definir la información oceanográfica biológica, química, geológica y física necesaria para asegurar la protección eficaz del medio marino frente a los efectos nocivos que puedan tener las actividades en la Zona. Las recomendaciones, asimismo, imparten orientación a los posibles contratistas respecto de la preparación de los planes de trabajo para la exploración de minerales marinos.

2. Un plan de trabajo para la exploración debe incluir actividades que se conformen a los requisitos ambientales siguientes, con objeto de:

    a) Realizar un estudio de referencia ambiental que permita comparar tanto el cambio natural como los efectos causados por las actividades mineras;

    b) Describir métodos para la vigilancia y evaluación de los efectos sobre el medio marino de la extracción de minerales en el medio marino;

    c) Suministrar datos con destino a la evaluación de impacto ambiental requerida para un contrato de explotación de minerales marinos en la Zona, incluida la designación de zonas de referencia para los efectos y para la preservación;

    d) Suministrar datos para la ordenación regional de la exploración y explotación de recursos, la conservación de la biodiversidad y la recolonización de zonas afectadas por la minería de los fondos marinos; y

    e) Establecer procedimientos para demostrar que no se ha causado ningún daño grave al medio ambiente de resultas de la exploración de minerales marinos.

3. Sobre la base de las metodologías actuales propuestas, se estima que los principales efectos se producirán en el fondo marino. También puede haber otros efectos causados por el procesamiento a bordo del buque minero y por el penacho de descarga o de resultas de las diferentes tecnologías que se utilicen.

4. En el fondo marino, el equipo de minería agitará y removerá el fondo marino (roca, nódulos y sedimentos) creando un penacho operacional de materia particulada cerca del fondo; en algunos casos podría descargar productos químicos nocivos, que afecten a la vida marina. Será necesario mitigar la pérdida de sustrato, proveer a la recolonización natural del fondo marino y formular métodos que reduzcan al mínimo los efectos en el espacio y el tiempo debidos a la alteración directa del fondo marino y a la materia transportada en el penacho operacional y depositada por este.

5. El procesamiento de lodos minerales en la superficie del mar a bordo del buque minero traerá a la superficie grandes volúmenes de agua fría, de alto contenido de nutrientes, sobresaturada de dióxido de carbono y cargada de partículas, que se debe controlar cuidadosamente a fin de no alterar los ecosistemas de la superficie marina y permitir la desgasificación de gases que influyen en el clima y la liberación de los metales y compuestos nocivos producidos por el proceso de extracción, en particular en relación con las fases de minerales reducidos, tales como sulfuros. Se deben evaluar los productos químicos añadidos para separar las fases minerales de los materiales y aguas de desecho para determinar si pueden producir efectos nocivos.

6. Se debe controlar el penacho de descarga para limitar efectos ambientales nocivos. La descarga en la superficie marina puede introducir aguas cargadas de partículas en aguas oligotróficas de contenido limitado de partículas, obstruyendo así la penetración de la luz, alterando la temperatura del mar e introduciendo niveles elevados de nutrientes en regiones pobres en nutrientes, con efectos significativos sobre la composición de especies de los productores primarios y el ecosistema pelágico. La descarga dentro de las aguas más profundas de la zona o zonas de oxígeno mínimo puede desencadenar la liberación de metales bioactivos nocivos, en tanto la descarga a profundidades aún mayores puede introducir agua de alto contenido de partículas en comunidades pelágicas dispersas, pero generalmente diversas. La descarga en el fondo marino se sumaría al penacho operacional con agua más caliente y partículas más finas.

7. Los requisitos relativos a los datos de referencia abarcan siete categorías: oceanografía física, geología, química y geoquímica, comunidades biológicas, propiedades de los sedimentos, bioturbación y sedimentación.

8. Se necesitan datos oceanográficos físicos, por un lado, para estimar la posible influencia de los penachos operacionales y de descarga y, por el otro, junto con información sobre la geomorfología del fondo marino, para predecir la posible distribución de especies. Se necesita información sobre las corrientes, la temperatura y la turbidez en la superficie del mar, en aguas de profundidad media y en la capa bentónica limítrofe que recubre el fondo marino.

9. En la profundidad propuesta del penacho de descarga se precisan mediciones de las corrientes y de la materia particulada para predecir el comportamiento del penacho de descarga y evaluar las cargas naturales de partículas en el agua.

10. La estructura oceanográfica de la columna de agua se mide con sistemas de conductividad-temperatura-profundidad. Se necesita conocer la variación temporal en la estructura física del agua superficial. Se deben realizar perfiles y secciones de conductividad-temperatura-profundidad desde la superficie del mar hasta el fondo marino, a fin de caracterizar la estratificación de toda la columna de agua. Las estructuras de corrientes y temperaturas se pueden inferir de los datos de boyas obtenidos en largos plazos y de mediciones complementarias con perfiladores acústicos de corriente Doppler. Para obtener información espacial y temporal, se pueden utilizar sistemas remotos como los vehículos submarinos autónomos o los planeadores submarinos. El número y el emplazamiento de las boyas deben estar en consonancia con la dimensión de la zona, a fin de que se pueda caracterizar adecuadamente el régimen de las corrientes, en particular en zonas de geomorfología compleja. La resolución del muestreo recomendada se basa en las normas del Experimento Mundial sobre la Circulación Oceánica y del Proyecto sobre la variabilidad y previsibilidad del clima, con una distancia entre estaciones no superior a 50 km. En regiones con grandes gradientes laterales (por ejemplo, en corrientes limítrofes y cerca de grandes estructuras geomorfológicas), se debería reducir el espaciamiento del muestreo horizontal a fin de permitir la resolución de los gradientes. El número de medidores de corriente en cada boya dependerá de las escalas topográficas típicas de la zona que se estudie (es decir, de las diferencias de altitud con respecto al fondo). Se recomienda que el emplazamiento del medidor más profundo esté lo más cerca posible del fondo marino, normalmente a una distancia de entre 1 m y 3 m. El medidor de corrientes superiores debiera situarse por encima del accidente más elevado de la topografía aplicando una proporción de 1,2 a 2. Además,

las cotas básicas de profundidad de los medidores de corrientes deben ser de 10 m, 20 m, 50 m, 100 m y 200 m sobre el fondo marino.

11. Se recomienda realizar un análisis de datos satelitales para informarse de la actividad superficial de la zona a escala sinóptica y para los fenómenos de mayor escala.

12. La estructura de la columna hídrica se debe determinar mediante un perfil continuo o con muestras de la columna. Para las muestras, las mediciones de las propiedades del agua en el plano vertical no deben hacerse a distancias mayores de 100 m. La resolución debiera ser mayor en las regiones de alto gradiente (por ejemplo, para localizar y cuantificar los límites de las zonas de oxígeno mínimo). Para los parámetros sin gradientes horizontales significativos, se considera adecuada la determinación de las amplitudes de referencia (por ejemplo, las desviaciones medias y típicas). Para los parámetros con una estructura espacial significativa (gradientes, extremos), la resolución de muestreo debe permitir la caracterización de la estructura oceanográfica física de la zona. Debido a la marcada influencia de la topografía en las escalas espaciales de las características oceánicas, se estima que se necesitará un plan de reconocimiento en el cual la distancia entre estaciones dependa de las escalas geomorfológicas locales (por ejemplo, se requerirá una resolución mayor en zonas con pendientes empinadas).

13. La recopilación de datos de referencia sobre la segunda categoría citada (oceanografía química) responde a la necesidad concreta de recoger información antes de que se produzca una descarga en la columna de agua o en el fondo marino. Los datos que se reúnan serán importantes para determinar la posible influencia de la actividad minera, incluidas las pruebas de extracción sobre la composición del agua (por ejemplo, las concentraciones de metales) y sobre los procesos de los ecosistemas (actividad biológica). Las muestras se deben tomar en los mismos emplazamientos en que se efectúen las mediciones de la oceanografía física. Se deben analizar químicamente, cuando sea posible, el agua que cubre los nódulos y el agua intersticial en los sedimentos para evaluar los procesos de intercambio químico entre el sedimento y la columna hídrica. Los parámetros químicos que han de medirse y los protocolos recomendados figuran en el capítulo 23 del informe de la Autoridad titulado *Standardization of Environmental Data and Information: development of guidelines*. En el cuadro 3 de ese mismo informe se enumeran los parámetros específicos que deben, como mínimo, medirse (fosfato, nitrato, nitrito, silicato, alcalinidad del carbonato, oxígeno, zinc, cadmio, plomo, cobre, mercurio y carbono orgánico total). Una vez que se conozcan los detalles de las técnicas que se han de utilizar en las pruebas de extracción de minerales, las listas de parámetros deberían ampliarse para incluir toda sustancia potencialmente peligrosa que pudiera liberarse en la columna de agua en el curso de dichas pruebas. Todas las mediciones deben ser precisas y ajustarse a normas científicas aceptadas (por ejemplo, los protocolos del Proyecto sobre la variabilidad y previsibilidad del clima y del programa GEOTRACES).

14. Para poder analizar posteriormente otros parámetros, deberían tomarse muestras de agua adecuadas para el análisis de materia disuelta y particulada, que deberían conservarse en un depósito accesible para futuros estudios.

15. En el programa de medición sobre el terreno también hay que tener en cuenta los perfiles verticales y la variación temporal.

16. Un plan general para la obtención de datos oceanográficos físicos y químicos de referencia incluye los siguientes aspectos:

a) La recogida de datos hidrográficos y de transmisión de la luz de la columna hídrica, con resolución suficiente para determinar los patrones predominantes, teniendo en cuenta las características geomorfológicas y topográficas del fondo marino en la zona de exploración, cuando proceda;

b) La compilación de datos adecuados para evaluar el potencial de dispersión horizontal y vertical de la materia disuelta y particulada por advección y por turbulencia en las escalas temporales y espaciales pertinentes desde el punto de vista ambiental;

c) La elaboración y validación de un modelo numérico de circulación que abarque las escalas temporales y espaciales importantes para la dispersión, así como la realización de experimentos, por ejemplo, para investigar el posible efecto de vertimientos accidentales.

17. Independientemente de las técnicas de extracción que se empleen, cabe esperar que en las cercanías de los depósitos donde se efectúan operaciones de extracción, en las tuberías de transporte y en el procesamiento en la superficie marina se libere una cierta cantidad de subproductos en forma de partículas o sustancias disueltas en la columna de agua. También cabe esperar que, con las técnicas de exploración y los métodos para las pruebas de extracción que actualmente se proponen, los principales subproductos generados por esas actividades sean partículas creadas por la desintegración mecánica de los minerales extraídos. Si bien se estima que las empresas mineras reducirán en la mayor medida posible la pérdida de minerales de valor económico, no parece realista suponer que no habrá ninguna pérdida. Como se desconoce la amplitud de tamaños de las partículas, se parte del supuesto de que los productos secundarios de las pruebas de extracción de minerales incluirán partículas muy pequeñas que pueden permanecer en suspensión durante meses. Tampoco se puede descartar la posibilidad de que se introduzcan sustancias tóxicas. Si bien los metales ligados no están biológicamente disponibles, en determinadas condiciones ambientales (por ejemplo, pH bajo, incluso en vísceras de la fauna marina y zonas de oxígeno mínimo de la columna de agua) puede haber una disolución de metales, con la consiguiente toxicidad. Entre otros ejemplos cabe mencionar el vertimiento accidental o deliberado de sustancias químicas durante la exploración y las pruebas de extracción. Uno de los principales objetivos de la reunión de datos físicos de referencia es determinar el potencial de dispersión, tanto de las partículas como de las sustancias disueltas. También es necesario conocer el potencial de dispersión para vigilar y atenuar los efectos de vertimientos accidentales durante las pruebas de extracción. Se debe evaluar el potencial de dispersión en las cercanías de los posibles lugares de extracción, incluso cuando el objetivo del diseño de la tecnología utilizada abarque evitar la descarga en el medio ambiente de subproductos derivados de las pruebas de extracción.

18. Respecto de cada subproducto derivado de las pruebas de extracción de minerales se debe modelizar la escala temporal en la que dicho subproducto tenga un efecto ambiental significativo. Si esas escalas temporales dependen de la dilución, en la evaluación de la dispersión se ha de incluir la determinación de las tasas de difusión vertical y horizontal cerca del lugar elegido. El potencial de dispersión debe evaluarse con arreglo a escalas temporales que abarquen desde las frecuencias de las mareas hasta la mayor de esas escalas temporales de efectos

ambientales. Por lo general, la evaluación del potencial de dispersión en fondos abisales requiere una vigilancia a largo plazo. Incluso para determinar las direcciones y velocidades del caudal medio de las corrientes en las profundidades marinas puede ser necesario obtener mediciones de las corrientes durante varios años. Evaluar la dispersión por turbulencia resulta difícil y, por lo general, requiere la aplicación de técnicas de Lagrange, como flotadores equilibrados o experimentos de dispersión de colorantes. Por esos motivos, se recomienda que la evaluación del potencial de dispersión a escala regional en diferentes niveles de la columna de agua comience en las primeras etapas de la exploración. Quizás resulte posible evaluar la dispersión cerca de la superficie y cerca de los 1.000 m a partir de los datos disponibles (flotadores de superficie y flotadores de la Red de Oceanografía Geostrófica en Tiempo Real, respectivamente). Antes de que comiencen las pruebas de extracción, es preciso evaluar el potencial de dispersión en todos los niveles en los lugares en los que se puedan descargar subproductos tóxicos en la columna de agua debido a dichas pruebas, así como en los lugares en que pueda haber vertimientos accidentales. La resolución vertical necesaria dependerá del régimen dinámico de la región (cizalladura vertical de las corrientes horizontales), pero se prevé que será necesario tomar muestras como mínimo en tres niveles (cerca de la superficie, a una profundidad media y cerca del fondo). En particular, se deben obtener datos de resolución temporal y espacial del flujo cerca de los fondos marinos (por ejemplo, utilizando mediciones obtenidas con un trazador acústico Doppler de perfiles de corriente montado en el fondo marino y muestras suficientes para determinar los flujos de marea predominantes). En regiones de relieve geomorfológico cerca del lugar donde se efectúen las pruebas de extracción se debieran aumentar las resoluciones horizontales y verticales para poder determinar las estructuras dinámicas predominantes vinculadas con la geomorfología de los fondos abisales (corrientes limítrofes, remolinos interceptados, desbordes, etc.).

19. Cerca de los campos de respiraderos hidrotermales activos muchas veces se puede obtener información útil y de primer orden sobre la dispersión al nivel de los penachos equilibrados a partir de observaciones hidrográficas, químicas y ópticas. La interpretación de las observaciones de la dispersión de los penachos, en lo que respecta al potencial de dispersión de los subproductos de la extracción, se ve complicada por una serie de factores, entre ellos: que se tiene un conocimiento exiguo de las características temporales y espaciales de las fuentes hidrotermales; que los penachos hidrotermales se dispersan en su punto de equilibrio, que depende tanto de la fuente como de las características del entorno; y que no se puede controlar la composición de las partículas de los penachos (y, por ende, tampoco la velocidad de asentamiento). No obstante, cuando esos penachos ocurren en las cercanías de un recurso mineral, se estima que las observaciones de la dispersión de los penachos hidrotermales resultarán útiles, en particular para planificar estudios controlados de seguimiento de la dispersión. A fin de completar una evaluación del potencial de dispersión, se debe elaborar un modelo numérico hidrodinámico tridimensional que abarque las escalas temporales y espaciales importantes para la dispersión.

20. El contratista debería utilizar un modelo que los expertos en modelización oceánica consideren adecuado para los estudios de dispersión cerca de los fondos marinos; no se considerarán adecuados los modelos de recuadro sencillos ni los modelos de coordenada z de baja resolución vertical en las profundidades marinas. Los detalles de ese modelo dependerán de la configuración topográfica y

oceanográfica del lugar elegido. La resolución debe ajustarse a las escalas antes descritas (por ejemplo, la de los gradientes debe ser de varios puntos) y la validez del modelo se debe confirmar mediante una comparación con los datos obtenidos de las observaciones. Tras su validación, el modelo numérico debería emplearse para investigar posibles hipótesis que permitan estimar los efectos potenciales de vertimientos accidentales o los efectos en ciertos casos extremos (por ejemplo, las tormentas atmosféricas).

21. La modelización será importante para extrapolar los resultados de las pruebas de extracción a las operaciones de extracción comercial.

22. La recopilación de datos de referencia sobre la tercera categoría citada (propiedades del sedimento, incluidas las propiedades químicas del agua intersticial) tiene por objeto predecir el comportamiento del penacho de descarga y el efecto de las pruebas de extracción sobre la composición del sedimento. Así, pues, habrá que medir los siguientes parámetros: gravedad específica, densidad aparente, resistencia a la cizalladura, granulometría y profundidad a la cual el sedimento cambia del estado óxico al subóxico o del estado subóxico al óxico. Habrá que medir el carbono orgánico e inorgánico en el sedimento, los metales que puedan ser perjudiciales en algunas formas (hierro, manganeso, zinc, cadmio, plomo, cobre y mercurio), los nutrientes (fosfatos, nitratos, nitritos y silicatos), los carbonatos (alcalinidad) y el sistema de oxidación-reducción del agua intersticial. La geoquímica del agua intersticial y los sedimentos se debiera determinar hasta una profundidad de 20 cm. Los protocolos recomendados figuran en los cuadros 1 y 2 del capítulo 23 del informe de la Autoridad titulado *Standardization of Environmental Data and Information: development of guidelines*. Se deberían obtener y archivar, antes de las pruebas de extracción, calas y muestras representativas del sedimento.

23. La recopilación de datos de referencia sobre la cuarta categoría citada (comunidades de especies biológicas) responde a la necesidad de allegar información sobre las "comunidades naturales", incluida la "variabilidad espacial y temporal natural", con objeto de determinar los posibles efectos de las actividades en la fauna bentónica y pelágica.

24. La caracterización de las comunidades pelágicas y bentónicas debiera llevarse a cabo en todos los subhábitats que puedan verse afectados por las operaciones mineras, a fin de determinar las distribuciones regionales con miras al establecimiento de zonas de referencia para la preservación y la formulación de estrategias de mitigación destinadas a propiciar la recolonización natural en zonas afectadas por las actividades mineras.

25. Se recomienda utilizar los instrumentos cartográficos del Sistema de Información Geográfica para catalogar los hábitats, documentar los lugares de muestreo y planificar los programas de muestreo aleatorio estratificado.

26. Se deberían aplicar prácticas normalizadas para la conservación de organismos, a saber: el muestreo diferenciado de subhábitats en contenedores separados (preferentemente aislados), con tapas cerradas para evitar que las muestras se diluyan al recuperarlas; la recuperación de las muestras en las 12 horas siguientes a su recolección para obtener material de calidad; y su procesamiento y conservación inmediatos en cubierta o su almacenamiento en cámaras refrigeradas durante un máximo de seis horas antes de su conservación (o menos tiempo cuando se haya previsto realizar pruebas moleculares).

27. Se deberían emplear múltiples métodos de conservación, incluida la conservación en formalina para los estudios taxonómicos, la congelación o la conservación en etanol al 100% para los estudios moleculares, el desecado de animales enteros o de determinados tejidos para los análisis de isótopos estables y la congelación de animales enteros o de determinados tejidos para los análisis bioquímicos y de oligoelementos metálicos.

28. En la medida de lo posible, se debería obtener documentación fotográfica en color de los organismos (los organismos *in situ* o el material recién extraído en cubierta para documentar la coloración natural). Esas fotografías deberían formar parte de una colección de archivo.

29. Se debería dejar constancia, respecto de todas las muestras y productos del muestreo (por ejemplo fotografías, material conservado, secuencias de genes), de los datos pertinentes sobre su obtención (como mínimo la fecha, hora, método de muestreo, latitud, longitud y profundidad).

30. La identificación y enumeración de muestras en el mar y en los laboratorios deberían complementarse, cuando corresponda, con análisis moleculares e isotópicos. Las matrices de la abundancia de especies y de la biomasa de especies deberían ser productos estándar siempre que ello sea viable.

31. Los especímenes deben archivarse para compararlos con las identificaciones taxonómicas de otros emplazamientos y entender en detalle los cambios en la composición de las especies en el tiempo. Si se altera la composición de especies, los cambios podrían ser casi imperceptibles, por lo cual es fundamental estar en condiciones de compararlos con los especímenes originales (en los casos en que la identificación no haya sido confirmada). Se recomienda que las muestras se archiven como parte de colecciones nacionales o internacionales.

32. La normalización de la metodología y de los informes sobre resultados es de suma importancia y debería abarcar los instrumentos y el equipo; las garantías de calidad en general; la recogida de muestras; las técnicas de tratamiento y conservación; los métodos de determinación y el control de calidad a bordo de los buques; los métodos analíticos y el control de calidad en los laboratorios; y el procesamiento de datos y la presentación de informes. La normalización de datos permitirá comparar los resultados entre diferentes regiones y seleccionar los parámetros esenciales para la labor de vigilancia.

33. La variación espacial en la comunidad biológica se debe evaluar antes de que se realicen las pruebas de extracción, mediante muestreo en tres por lo menos de los depósitos de minerales de la zona, si los hay, cada uno de ellos separado por una distancia mayor que la abarcada por la deposición prevista del 90% de las partículas en suspensión como resultado de las operaciones de extracción. Como las poblaciones de fauna de algunos depósitos serán subgrupos de metapoblaciones que interactúan mediante dispersión y colonización, es importante determinar el grado de aislamiento de las poblaciones que se encuentren en los depósitos de minerales que se han de extraer y también si una población determinada sirve de reserva fundamental de genitores para otras poblaciones.

34. Podrán utilizarse distintos tipos de equipo de muestreo según las características del fondo marino y el tamaño de la fauna que vaya a recogerse. Por lo tanto, los métodos para obtener datos biológicos de referencia con anterioridad a las pruebas de extracción deben conformarse a las condiciones particulares de cada

caso. El empleo de sacatestigos múltiples permitirá distribuir los diversos tubos de muestreo de una misma estación entre los especialistas que utilizan técnicas distintas para la identificación y el censo de la fauna. Hay que recalcar, sin embargo, que es preciso ajustar el diámetro de los tubos para evitar que se agite demasiado el sedimento o que los tubos queden obstruidos por partículas grandes, tales como nódulos y fragmentos de roca, y que las muestras biológicas deben ser suficientemente grandes como para generar tamaños de muestras aceptables desde el punto de vista de la abundancia y la biomasa a los efectos de un sólido análisis estadístico.

35. Los sustratos duros (tales como sulfuros polimetálicos, costras de cobalto y basalto), especialmente cuando los organismos son pequeños, constituyen un entorno muy difícil para realizar un muestreo cuantitativo. Bien puede ser necesario recurrir a múltiples técnicas de toma de muestras, incluidas la succión y excavación, de los organismos de mayor tamaño. La documentación videográfica y fotográfica de las secciones transversales tal vez sea el único medio adecuado para elaborar matrices de la abundancia de especies en algunos casos. Para todos los hábitats se recomienda el muestreo de precisión mediante vehículos operados por control remoto. Los vehículos submarinos autónomos o los vehículos híbridos (que combinan características de estos y de los vehículos operados por control remoto) quizás resulten, en última instancia, plataformas útiles para el estudio y la toma de muestras. Las superficies minerales expuestas pueden ser irregulares y tener pendientes empinadas, lo que presenta dificultades a la hora de tomar imágenes cuantitativamente sin el empleo de un vehículo operado por control remoto.

36. A continuación se indican los datos que habrá que recoger, y la metodología correspondiente, para las diversas clases o tamaños de la fauna del fondo marino:

    a) **Megafauna**. Los datos sobre la abundancia, la biomasa y la estructura y diversidad de especies de la megafauna debieran basarse en vídeos y fotografías de secciones transversales. Las fotografías deben tener una resolución suficiente para identificar organismos de más de 2 cm en su dimensión más pequeña. Abarcarán un campo de una anchura mínima de 2 m. Por lo que respecta a las estaciones de muestreo, habrá que definir qué secciones fotográficas se tomarán teniendo en cuenta las diversas características del fondo, como la topografía, la variabilidad de las propiedades del sedimento y la abundancia y el tipo de depósito. La identificación de especies debiera confirmarse mediante la recogida de especímenes *in situ*. Se debe utilizar el muestreo para determinar la megafauna del sistema menos abundante pero de importancia potencialmente crítica (incluidos peces, cangrejos y otros organismos móviles). Se deben conservar muestras representativas de esos organismos para hacer análisis taxonómicos, moleculares e isotópicos.

    b) **Macrofauna**. Los datos sobre la macrofauna (organismos de más de 250 μm), su abundancia, biomasa y estructura y diversidad de especies se deben obtener mediante el análisis cuantitativo de las muestras. En los sedimentos blandos, los perfiles verticales con una distribución adecuada de profundidades (profundidades recomendadas: 0 a 1 cm, 1 a 5 cm y 5 a 10 cm) se deben recoger mediante sacatestigos de caja (0,25 m^2) o sacatestigos múltiples, según corresponda;

    c) **Meiofauna**. Los datos sobre la meiofauna (organismos de menos de 250 μm y más de 32 μm), su abundancia, biomasa y estructura se deben recoger mediante un análisis cuantitativo de muestras. En los sedimentos blandos, los perfiles verticales con una distribución adecuada de profundidades (profundidades recomendadas: 0 a 0,5 cm, 0,5 a 1,0 cm, 1 a 2 cm, 2 a 3 cm, 3 a 4 cm y 4 a 5 cm) se deben recoger mediante testigos. Podrá destinarse a esos fines un tubo de los sacatestigos múltiples que se usen para hacer muestreos en cada estación;

d) **Microfauna**. La actividad metabólica microbiana debe analizarse utilizando la prueba del trifosfato de adenosina u otro método de análisis corriente. En los sedimentos blandos, se deben obtener perfiles verticales, con intervalos recomendados de muestreo de 0 a 0,5 cm, 0,5 a 1,0 cm, 1 a 2 cm, 2 a 3 cm, 3 a 4 cm y 4 a 5 cm. Podrá destinarse a esos fines un tubo de los sacatestigos múltiples que se usen para hacer muestreos en cada estación;

e) **Fauna nodular**. Se deben analizar la abundancia, biomasa y estructura de especies de la fauna nodular a partir de un número reducido de nódulos que se tomarán de la parte superior de los sacatestigos de caja o testigos tomados con un vehículo operado por control remoto;

f) **Detritívoros bentónicos**. En la zona de estudio se debe instalar, durante un año como mínimo, una cámara cebada que se dispare automáticamente a intervalos para analizar la dinámica física del sedimento superficial y documentar el grado de actividad de la megafauna superficial y la frecuencia de las resuspensiones. Se pueden utilizar trampas cebadas para estudiar la composición de las especies de las comunidades. Las comunidades de anfípodos necrófagos se debieran determinar con trampas cebadas a intervalos breves (24 a 48 horas).

37. Cuando exista la posibilidad de descargas en la superficie, se deberían determinar las características del plancton en los primeros 200 m de la columna de agua. En función de los estudios de modelización del penacho, bien puede ser necesario estudiar las comunidades de plancton, especialmente de plancton gelatinoso, en un amplio intervalo de profundidades. Antes de empezar las pruebas de extracción, hay que estudiar la estructura de las comunidades pelágicas alrededor de la base del penacho de descarga y a profundidades inferiores a esta. Además, se debe caracterizar la comunidad pelágica en la capa bentónica limítrofe usando técnicas de redes de arrastre pelágicas de apertura-cierre cerca del fondo o vehículos operados por control remoto. Se deben medir la composición, biomasa y producción del fitoplancton, la composición y biomasa del zooplancton y la biomasa y productividad del plancton bacteriano. Se deberían estudiar las variaciones temporales del plancton en la capa superior de las aguas superficiales en función de escalas estacionales e interanuales. Para complementar los programas sobre el terreno se puede recurrir a la teleobservación, cuyos resultados es fundamental calibrar y validar.

38. Se deben analizar los oligometales y posibles elementos tóxicos presentes en el tejido muscular y las vísceras de especies de peces e invertebrados bentónicos dominantes. Este procedimiento se debe repetir antes de que empiecen las operaciones de pruebas de extracción de minerales (para medir la variabilidad natural) y, a partir de entonces, por lo menos una vez por año para vigilar los cambios que puedan ser resultado de las pruebas de extracción de minerales. Tal vez sea necesario combinar vigilancia y experimentos a bordo de los buques y en laboratorios para resolver, antes de que se realicen las pruebas de extracción, los posibles efectos ecotoxicológicos, incluso los efectos potenciales sobre el fitoplancton y el zooplancton si el penacho de descarga se produce en la superficie del mar o a profundidad mediana.

39. La variación temporal debe evaluarse por lo menos en uno de los posibles sitios donde se realicen pruebas de extracción y en el sitio de referencia para la preservación antes de las pruebas de extracción (lo ideal sería un muestreo anual en un plazo mínimo de tres años). Ese estudio temporal debería ser examinado por la Autoridad antes del inicio de las pruebas de extracción. Los estudios de la variación temporal en el fondo marino deben basarse en reconocimientos fotográficos o videográficos. En el caso de depósitos de sulfuros, se deben estudiar las temperaturas correspondientes y las muestras de subhábitats. El uso de sistemas de observatorio sencillos con fotografía de tomas a intervalos en el fondo marino, que filmen el fondo marino entre cuatro y cinco veces por día durante un período de un año, podría proporcionar datos temporales de alta resolución. Dentro de lo posible, se debieran realizar estudios de ecosistemas para determinar, por ejemplo, las tasas de crecimiento, las tasas de reclutamiento y el estado trófico de los grupos taxonómicos dominantes. Si se ha previsto realizar pruebas de extracción de minerales en varios sitios, el contratista debe determinar hasta qué punto los estudios temporales realizados en uno son aplicables en otro; esa determinación también debe ser examinada por la Autoridad.

40. Se debe proceder a una normalización taxonómica. Con el fin de facilitar la identificación, debería efectuarse un intercambio de códigos de identificación, claves, dibujos y secuencias en los principales laboratorios y colecciones que realicen estudios taxonómicos de los organismos marinos. Los conocimientos de taxonomía son muy escasos, incluso cuando se trata de grandes grupos de fauna (por ejemplo, peces, moluscos, crustáceos decápodos, corales, esponjas y equinodermos). Es importante que en cada emplazamiento se evalúen todos los grupos taxonómicos. Ello se puede hacer con más eficiencia mediante la creación de centros de cooperación en taxonomía o grupos de expertos. Si se aplican normas coherentes y se conservan las colecciones, la taxonomía numérica (por ejemplo, especie 1, especie 2, etc.) constituye una buena base para los estudios de referencia, pero se deben realizar trabajos de taxonomía clásica y molecular, ya sea directamente por cuenta del contratista o como parte de programas cooperativos de investigación. Los métodos moleculares siguen registrando rápidos avances, por lo cual los estudios bióticos a todos los niveles, especialmente a nivel de microorganismos, serán mucho más rápidos y económicamente más viables que en la actualidad. Las secuencias moleculares deberían depositarse en la base de datos Genbank o en bases equivalentes de datos sobre secuencias que gocen de reconocimiento internacional.

41. La información sobre la sucesión de las especies de fauna después de las pruebas de extracción es esencial para determinar las tasas de recuperación de la población bentónica frente a los efectos de la minería. Los datos deberían incluir muestras obtenidas de la zona inmediata de las pruebas de extracción, antes y después de su realización, a determinadas distancias de la zona de extracción (a fin de evaluar los efectos del penacho bentónico) y a intervalos repetidos después de las pruebas de extracción. Esos experimentos sobre los efectos se pueden llevar a cabo en régimen de colaboración.

42. Se puede obtener información adicional sobre los efectos del penacho en la fauna pelágica mediante observaciones de fenómenos naturales atípicos, como la mortandad de peces y las concentraciones extraordinariamente grandes de peces, mamíferos marinos, tortugas y aves.

43. La distribución vertical de la luz afecta directamente a la productividad primaria en la zona eufótica. Si hay descargas de partículas en la superficie, los perfiles verticales de la intensidad de la luz mostrarán sus efectos en la atenuación de la luz y las bandas espectrales en el tiempo y en función de la profundidad y la distancia a que se encuentre el buque minero. Esos valores pueden servir para detectar cualquier acumulación de partículas en suspensión en la picnoclina. Además, los penachos de descarga pueden dar lugar a la liberación de grandes volúmenes de nutrientes, cambios de temperatura, emisiones de dióxido de carbono y (en sitios de sulfuros) a posibles cambios en el pH y la acidificación de los océanos.

44. La recogida de datos de referencia sobre la quinta categoría citada (bioturbación) tiene por objeto allegar información sobre las tasas "naturales" de los procesos sedimentarios, incluso sobre la "variabilidad especial y temporal natural", a fin de elaborar modelos y evaluar los efectos de las actividades mineras sobre dichos procesos. Habrá que medir el índice de bioturbación (es decir, el grado de mezcla de sedimentos causado por los organismos) para analizar la importancia de la actividad biológica anterior al trastorno que ocasionen las actividades de extracción, y ese índice podrá determinarse a partir de los perfiles de actividad excesiva del isótopo Pb-210 que se obtengan mediante los testigos, teniendo en cuenta la variabilidad del sedimento. Se debe analizar la actividad excesiva del isótopo Pb-210 en un mínimo de cinco cotas de profundidad por testigo (profundidades recomendadas: 0 a 0,5 cm, 0,5 a 1,0 cm, 1 a 1,5 cm, 1,5 a 2,5 cm y 2,5 a 5 cm). Los índices y la profundidad de la bioturbación se deben analizar mediante modelos estándar de advección o de difusión directa.

45. La recogida de datos de referencia sobre la sexta categoría citada (sedimentación) tiene por objeto acopiar datos para modelizar y evaluar los efectos del penacho de descarga. Se recomienda que se realicen fondeos con trampas de sedimento unidas a una línea de boyas, poniendo una trampa a más de 2.000 m por debajo de la superficie, a fin de analizar la corriente de partículas procedente de la zona eufótica, y otra a 500 m aproximadamente por encima del fondo marino, a fin de analizar la corriente de sustancias que lleguen hasta el fondo. La trampa inferior debe colocarse a suficiente altitud con respecto al fondo como para que no le afecte la resuspensión del sedimento. Las trampas de sedimento permanecerán instaladas durante un período apropiado y las muestras se deben recoger mensualmente para examinar los cambios en los flujos estacionales y evaluar la variabilidad de año a año, en particular entre años de fenómenos climáticos (por ejemplo, El Niño y La Niña). Las trampas pueden instalarse en la misma boya de sondeo que los medidores de corriente que ya se han descrito. Habida cuenta de que la corriente de sustancias que descienden desde la parte superior de la columna hídrica hasta las profundidades del mar tiene importancia ecológica en el ciclo trófico de los organismos que habitan en el fondo, habrá que analizar de manera apropiada el flujo de sustancias en aguas de profundidad media y el flujo que llega hasta el fondo marino, con la mira de comparar sus efectos con los de las descargas de desechos y relaves. Cuando se conozcan las velocidades de asentamiento *in situ* de las partículas descargadas como resultado de las pruebas de extracción de minerales, tanto en las profundidades intermedias como cerca del fondo marino, se puede verificar y mejorar la capacidad de los modelos matemáticos para predecir con exactitud la dispersión de los penachos en las profundidades intermedias y bentónicas. Esta información es pertinente dada la preocupación expresada con

respecto a los efectos de los penachos de descarga y los penachos operacionales sobre la biota bentónica y los organismos pelágicos de la capa bentónica limítrofe. La resolución temporal de las mediciones del flujo de partículas debe ser como mínimo un mes o más, y la serie cronológica de nefelometría debería registrarse en los colectores de sedimentos.

46. La recopilación de datos de referencia sobre la séptima categoría citada (propiedades geológicas) tiene como objetivo determinar la heterogeneidad del medio ambiente y ayudar a determinar los lugares adecuados para la extracción de muestras.

47. Se deberían reunir datos batimétricos de alta resolución y calidad en la zona donde se prevé que la dispersión de los subproductos de las pruebas de extracción tenga un efecto significativo en el medio ambiente (es decir, la totalidad de la región abarcada por el modelo numérico de circulación).

48. Cuando proceda, como parte del estudio de referencia de alta resolución, se debería obtener una serie de calas representativas de los sedimentos del fondo marino antes de las operaciones de extracción, que se conservarán en un depósito apropiado. Se debieran emplear dispositivos de muestreo que recojan testigos inalterados de unos pocos centímetros de la capa superior.

49. En el caso de depósitos de sulfuros, los campos de respiraderos hidrotermales se deben clasificar como latentes o inactivos, que aún se encuentran bajo la posible influencia de una fuente de calor aunque actualmente no estén despidiendo fluidos hidrotermales, o extintos, cuando estén en sitios distantes de las fuentes de calor actuales. Desde un punto de vista ecológico, esas dos hipótesis pueden considerarse en general equivalentes. Sin embargo, desde una perspectiva biológica, es importante saber si en el sitio de extracción propuesto existen respiraderos hidrotermales activos (hipótesis 1), si las operaciones programadas de extracción provocarán una nueva salida de gases hidrotermales en un sitio inactivo (hipótesis 2) o si un sitio seguirá siendo inactivo desde el punto de vista hidrotermal incluso cuando sea perturbado por pruebas de extracción (hipótesis 3). Es importante que en la evaluación de referencia se determine qué hipótesis es válida.

50. La parte IV de las recomendaciones versa sobre la evaluación del impacto ambiental. Algunas actividades no pueden ocasionar daños graves al medio marino y, por lo tanto, no hay que evaluar su impacto ambiental. Se ha preparado una lista de esas actividades. Por lo que respecta a las actividades que no requieren una evaluación del impacto ambiental, deberá ejecutarse un programa de vigilancia antes, durante y después de la actividad en cuestión con la mira de determinar los efectos de esta sobre las actividades biológicas, incluida la recolonización de las zonas perturbadas.

51. Los estudios ambientales que se hagan durante la exploración se basarán en el plan que haya propuesto el contratista, que será examinado por la Comisión Jurídica y Técnica para comprobar que sea completo, preciso y fiable desde el punto de vista estadístico. Una vez examinado, el plan se incorporará al programa de actividades con arreglo al contrato. Los estudios ambientales que se hagan durante la exploración consistirán, entre otras cosas, en vigilar los parámetros ambientales para comprobar las constataciones de que no habrá daños ambientales graves de resultas de las actividades realizadas en el fondo marino, a profundidades intermedias y en la parte superior de la columna de agua.

52. Se estima que las pruebas de los sistemas de recolección ofrecerán la oportunidad de examinar las consecuencias ambientales de la extracción en el medio marino. El contratista remitirá a la Autoridad un plan de esas pruebas, incluidos los detalles relativos a la vigilancia del medio, con una antelación mínima de un año al comienzo de las pruebas y como mínimo tres meses antes del período de sesiones anual de la Autoridad. En el plan de pruebas de los sistemas de recolección habrá una disposición relativa a la vigilancia de las zonas afectadas por las actividades del contratista que puedan ocasionar daños graves al medio marino, incluso cuando las zonas afectadas queden fuera del emplazamiento propuesto para las pruebas. En la medida de lo posible, en el programa se especificarán las actividades o contingencias que puedan provocar la suspensión o modificación de las pruebas ante la posibilidad de ocasionar daños graves al medio ambiente si esas actividades o contingencias no pudieran mitigarse adecuadamente. Asimismo, en el programa se autorizará a refinar el plan de pruebas antes de que estas se inicien, o en otro momento oportuno, cuando ese refinamiento sea necesario. En el plan se incorporarán estrategias para asegurar que los muestreos se basen en métodos estadísticos fiables, que el equipo y los métodos sean científicamente aceptables, que el personal que planifique la recogida de datos, los reúna y los analice esté debidamente calificado y que los datos resultantes se remitan a la Autoridad con arreglo a los formatos especificados.

53. Se recomienda que durante las pruebas de extracción se notifiquen las zonas de referencia para los efectos y para la preservación. La zona de referencia para los efectos se debe seleccionar con arreglo al criterio de que sea representativa de las características del medio ambiente, incluida la biota, del lugar donde se llevarán a cabo las pruebas de extracción. La zona de referencia para la preservación debe estar en un lugar elegido cuidadosamente y ser suficientemente extensa como para no resultar afectada por las variaciones naturales de las condiciones ambientales locales. Esa zona tendrá una composición de especies comparable a la de la zona donde se harán las pruebas de extracción. La zona de referencia para la preservación debe estar fuera de la zona donde se hagan las pruebas de extracción y de las influidas por el penacho.

54. En el programa de vigilancia que proponga el contratista se darán detalles de la forma en que se evaluarán los efectos de las actividades relacionadas con las pruebas de extracción.

55. La parte V de las recomendaciones versa sobre la recolección de los datos y la presentación de informes. Se recomienda que las técnicas de recolección y análisis se conformen a las mejores prácticas, como las elaboradas por la Comisión Oceanográfica Intergubernamental de la Organización de las Naciones Unidas para la Educación, la Ciencia y la Cultura, que pueden consultarse en los centros mundiales de datos y los centros nacionales encargados de los datos oceanográficos, o las recomendadas por la Autoridad. Se debe publicar en la Internet, por conducto de la Autoridad, un inventario del acervo de datos de cada contratista.

56. Los estudios ambientales de referencia y los programas de vigilancia constituyen una fuente importante de datos y conocimientos. Un sistema de archivo y recuperación de datos ayudaría a todos los contratistas en la búsqueda de indicadores pertinentes desde el punto de vista ambiental. Las síntesis de esos datos y experiencias pueden ser ventajosas para todos los contratistas. La mayor

accesibilidad de los datos realza la probabilidad de fiabilidad de los modelos y ayudará a:

a) Determinar las mejores prácticas;

b) Elaborar un enfoque común de la gestión de datos;

c) Lograr un intercambio multilateral de opiniones y datos que fomente la cooperación internacional;

d) Ahorrar tiempo, esfuerzo y gastos para advertir de los fallos que se descubran;

e) Hacer economías mediante la reducción del número de mediciones de determinados parámetros.

57. Los modelos se pueden validar y ajustar mediante la verificación de esos datos, y de esa forma pueden complementar parcialmente otros trabajos onerosos de reunión de datos. Es posible que algunas zonas en que se haya solicitado realizar exploraciones sean adyacentes o vecinas a otras, lo cual justifica también que se facilite el acceso a los datos y que se aúnen esfuerzos en la modelización, de modo que los efectos de las actividades en zonas vecinas se puedan evaluar sin necesidad de reproducir todos los aspectos de la evaluación ambiental.

58. La parte VI de las recomendaciones versa sobre la cooperación en materia de investigación y las recomendaciones para colmar lagunas en los conocimientos. Durante los últimos años ha habido una revolución en el desarrollo del conocimiento y la tecnología en el ámbito de la oceanografía. Varias instituciones especializadas de todo el mundo están ejecutando amplios programas de investigación. Esas instituciones cuentan con un caudal considerable de conocimientos biológicos y científicos, y tal vez estén dispuestas a colaborar con los contratistas de minería en la realización de algunas de las investigaciones sobre el medio ambiente que se necesitan. También podrían suministrar equipo y prestar servicios especializados para la obtención de muestras y cabe presumir que estarán muy interesadas en trabajar a bordo del buque del contratista y a brindar asistencia en la obtención de muestras en zonas remotas.

59. La cooperación en materia de investigación puede facilitar la determinación de parámetros de referencia de la variabilidad natural basados en registros geológicos y biológicos y otros registros ambientales procedentes de zonas seleccionadas.

60. La colaboración entre las instituciones científicas y los contratistas puede abarcar la creación de repositorios de colecciones representativas, un repositorio de bases de datos de secuencias genéticas, el análisis y la interpretación de isótopos estables y una biblioteca de fotografías de especies y especímenes. La información científica básica acumulada gracias a esa colaboración permitirá contar, en forma eficiente, con datos que ayuden a planificar el desarrollo y a adoptar decisiones, así como a detectar oportunamente cualquier efecto ambiental significativo o problema de importancia antes de las pruebas de extracción o en el curso de estas. Esa información se puede emplear para buscar soluciones en la forma menos conflictiva posible.

61. El riesgo de extinción de una parte significativa de una comunidad de la fauna en un lugar donde se pueden llevar a cabo pruebas de extracción dependerá en gran medida de lo localizada o generalizada que sea la distribución de especies. Para

realizar las evaluaciones habrá que hacer síntesis de la biogeografía de la fauna. Esas evaluaciones serán más fáciles si hay una colaboración entre los contratistas y con las instituciones de investigación.

62. Los estudios de modelización se deben basar en la colaboración y guardar relación estrecha con los estudios sobre el terreno, a fin de evaluar el riesgo de extinción en función de distintas estrategias de ordenación, incluidas las diferentes posibilidades disponibles para definir las zonas protegidas. En las estrategias generales de conservación hay que tener en cuenta los efectos que puedan tener para las comunidades las actividades distintas de las pruebas de extracción de minerales.

63. Los contratistas deberían colaborar con la Autoridad y con los organismos de investigación científica nacionales e internacionales en programas de investigación cooperativa para elevar al máximo la evaluación del impacto ambiental y reducir al mínimo el costo de esas evaluaciones.

64. Conforme a la Convención, la Autoridad promoverá e impulsará la realización de investigaciones científicas marinas en la Zona y coordinará y difundirá los resultados de tales investigaciones y análisis cuando estén disponibles.

Anexo II

Glosario de términos técnicos

Sulfuros activos	Sulfuros polimetálicos por los que fluye agua caliente. Los sulfuros activos (llamados también respiraderos hidrotermales) transportan compuestos reducidos (por ejemplo, sulfuro) a la superficie de contacto del fondo marino-agua de mar, donde pueden ser oxidados o metabolizados autotróficamente por microorganismos simbióticos o de vida libre.
TFA	Trifosfato de adenosina, un compuesto orgánico complejo que utilizan todos los organismos para almacenar y transformar energía a corto plazo. La cantidad de TFA presente puede emplearse como medida de la biomasa microbiana total del sedimento, ya que corresponde al número de células activas, la mayoría de las cuales son bacterias.
Batipelágico	Perteneciente a la zona de alta mar situada a profundidades superiores a 3.000 m, es decir, a mayor profundidad que la zona mesopelágica.
Bentónico	Perteneciente a los fondos marinos.
Capa bentónica limítrofe	Capa de agua situada inmediatamente encima de la superficie de contacto entre el agua del fondo oceánico y el sedimento.
Bentopelágico	Perteneciente a la zona que se halla muy cerca del fondo marino de las regiones más profundas de la alta mar y que está en contacto, hasta cierto punto, con ese fondo.
Bentos	Organismos que habitan sobre del fondo o en el subsuelo marino.
Quimiosíntesis	Proceso por el cual los microorganismos transforman metabólicamente el carbono inorgánico en carbono orgánico (células) usando la energía derivada de la oxidación de compuestos reducidos. La quimiosíntesis es la base de la red trófica vinculada con los respiraderos hidrotermales de los fondos marinos. El término "quimioautotrofia" es más preciso y describe mejor el fenómeno general de la quimiosíntesis; las dos palabras se usan muchas veces indistintamente.
Costras de ferromanganeso con alto contenido de cobalto	Las costras de ferromanganeso con alto contenido de cobalto, que se forman típicamente por precipitación, se encuentran en sustratos duros en los fondos oceánicos en accidentes con relieve topográfico importante, como los montes submarinos y las crestas.
Sondas CTP	Sondas para medir la conductividad (índice de salinidad), la temperatura y la profundidad (definida a partir de la medición de la presión). Los dos primeros parámetros son esenciales en las observaciones oceanográficas, y el perfil de profundidad es necesario para delinear la estructura vertical del mar si se instalan otros sensores, se pueden medir otros parámetros, como el pH y la concentración de oxígeno disuelto.
Efectos acumulativos	Efectos derivados de cambios incrementales causados por otras acciones pasadas, presentes o previsibles.
Demersales	Se dice de los organismos que viven en el fondo de una masa de agua o cerca de ella.

Diel	Período de 24 horas que comprende, normalmente, un día y la noche consecutiva.
Efectos directos	Efectos causados como consecuencia directa de una acción, como la pérdida de hábitat y de poblaciones debido a la extracción de sulfuros u otros materiales.
Embolismo	La sangre y los tejidos de los peces contienen gases disueltos. Si se suben peces de las profundidades a la superficie, la caída de la presión hace que el gas disuelto se dilate y forme burbujas (embolismo), lo que causa desfiguración y la protrusión de los órganos internos a través de la boca y otros orificios.
Endemismo	El grado en que la distribución de una especie está limitada a una región geográfica particular; el endemismo se observa, por lo común, en zonas que están aisladas de alguna forma. Los biólogos también utilizan el término "endémico" para referirse a un organismo que puede tener una distribución geográfica más amplia, pero está restringido a un hábitat específico, por ejemplo, los respiraderos hidrotermales.
Epifauna	Animales que viven en el fondo marino, ya sea que estén adheridos a él o que circulen libremente por él.
Epipelágico	Perteneciente a la región superior de las profundidades marinas, situada por encima de la zona mesopelágica y por debajo, generalmente, de la zona de oxígeno mínimo.
Zona eufótica	Sección superior del mar que recibe suficiente luz para la fotosíntesis. En aguas marinas claras, la zona eufótica puede extenderse hasta una profundidad máxima de 150 m.
Fauna	Vertebrados e invertebrados.
Haloclina	Capa de agua en que se registra un gradiente de salinidad marcado.
Sustratos duros	Afloramientos en forma de concreciones de carbonato, material sólido, rocas de la corteza o depósitos de materiales precipitados, metales y minerales descargados desde el subsuelo por sistemas hidrotermales.
Hidrodinámico	Se dice de todo fenómeno relacionado con el movimiento del agua de mar.
Zona de efecto	Zona donde se producen los efectos (directos, indirectos, acumulativos o interactivos) que resulten de la actividad.
Zonas de referencia para los efectos	Zonas utilizadas para evaluar los efectos en el medio marino de las actividades en la Zona; estas zonas deben ser representativas de las características ambientales (físicas, químicas y biológicas) de la zona en la que se ha de realizar la actividad minera.
Sulfuros inactivos (o latentes)	Sulfuros polimetálicos por los que ya no fluye agua caliente en dirección al agua de mar que los cubre (es decir, que son sulfuros "fríos"). Si son agitados, se pueden reiniciar los flujos hidrotermales hacia la columna de agua, con lo cual los sulfuros inactivos pasan a ser activos (de ahí la calificación de "latentes").

Efectos indirectos	Efectos sobre el medio ambiente que no son el resultado directo de la actividad, a menudo producidos fuera o como resultado de una ruta compleja (física, química y biológica). Muchas veces se habla de efectos secundarios (o incluso terciarios).
Endofauna	Organismos que habitan dentro del sedimento.
Macrofauna	Animales lo suficientemente grandes para distinguirse a simple vista y que miden hasta 2 cm de largo.
Megafauna	Animales lo suficientemente grandes (de más de 2 cm de longitud) como para distinguirse en las fotografías y que se proponen como taxón fundamental (véase "taxonomía") para la evaluación del impacto ambiental de las actividades de explotación minera a grandes profundidades.
Meiofauna	Animales bentónicos que tienen un tamaño intermedio entre el de la macrofauna y el de la microfauna. En la práctica se los define como los que miden más de 32 µm y menos de 250 µm.
Mesopelágico	Perteneciente a la zona del mar que se sitúa por debajo de la epipelágica y por encima de la batipelágica y que coincide, normalmente, con la zona que está iluminada débilmente o "zona crepuscular".
Microfauna	Organismos invisibles a simple vista, más pequeños que los que componen la meiofauna. En la práctica se los define como los organismos que miden menos de 32 µm.
Microorganismos	Comprenden bacterias, arqueas y eucarias microscópicas.
Necton	Peces, cefalópodos, crustáceos y mamíferos marinos que se desplazan por sus propios medios en la alta mar.
Nematodos	Nombre por el que se conoce la clase de las lombrices. Constituyen el elemento dominante de la meiofauna.
Zona de oxígeno mínimo	Capa de agua presente en todos los mares a profundidades de entre 400 y 1.000 m y que se forma por el hundimiento y la degradación bacteriana de la materia orgánica que se sintetiza en la superficie marina. La escasez de oxígeno puede provocar la disolución de las partículas metálicas.
Pelágico	Perteneciente a la alta mar.
pH	Medida de la acidez o la alcalinidad.
Fotosíntesis	Síntesis biológica de sustancias orgánicas cuya fuente de energía es la luz. En presencia de clorofila y de energía luminosa, las plantas transforman el dióxido de carbono y el agua en hidratos de carbono y oxígeno.
Fitoplancton	Plantas microscópicas que son los productores primarios en los océanos.
Plancton	Organismos que se mueven pasivamente a la deriva o que nadan débilmente. Comprenden las etapas larvarias de los organismos bentónicos y pelágicos, el fitoplancton (en aguas superficiales), el zooplancton, las medusas y otros organismos a la deriva o que nadan débilmente.

Penacho	Dispersión de agua de mar que contiene partículas sedimentarias densas. El penacho bentónico es una corriente de agua que contiene partículas sedimentarias del fondo marino en suspensión, nódulos de manganeso erosionados y biota bentónica macerada, que es el resultado de la alteración del fondo marino causada por el colector de extracción y que se esparce por una zona cercana al fondo marino. La parte más alejada del centro del penacho bentónico se denomina "lluvia de finos". El penacho superficial es una corriente de agua que contiene partículas sedimentarias del fondo marino en suspensión, nódulos de manganeso erosionados y biota bentónica macerada, que resulta de separar, a bordo del buque minero, los nódulos del agua en que se encuentran, y que se esparce por una zona más cercana a la superficie del mar que la del penacho bentónico.
Sulfuros polimetálicos	Depósitos de minerales sulfurosos y demás recursos minerales unidos a ellos que existen en la Zona, que se han formado por acción hidrotermal y contienen concentraciones de metales, incluidos cobre, plomo, zinc, oro y plata.
Agua intersticial	Agua presente en los espacios existentes entre las partículas sedimentarias.
Zonas de referencia para la preservación	Zonas representativas del lugar donde se efectúan las pruebas de extracción, pero en las que no se harán esas pruebas; se utiliza para evaluar los cambios en la situación biológica del medio ambiente causados por las actividades de pruebas de extracción.
Picnoclina	Capa de agua en que se registra una variación marcada de la densidad en relación con la profundidad. Separa las aguas superficiales, que están bien mezcladas entre sí, de las aguas densas de las profundidades marinas. La densidad del agua depende de la temperatura, la salinidad y, en menor medida, la presión.
Lluvia de finos	Parte del "penacho bentónico" más alejada del centro de este y que consta principalmente de finos, es decir, de partículas sedimentarias que son transportadas por las corrientes del fondo y que se depositan lentamente sobre este, por lo general fuera de la zona de explotación minera.
Sistema de oxidación-reducción	Una reacción química esencial compuesta de oxidación (cesión de electrones) y reducción (recepción de electrones). La tendencia química a la oxidación (debida a la presión ambiental) puede expresarse mediante el potencial de oxidación-reducción (eH), que puede determinarse mediante un medidor de eH/pH. Hay una fuerte correlación entre el eH y la concentración de oxígeno disuelto en el sedimento.
Detritívoro	Se dice del animal que se alimenta de productos de desecho y de restos de plantas y animales muertos a los que no ha matado él mismo.
Montes submarinos	Accidentes topográficos aislados, por lo general de origen volcánico, de altura considerable sobre el fondo marino.
Escalas espaciales	Escalas propias de las dimensiones espaciales de los fenómenos marinos, como por ejemplo el diámetro de un remolino o la longitud de una ola. También tienen que ver con la disposición geográfica de las estaciones de muestreo.

Subhábitat	Un componente visualmente reconocible de un hábitat más grande, por ejemplo, un banco de anélidos o mejillones puede ser un subhábitat de un determinado depósito de sulfuros polimetálicos activos; es un término de utilidad práctica que permite comprender mejor la naturaleza del hábitat en su conjunto.
Simbiosis (quimiosintética)	Asociaciones entre bacterias (simbiontes) y vertebrados o invertebrados (huéspedes), en las que los simbiontes son quimiosintéticos y suministran alimento al huésped. Las bacterias pueden ser tanto endosimbióticas (viven dentro de los tejidos del huésped; por ejemplo, gusanos tubícolas, almejas o mejillones) o episimbióticas (viven en el exterior del huésped, por ejemplo, los camarones Bresiliidae y los poliquetos Alvinelidae).
Escalas sinópticas	Escalas de variabilidad hidrodinámica o escalas de fenómenos temporales que duran desde una o dos semanas hasta uno o dos meses y escalas espaciales de uno a varios cientos de kilómetros. Un fenómeno típico de esas escalas son los remolinos sinópticos de entre 100 y 200 km de diámetro que atraviesan la zona noreste del Pacífico tropical, de este a oeste, y que se adentran, a menudo, en los fondos marinos.
Taxonomía	Clasificación ordenada de los animales o las plantas según sus presuntas relaciones naturales.
Pruebas de extracción	Utilización y puesta a prueba de sistemas y equipos de recuperación.
Termoclina	Capa de agua en que se registra una rápida variación de la temperatura en relación con la profundidad.
Sección transversal	Corte vertical (que sirve de referencia para todas las mediciones y los muestreos que se hacen durante el estudio) de la ruta de un buque de estudios oceanográficos que se extiende desde la superficie hasta el fondo marino y desde el punto A hasta el punto B.
Transmisómetro	Dispositivo que se utiliza para medir la atenuación de la luz a lo largo de determinada trayectoria, por ejemplo dentro del agua. Puede establecerse una correlación entre los datos del transmisómetro y la cantidad de partículas presentes.
Zooplancton o plancton animal	A diferencia del fitoplancton, los organismos del zooplancton no producen sustancias orgánicas por sí mismos y, por tanto, se alimentan de otros organismos.

Autoridad Internacional de los Fondos Marinos

ISBA/19/LTC/14

Comisión Jurídica y Técnica

Distr. limitada
12 de julio de 2013
Español
Original: inglés

19º período de sesiones
Kingston (Jamaica)
15 a 26 de julio de 2013

Recomendaciones para la orientación de contratistas y Estados patrocinadores relativas a los programas de capacitación de conformidad con los planes de trabajo para la exploración

Publicadas por la Comisión Jurídica y Técnica

Introducción

1. Las presentes recomendaciones tienen como objetivo servir de orientación a quienes solicitan la aprobación de planes de trabajo para la exploración, contratistas y Estados patrocinadores sobre sus responsabilidades respecto de los programas de capacitación de conformidad con los planes de trabajo para la exploración.

2. Las recomendaciones se refieren a los siguientes componentes del diseño y la aplicación de los programas de capacitación:

   a) El proceso de examen y aprobación de los programas de capacitación propuestos por quienes solicitan la aprobación de planes de trabajo para la exploración;

   b) El contenido de los programas de capacitación, incluida la participación de los Estados patrocinadores;

   c) El proceso de asignación de solicitantes de capacitación a los correspondientes programas;

   d) Los procedimientos para informar de las actividades de capacitación.

3. La importancia fundamental de la cooperación técnica y científica internacional con respecto a las actividades en la Zona, incluida la capacitación del personal de la Empresa y nacionales de los Estados en desarrollo, se reconoce en los artículos 144 y 148 de la Convención de las Naciones Unidas sobre el Derecho del Mar, en relación con la sección 5 del anexo del Acuerdo relativo a la aplicación de la Parte XI de la Convención.

13-39290 (S)   170713   180713

Se ruega reciclar

I. Obligaciones jurídicas

4. Las obligaciones jurídicas de los contratistas respecto de la capacitación figuran en el artículo 15 del anexo III de la Convención y se detallan en los reglamentos sobre la prospección y la exploración aprobados por la Autoridad. El artículo 27 del Reglamento sobre prospección y exploración de nódulos polimetálicos (Reglamento sobre los nódulos)[1] dice lo siguiente:

> De conformidad con el artículo 15 del anexo III de la Convención, todos los contratos incluirán en un anexo un programa práctico para la capacitación del personal de la Autoridad y de los Estados en desarrollo, preparado por el contratista en cooperación con la Autoridad y el Estado o los Estados patrocinadores. El programa de capacitación se centrará en la realización de la exploración, y dispondrá la plena participación de dicho personal en todas las actividades previstas en el contrato. Este programa podrá ser revisado y ampliado de común acuerdo, según sea necesario.

5. En la sección 8 de las cláusulas uniformes de los contratos de exploración[2] se establece:

> 8.1 De conformidad con los reglamentos, el Contratista, antes de comenzar la exploración en virtud del presente contrato, presentará a la Autoridad, para su aprobación, propuestas de programas para la capacitación de personal de la Autoridad y de Estados en desarrollo, incluida la participación de ese personal en todas las actividades que realice el Contratista en virtud del presente contrato.
>
> 8.2 El ámbito y la financiación del programa de capacitación serán objeto de negociaciones entre el Contratista, la Autoridad y el Estado o los Estados patrocinadores.
>
> 8.3 El Contratista llevará a cabo los programas de capacitación de conformidad con el programa concreto de capacitación de personal a que se hace referencia en el párrafo 8.1, aprobado por la Autoridad con arreglo al reglamento, y que, con sus revisiones o adiciones, se convertirá en parte del presente contrato como anexo 3.

II. Objetivos y metas del programa de capacitación

6. Los programas de capacitación se diseñan y llevan a cabo en beneficio del pasante, el país que presenta su candidatura y, más ampliamente, los miembros de la Autoridad, en particular los países en desarrollo. Los miembros de la Autoridad que puedan contribuir al desarrollo de la Empresa también deberían beneficiarse teniendo acceso a las mismas oportunidades de capacitación.

7. Deben tomarse todas las medidas para asegurar que la planificación y la formulación de los programas de capacitación se realizan de buena fe y que en todo momento se aplican las mejores prácticas. En ese sentido, las partes deben hacer todos los esfuerzos para asegurar que la capacitación contribuya a las necesidades de formación y desarrollo de la capacidad del país de origen de los participantes.

---

[1] Véase también el artículo 29 de los reglamento sobre los sulfuros y las costras.
[2] En anexo 4 de los reglamentos sobre los nódulos, los sulfuros y las costras.

8. El programa de capacitación debe ocupar un lugar destacado en el programa de trabajo del contratista y, por ende, debería redactarse durante las conversaciones y negociaciones precontractuales e insertarse como anexo 3 del contrato antes de su firma y del inicio de la labor de exploración.

9. Todo contratista que solicite la aprobación de un plan de trabajo para la exploración debe actuar de buena fe y comprender que la prestación de capacitación tiene exactamente la misma importancia que cualquier otra actividad del plan de trabajo propuesto y, como tal, debe tener la misma prioridad en cuanto a los plazos, el esfuerzo y la financiación.

10. Tan importante como la capacitación es el uso y la sostenibilidad de las habilidades y la experiencia adquiridas por los pasantes y los países que presentan su candidatura. Todas las partes, pero en particular la Autoridad y los países en desarrollo, deben comprometerse a alentar el uso de la capacitación recibida en beneficio del pasante y la participación del país en actividades relacionadas con la Autoridad y la Zona.

11. Todas las partes deben comprometerse a mantener canales de comunicación libres y abiertos a fin de asegurar que los programas de capacitación se impartan de la mejor manera posible, los informes se presenten de manera puntual y existan sistemas mejorados de seguimiento de los resultados.

12. A continuación se formulan recomendaciones sobre medidas concretas para llevar a cabo los programas de capacitación.

III. Aprobación de los programas de capacitación

13. Los reglamentos exigen que la solicitud de aprobación de un plan de trabajo incluya un componente de programas de capacitación. La utilidad del programa propuesto depende directamente de los vínculos prácticos que la capacitación tenga con el plan de trabajo del contratista. Es lógico que los dos se consideren de manera conjunta.

14. Las partes tienen las siguientes responsabilidades:

   A. Quien solicita la aprobación del plan de trabajo para la exploración debería:

      1. Incluir en la solicitud detalles de las actividades susceptibles de dar lugar a oportunidades de capacitación que llevará a cabo durante su primer programa quinquenal de actividades;

      2. Sobre la base de lo anterior, incluir en la solicitud un posible calendario de actividades del programa de capacitación propuesto, que incorpore una descripción general de la capacitación;

      3. Incluir un resumen del número mínimo de oportunidades de capacitación que estarán disponibles cada año durante los primeros cinco años del contrato y estimaciones del número de oportunidades que estarán disponibles durante cada período quinquenal subsiguiente del contrato;

      4. Presentar un resumen informativo de las actividades de capacitación con el formato que se incluye en el anexo del presente

documento para cada tipo de oportunidad de capacitación, según se señala en el apartado 2;

5. Indicar si se han formulado programas de capacitación en colaboración con Estados patrocinadores;

6. Indicar los casos en que el contratista se proponga apoyar programas de capacitación además de las actividades incluidas en su plan de trabajo;

7. Indicar los casos en que parte o todo el programa de capacitación se ha formulado en colaboración con el Estado patrocinador, institutos nacionales del Estado patrocinador, organizaciones o cualquier otro Estado parte.

B. El Estado patrocinador deberá indicar si suministrará algún otro aporte o apoyo específico para el programa de capacitación de solicitante.

C. Cuando se examine una solicitud de aprobación de un plan de trabajo para la exploración, la Comisión Jurídica y Técnica deberá:

1. Examinar las oportunidades y el programa de capacitación y el plan de trabajo correspondiente del contratista;

2. Examinar las solicitudes de capacitación, evaluando plenamente las necesidades de capacitación y desarrollo de la capacidad del país en desarrollo que presenta la candidatura y la secretaría;

3. Mantener conversaciones con el contratista respecto del programa de capacitación propuesto cuando se analiza su plan de trabajo;

4. Brindar asesoramiento y recomendaciones adecuadas al Secretario General sobre la forma, el contenido y la estructura del programa de capacitación propuesto;

5. Revisar el programa de capacitación propuesto a la luz de las presentes recomendaciones.

D. El Secretario General debería:

1. Tener en cuenta las recomendaciones de la Comisión Jurídica y Técnica cuando se analizan y negocian los programas de capacitación con los contratistas;

2. Mantener en la secretaría una base de datos de los candidatos para la capacitación y las necesidades de capacitación de los países en desarrollo, al tiempo que se definen e incluyen las necesidades futuras de la Empresa.

IV. Contenido de los programas de capacitación

15. Cuando existan dudas, los contratistas deberán guiarse por sus obligaciones jurídicas. Como tales, deberán suministrar capacitación práctica que se centra en las actividades de exploración y, cuando sea posible, en todas las actividades comprendidas en el plan de trabajo del contratista. Los programas de capacitación

deberían ofrecerse y llevarse a cabo durante todo el período de vigencia del contrato.

16. Con respecto al contenido de los programas de capacitación se formulan las siguientes recomendaciones:

    A. Los contratistas deberían:

        1. Discutir, tan pronto como sea posible, las oportunidades, el calendario y los posibles programas de capacitación con la Comisión Jurídica y Técnica;

        2. Llegar a un acuerdo sobre diversas oportunidades de capacitación después de realizar consultas con la Comisión y el Estado patrocinador;

        3. Considerar las necesidades de capacitación y desarrollo de la capacidad de los países en desarrollo y la secretaría (Empresa) cuando formulen sus programas de capacitación, de manera de asegurar el desarrollo de una amplia variedad de habilidades en la medida de lo posible;

        4. Sufragar, como mínimo, el equivalente a la capacitación de por lo menos diez pasantes durante cada período quinquenal del contrato;

        5. Identificar otras oportunidades de capacitación que puedan surgir durante el período de vigencia del contrato y tener en cuenta todos los cambios propuestos a los planes de estudio aprobados, cuando así se solicite;

        6. Realizar una contribución graciable a la Autoridad, destinada específicamente a actividades de capacitación, cuando las circunstancias indiquen que los programas de capacitación no pueden llevarse a cabo;

        7. Evitar por todos los medios perjudicar a posibles candidatos que cumplan con los requisitos para recibir la capacitación por circunstancias más allá de su control, como las barreras idiomáticas. En esos casos, deben hacerse todos los esfuerzos para buscar alternativas viables.

    B. La Comisión Jurídica y Técnica debería:

        1. Conocer plenamente, en la medida de lo posible, las necesidades de capacitación de los Estados en desarrollo que hayan propuesto candidatos para recibir capacitación;

        2. Conocer las necesidades de capacitación y desarrollo de la capacidad de la Empresa;

        3. Conocer las oportunidades de capacitación práctica que puedan surgir del plan quinquenal de trabajo de un contratista;

        4. Conocer el resultado de los programas de capacitación anteriores a fin de orientar la planificación y la programación futuras.

C. El Secretario General debería:

1. Desarrollar capacidades y recursos en la secretaría que se centren exclusivamente en la capacitación y el desarrollo de la capacidad. Una cuestión fundamental en que debería centrarse la atención es la creación de lo que inicialmente sería un sistema de información y, más tarde, una base de datos sobre las necesidades específicas de capacitación de los países en desarrollo;

2. Elaborar, en el corto plazo, formularios (electrónicos) de solicitud y propuesta de candidaturas con un diseño adecuado, que permitan la identificación óptima del candidato y las necesidades de capacitación;

3. Identificar y almacenar información sobre otras oportunidades de capacitación, instituciones y posibles asociados;

4. Formular y mantener un programa de largo plazo sobre las necesidades y las prioridades de los países a efectos de la planificación, para su uso por la Comisión en sus conversaciones con los contratistas;

5. Tener en cuenta las recomendaciones de la Comisión cuando se debatan y negocien los programas de capacitación con los contratistas.

V. Asignación de las oportunidades de capacitación

17. Hasta la fecha, la identificación de oportunidades de capacitación ha sido un proceso reactivo impulsado por la realización de una oferta por un contratista, seguida de un sondeo de los intereses de los países interesados y, por último, la adopción de una decisión después de la selección de los candidatos por la Comisión. Si la capacitación ha de basarse en las necesidades, es preciso que el proceso sea proactivo. La Autoridad debe establecer la capacidad y los procesos necesarios y un sistema por el cual pueda orientar de manera proactiva cualquier programa de capacitación, en lugar de actuar como mero cauce para responder a ofrecimientos individuales.

18. Se recomienda que cada parte proceda de la siguiente manera:

A. El contratista debería:

1. Suministrar la mayor cantidad posible de información a la secretaría acerca de su plan de trabajo y las oportunidades de capacitación disponibles relacionadas con este, incluido el número de plazas para pasantes, fechas y otros requisitos específicos para llevar a cabo la actividad de capacitación;

2. Ser proactivo para mantener a la Autoridad informada con respecto a las nuevas oportunidades y a cualquier cambio;

3. Alentar a los posibles solicitantes y a los Estados que presentan candidaturas a presentar solicitudes a la Autoridad usando los formularios correspondientes;

4. Una vez que el programa de capacitación sea aprobado, mantener un vínculo con la secretaría sobre la selección final de los candidatos que recibirán capacitación, por ejemplo, con respecto a cuestiones como los requisitos para los visados y las cualificaciones académicas.

B. El Estado patrocinador, en particular si se trata de un país en desarrollo, debería:

1. Informar a la secretaría de todos los detalles de los candidatos que presentan para la capacitación;

2. Asegurar, cuando sea posible, que sus requisitos de capacitación se basan en un acuerdo bilateral y las exigencias de patrocinio;

3. Informar a la secretaría si tiene necesidades de capacitación que vayan más allá del acuerdo bilateral y que su contratista no esté en condiciones de satisfacer.

C. La secretaría debería:

1. En el corto plazo, dar a conocer de la manera más amplia y lo antes posible información acerca de las oportunidades de capacitación. Esto debería hacerse a través de notificaciones oficiales a los Estados miembros y mediante el contacto directo con miembros de la Comisión, organizaciones internacionales pertinentes, instituciones científicas y otras partes interesadas;

2. Investigar la manera de alentar a una mayor participación de nacionales de países en desarrollo en las actividades de capacitación de la Autoridad;

3. Formular un programa de desarrollo de la capacidad y crear la capacidad, las normas, las estrategias y los programas necesarios para:

   a. Recibir solicitudes de capacitación y preparar una lista de candidatos cualificados;

   b. Coordinar las solicitudes de capacitación, lo que incluye el mantenimiento de una base de datos de las necesidades de los países y de candidatos cualificados;

   c. Suministrar una actualización de la situación en cada período de sesiones de la Comisión sobre la capacitación y las solicitudes recibidas de candidatos interesados;

   d. Prestar asistencia para asignar candidatos adecuados incluidos en una lista aprobada previamente por la Comisión, o un subgrupo de estos, a las oportunidades de capacitación, a medida que vayan surgiendo, en consulta con los contratistas.

4. Velar por que la Comisión reciba en todo momento información completa y actualizada, de tal forma que pueda desempeñar sus funciones de la manera más eficiente y eficaz posible.

D. En cada período de sesiones de la Comisión Jurídica y Técnica, la Comisión deberá:

1. Nombrar un subcomité o subgrupo de la Comisión para asegurar que los asuntos relacionados con los programas de capacitación se examinan y tratan con la mayor profundidad posible;

2. Examinar todas las solicitudes de capacitación que se le hayan enviado;

3. Llegar a un acuerdo sobre una lista de candidatos aprobados previamente, a partir de la información recibida de la secretaría, basándose en criterios transparentes;

4. Suministrar orientación respecto del tipo de candidatos y su asignación preferida, sobre la base de las oportunidades disponibles;

5. Llevar a cabo revisiones periódicas para asegurar el cumplimiento del objetivo de distribución geográfica equitativa de las oportunidades.

VI. Procedimiento para la presentación de información

19. Con el fin de cumplir con los objetivos de responsabilidad y transparencia, es necesario un proceso formal de presentación de información sobre las actividades de capacitación. El proceso que se describe a continuación permitiría hacer un mejor análisis de la capacitación realizada y una planificación más eficaz de los programas futuros, de modo que satisfagan las necesidades y los requisitos de los Estados en desarrollo. Las responsabilidades de cada parte son las siguientes:

A. El contratista:

1. Deberá incluir en sus informes anuales datos sobre las actividades de capacitación realizadas en el año que se examine;

2. Deberá incluir en sus planes de trabajo información sobre cualquier cambio en los programas de capacitación;

3. Debería tener en cuenta las orientaciones de la Comisión cuando presente su programa de capacitación inicial y también al ajustar su programa de capacitación atendiendo a los nuevos acontecimientos, si fuera necesario.

B. Debería solicitarse a los pasantes que:

1. Suministraran un informe al final de su capacitación en el que indiquen la forma en que se han beneficiado de esa oportunidad. Si fuera posible, deberían indicar objetivamente si se cumplieron sus expectativas. El informe se pondrá a disposición de la Autoridad, el contratista y el Estado que hubiera presentado la candidatura. Nada de lo que figure en el informe del pasante afectará o pondrá en peligro los derechos del contratista, dado que podría relacionarse con asuntos comerciales delicados, derechos de propiedad intelectual u otro asunto confidencial;

2. Suministraran un informe cinco años después de finalizada la capacitación, que permitiera evaluar los beneficios a largo plazo. El Estado que presente la candidatura debe velar por el cumplimiento de esta obligación;

3. Suministraran comentarios o información que puedan ayudar a la Comisión a dar orientación para futuros programas de capacitación. El pasante debería informar de todos los beneficios recibidos o transmitidos como resultado de la capacitación;

4. Indicaran si podrían ponerse a disposición de la Empresa o el país en desarrollo, si se les solicitara.

C. La secretaría debería:

1. Informar de cualquier cambio en los programas de capacitación en cada período de sesiones de la Comisión, lo que incluye información sobre los candidatos que han ocupado puestos de capacitación y sobre las nuevas solicitudes de capacitación que se hayan recibido, con el fin de permitir a los miembros de la Comisión formular orientaciones;

2. Mantenerse en contacto con antiguos pasantes para hacer un seguimiento de los beneficios de la capacitación y la disponibilidad futura;

3. Informar del progreso de todo programa de desarrollo de la capacidad que haya puesto en marcha, lo que incluye, aunque no exclusivamente, la situación de la Empresa;

4. Suministrar un informe anual a la Comisión sobre el estado de los programas de capacitación y desarrollo de la capacidad, incluidos los resultados de actividades de capacitación pertinentes obtenidos a través del Fondo de Dotación y la colaboración con otras instituciones y organismos de las Naciones Unidas.

D. La Comisión Jurídica y Técnica deberá:

1. Suministrar orientación adicional sobre capacitación basada en los informes recibidos, en particular sobre la forma, el contenido y la estructura de futuros programas de capacitación, y prestar asesoramiento sobre los criterios de selección de futuros candidatos;

2. Realizar, cuando sea posible, un seguimiento de todas las actividades dentro de la Zona e identificar posibles oportunidades científicas o tecnológicas o lagunas que puedan ser objeto de futuros programas de capacitación o investigación científica marina;

3. Suministrar opiniones de manera periódica al Consejo como parte de su proceso habitual de presentación de información.

VII. Proceso de examen

20. Se recomienda que la secretaría realice un seguimiento de los resultados de la capacitación impartida en virtud de las presentes recomendaciones y lleve a cabo una evaluación de manera periódica.

21. Las presentes recomendaciones deberían revisarse y actualizarse cada cierto tiempo.

VIII. Descargo de responsabilidad

22. Nada de lo previsto en las presentes recomendaciones orientativas se interpretará de manera incompatible con el propósito y la finalidad de los reglamentos.

Anexo

Plantilla para el resumen informativo de las actividades de capacitación

(A completar por el contratista)

Tipo de capacitación (indicar el número total de oportunidades de capacitación que se ofrecerán)	
Instituciones adicionales que participen además del contratista (enumerar)	
Objetivos y metas del programa de capacitación	
Habilidades que se enseñarán o desarrollarán	
Calendario de actividades de capacitación	
Años en que se llevará a cabo la capacitación	
Número de participantes y años en que recibirán la capacitación	
Sugerencias concretas con respecto a la selección de posibles candidatos (requisitos de idioma, calificaciones mínimas, etc.)	

Autoridad Internacional de los Fondos Marinos

ISBA/21/LTC/11

 **Comisión Jurídica y Técnica**

Distr. general
14 de abril de 2015
Español
Original: inglés

21º período de sesiones
Kingston (Jamaica)
13 a 24 de julio de 2015

Recomendaciones relativas a las orientaciones de los contratistas para la presentación de informes sobre los gastos de exploración efectivos y directos

Publicadas por la Comisión Jurídica y Técnica

La Comisión Jurídica y Técnica, actuando de conformidad con el artículo 39 del Reglamento sobre Prospección y Exploración de Nódulos Polimetálicos en la Zona, el artículo 41 del Reglamento sobre Prospección y Exploración de Sulfuros Polimetálicos en la Zona y el artículo 41 del Reglamento sobre Prospección y Exploración de Costras de Ferromanganeso con Alto Contenido de Cobalto en la Zona, formula las siguientes recomendaciones para orientación de los contratistas.

I. Introducción

1. En las presentes recomendaciones orientativas, las alusiones al "Reglamento" son referencias colectivas al Reglamento sobre Prospección y Exploración de Nódulos Polimetálicos en la Zona, el Reglamento sobre Prospección y Exploración de Sulfuros Polimetálicos en la Zona y el Reglamento sobre Prospección y Exploración de Costras de Ferromanganeso con Alto Contenido de Cobalto en la Zona. Las alusiones a "las cláusulas uniformes" se refieren a las cláusulas uniformes pertinentes del contrato concreto en cuestión.

2. El objeto de las presentes recomendaciones es ofrecer orientación a los contratistas en relación con las siguientes cuestiones:

   a) Los libros, cuentas y registros financieros que deberán llevar con arreglo a la cláusula 9 del anexo 4 del Reglamento;

   b) La determinación de los principios contables internacionalmente aceptados;

   c) La presentación de información financiera en el informe anual que deberán presentar en cumplimiento de lo dispuesto en la cláusula 10 del anexo 4 del Reglamento;

15-05894 (S)   300415   300415
1505894

d) La definición de los gastos de exploración efectivos y directos enunciada en el apartado c) de la cláusula 10.2 del anexo 4 del Reglamento;

e) La forma de certificar los gastos de exploración efectivos y directos.

3. A menos que se indique lo contrario, los términos y las frases definidos en el Reglamento tienen el mismo significado en las presentes recomendaciones.

4. El requisito de presentar informes financieros detallados cumple un doble objetivo. Por una parte, es reflejo del deber de diligencia debida, que se incluye habitualmente en los contratos de exploración y explotación minera como medio para cuantificar de manera objetiva el cumplimiento por parte del contratista de su plan de trabajo. A este respecto, como parte del procedimiento para solicitar la aprobación de un plan de trabajo de exploración, los contratistas deben incluir un programa de actividades para un período de cinco años y un plan de gastos anuales previstos en relación con dicho programa. De acuerdo con las cláusulas uniformes (anexo 4, cláusula 4.2), cada año de vigencia del contrato los contratistas deben realizar gastos directos y efectivos por concepto de exploración de un monto no inferior al indicado en el programa de actividades o en una modificación del programa introducida de común acuerdo. De este modo, el informe financiero anual es el único medio con que cuenta la Autoridad para verificar objetivamente el cumplimiento por los contratistas de estas disposiciones.

5. El segundo motivo para exigir la presentación de información financiera puede traducirse en un beneficio directo para el contratista. Es práctica habitual en la industria minera permitir que ciertos componentes de los gastos que lleva aparejados la puesta en marcha de una explotación puedan deducirse de los futuros ingresos obtenidos una vez iniciada la fase de producción. En lo que a las actividades mineras en los fondos marinos se refiere, en el artículo 13 del anexo III de la Convención de las Naciones Unidas sobre el Derecho del Mar se incluyeron disposiciones específicas relativas a la definición de los "gastos de inversión" y su recuperación en determinadas circunstancias. En virtud del Acuerdo relativo a la aplicación de la Parte XI de la Convención, estas disposiciones quedaron sin efecto. Sin embargo, en el apartado c) de la cláusula 10.2 del anexo 4 del Reglamento se prevé la posibilidad de que la Autoridad, llegado el momento, permita recuperar algunos componentes de los gastos de inversión, al establecer que el contratista podrá reclamar esos gastos como parte de sus costos previos al comienzo de la producción comercial. En esos casos, es especialmente importante contar con algún mecanismo para verificar objetivamente el monto de los gastos, su relación con el programa de actividades y si se trata de gastos de exploración efectivos y directos.

II. Libros, cuentas y registros financieros

6. En la cláusula 9 del anexo 4 del Reglamento se establece que cada contratista habrá de llevar "un juego completo y en debida forma de libros, cuentas y registros financieros compatibles con los principios contables internacionalmente admitidos". A los fines del Reglamento, la Comisión recomienda que los contratistas adopten y apliquen las Normas Internacionales de Información Financiera adoptadas por la Junta de Normas Internacionales de Contabilidad, en particular la norma 6, relativa a la presentación de información financiera acerca de los gastos asociados con la exploración y la evaluación de recursos minerales. Además, a fin de garantizar la comparación con los estados financieros de ejercicios anteriores de un mismo

contratista, y con los de otros contratistas, todos los estados financieros, incluido el que se debe acompañar al informe anual que se ha de presentar atendiendo a lo dispuesto en la cláusula 10 del anexo 4 del Reglamento, deben respetar un formato compatible con la norma internacional de contabilidad 1.

III. Presentación de información financiera

7. En la cláusula 9 del anexo 4 del Reglamento se establece también que "en esos libros, cuentas y registros financieros se dejará constancia clara de los gastos de exploración efectivos y directos y de los demás datos que faciliten la comprobación efectiva de esos gastos". Por consiguiente, los contratistas deberían proporcionar información que permita identificar y explicar los importes declarados en los estados financieros que procedan de la exploración y la evaluación de recursos minerales. A este fin, se recomienda que los contratistas indiquen las políticas contables que aplican a los gastos de exploración y evaluación, incluido el reconocimiento de los activos para exploración y evaluación. Los contratistas también deberían declarar el importe de los activos, los pasivos, los ingresos y los gastos, y de las corrientes de efectivo de las actividades operacionales y de inversión, procedentes de la exploración y la evaluación de recursos minerales.

8. Los estados financieros deberían abarcar el mismo período que el período sobre el que se informa, que por lo general debería corresponder a un año civil. Cuando ello no sea posible, por ejemplo, porque el país en que se encuentre tenga un ejercicio económico diferente, el contratista debería indicar el año contable y, en la medida de lo posible, proporcionar un resumen de gastos prorrateado que coincida con el ejercicio sobre el que se informa.

9. El estado financiero debería ajustarse al programa de actividades propuesto, incluido el plan de gastos anuales previstos, que figura en el anexo 2 del contrato, para el mismo período de tiempo. Se debería señalar y explicar claramente toda desviación del programa de actividades propuesto y el plan de gastos anuales previstos. Ello debería hacerse mediante una modificación oficial del programa propuesto, previamente acordada por las partes.

10. Cuando una actividad de exploración exceda los límites de un año contable, los gastos declarados deberían estar relacionados exclusivamente con las actividades realizadas durante el año contable pertinente. Dichos gastos deberían distinguirse claramente de los asociados con actividades de exploración pasadas, previas o futuras.

11. También se debería indicar si no ha habido gasto alguno.

IV. Gastos de exploración efectivos y directos

12. De conformidad con el Reglamento, los gastos declarados deberían ser únicamente los gastos efectivos y directos de la exploración. No todos los gastos efectuados durante un período sobre el que se informe pueden considerarse como un gasto de exploración efectivo y directo. En general, se considera que los gastos efectivos y directos de la exploración son los necesarios para realizar las actividades de exploración del recurso concreto pertinente al contrato dentro del ejercicio económico en cuestión y de acuerdo con el programa de actividades establecido en

el contrato de exploración. Dichos gastos deberían presentarse debidamente desglosados en la declaración de gastos.

13. De conformidad con el apartado b) del párrafo 3 del artículo 1 del Reglamento, por exploración se entiende la búsqueda de yacimientos en la Zona en virtud de derechos exclusivos, su análisis, la utilización y el ensayo de los sistemas y el equipo de extracción, las instalaciones de procesamiento y los sistemas de transporte, y la realización de estudios de los factores ambientales, técnicos, económicos y comerciales y otros factores apropiados que haya que tener en cuenta en la explotación. En consecuencia, puede concluirse que los gastos directamente asociados con la exploración deben ser los comprendidos en la lista de actividades que definen el concepto de exploración. En la norma 6 de las normas internacionales de contabilidad también se proporciona una lista no exhaustiva de ejemplos de desembolsos que podrían incluirse en la valoración inicial de los activos para exploración y evaluación. Para que se consideren gastos directos, los gastos deben haberse realizado directamente en relación con la exploración efectuada de conformidad con el programa de trabajo que figure en el contrato. En el anexo se incluye un formato recomendado para la declaración de gastos de exploración efectivos y directos.

14. Los gastos declarados también deben ser gastos efectivos. Ello implica que los gastos se hayan realizado efectivamente y no sean teóricos, estimados ni proyectados. Los gastos efectivos también están asociados en el tiempo con los efectuados durante el año objeto de informe, por lo que excluyen los que corresponden a la labor de exploración pasada o futura. Desde un punto de vista temporal, los gastos efectivos deben haberse realizado durante el ejercicio sobre el que se informe.

V. Certificación de los estados financieros

15. Uno de los requisitos que figuran en las cláusulas uniformes de los contratos de exploración es que los estados financieros en que se declaran los gastos de exploración efectivos y directos efectuados por el contratista en la ejecución del programa de actividades durante el año contable han de ser certificados por una empresa de contadores públicos debidamente acreditada o, cuando el contratista sea un Estado o una empresa estatal, por el Estado patrocinador.

16. A fin de evitar confusión en la aplicación de estos requisitos, cuando el contratista sea un Estado o una empresa estatal se debe indicar en el informe anual qué entidad del Estado patrocinador es competente para certificar los estados financieros.

17. La fecha de expedición de la certificación debería ser la misma que la de otros componentes de los informes anuales, es decir, igual o anterior al 31 de marzo. Cuando ello no sea posible, por ejemplo, cuando la autoridad certificadora aplique un ejercicio económico diferente, el contratista debería indicar la fecha provisional de presentación en el informe anual. Una vez que el certificado esté disponible, el contratista debería presentarlo sin demora al Secretario General.

Anexo

Formato recomendado para la declaración de gastos de exploración efectivos y directos

1. Se deben comunicar los gastos realizados con cargo a las siguientes partidas:

   - **Labor de exploración**
     - Investigación y análisis, incluidas las investigaciones sobre el terreno
     - Equipo e instrumentos
   - **Estudios ambientales**
     - Investigación y análisis, incluidas las investigaciones sobre el terreno
     - Equipo e instrumentos
   - **Desarrollo de tecnología minera**
     - Investigación y análisis, incluidas las investigaciones sobre el terreno
     - Equipo e instrumentos
   - **Desarrollo de procesos metalúrgicos**
     - Investigación y análisis, incluidas las investigaciones sobre el terreno
     - Equipo e instrumentos
   - **Capacitación**
   - **Otras actividades**
     - Preparación del informe anual
     - Cualquier otro gasto de exploración efectivo y directo que no abarquen las partidas anteriores, pero que forme parte del programa de actividades de conformidad con el contrato.

2. Cuando un gasto pueda atribuirse a diversas actividades, solo se debe incluir en una partida a fin de evitar duplicaciones.

3. Los gastos comunicados en cada partida deberían, en lo posible, desglosarse en: a) gastos operacionales; b) gastos de capital: c) gastos de personal; y d) gastos generales. Si se hizo un crucero de exploración, se debe especificar la cuantía diaria efectiva del tiempo de buque y la cuantía diaria de todo equipo de gran tamaño utilizado durante el crucero.

4. Se desglosarán en el informe los gastos de capital en un solo artículo que superen los 200.000 dólares en un año.

Autoridad Internacional de los Fondos Marinos

ISBA/21/LTC/15

Comisión Jurídica y Técnica

Distr. general
4 de agosto de 2015
Español
Original: inglés

Recomendaciones para orientar a los contratistas respecto al contenido, el formato y la estructura de sus informes anuales

1. La Comisión Jurídica y Técnica de la Autoridad Internacional de los Fondos Marinos, actuando de conformidad con el artículo 39 del Reglamento sobre Prospección y Exploración de Nódulos Polimetálicos en la Zona, el artículo 41 del Reglamento sobre Prospección y Exploración de Sulfuros Polimetálicos en la Zona y el artículo 41 del Reglamento sobre Prospección y Exploración de Costras de Ferromanganeso con Alto Contenido de Cobalto en la Zona, formula las presentes recomendaciones para orientación de los contratistas.

I. Introducción

2. En las presentes recomendaciones, las alusiones al "Reglamento" son referencias colectivas al Reglamento sobre Prospección y Exploración de Nódulos Polimetálicos en la Zona, el Reglamento sobre Prospección y Exploración de Sulfuros Polimetálicos en la Zona y el Reglamento sobre Prospección y Exploración de Costras de Ferromanganeso con Alto Contenido de Cobalto en la Zona. Las alusiones a "las cláusulas" se refieren a las cláusulas uniformes pertinentes del contrato concreto en cuestión.

3. El propósito de las presentes recomendaciones es proporcionar orientación a los contratistas en relación con el contenido, el formato y la estructura de sus informes anuales. Contiene requisitos generales para el informe anual, y directrices específicas para la presentación de informes sobre la exploración de nódulos polimetálicos en el marco de un contrato, los sulfuros polimetálicos y las costras de ferromanganeso con alto contenido de cobalto. Las recomendaciones reemplazan a la orientación proporcionada por la Comisión en el anexo del documento ISBA/8/LTC/2, y deben ser aplicadas por todos los contratistas con efecto a partir del 1 de enero de 2016.

II. Prescripciones generales

4. Los informes anuales sobre las actividades realizadas en el año anterior se presentarán al Secretario General a fines de marzo de cada año y contendrán la información especificada en la cláusula 10 del anexo IV del Reglamento.

5. Los informes deben presentarse en copia impresa y en formato electrónico, y todos los datos ambientales y geológicos han de presentarse en formato digital y espacialmente georreferenciado que sea compatible con los requisitos de la Autoridad, utilizando para ello las plantillas publicadas por la Comisión que figuran en el anexo IV del presente documento.

6. En los informes se deben presentar los resultados de la labor realizada durante el año objeto del informe en relación con el plan de trabajo aprobado para la exploración. El contratista debe indicar sus objetivos a corto plazo (1 año), mediano plazo (5 años) y largo plazo (10 a 15 años). Los informes deben también contener información sobre la gestión de los proyectos a fin de dar un panorama general de los progresos realizados en la ejecución del programa de trabajo y, cuando proceda, de los programas de capacitación.

7. En los informes se ha de indicar claramente la labor efectivamente realizada durante el año objeto del informe.

III. Orientación específica

8. El contenido, el formato y la estructura recomendados de los informes anuales sobre la exploración de nódulos polimetálicos en el marco de un contrato se indican en el anexo I.

9. El contenido, el formato y la estructura recomendados de los informes anuales sobre la exploración de sulfuros polimetálicos en el marco de un contrato se indican en el anexo II.

10. El contenido, el formato y la estructura recomendados de los informes anuales sobre la exploración de costras de ferromanganeso con alto contenido de cobalto en el marco de un contrato se indican en el anexo III.

11. En el anexo IV figura una lista de las plantillas que se utilizarán para la presentación de datos geológicos y ambientales.

12. La norma de clasificación de la Autoridad para la presentación de evaluaciones de la exploración de minerales, recursos minerales y reservas minerales, en su forma aprobada por la Comisión, figura en el anexo V.

Anexo I

Contenido, formato y estructura de los informes anuales sobre la exploración de nódulos polimetálicos en el marco de un contrato

I. Resumen

1. Se pide al contratista que presente un resumen de los principales logros y dificultades en 20xx [indicar el año] (máximo de cuatro páginas).

II. Generalidades

2. Se pide al contratista que presente:

a) Información sobre los ajustes hechos al programa de actividades, si los hubiere, para 20xx [indicar el año].

b) Una respuesta a las observaciones de la Autoridad Internacional de los Fondos Marinos sobre el anterior informe anual, si las hubiere.

III. Resultados de las labores de exploración

3. Programa previsto y finalización efectiva

Se pide al contratista que informe sobre el programa de trabajo anual que se ha llevado a término y acerca de toda desviación respecto al programa previsto.

4. Métodos y equipo

Se pide al contratista que enumere y describa los métodos aplicados y el equipo utilizado para el levantamiento cartográfico, el muestreo o la realización de cualquier otra actividad referente a la exploración de los fondos marinos y su subsuelo durante sus expediciones de estudio.

a) Levantamiento cartográfico

Se pide al contratista que presente una descripción general de los métodos, equipo de obtención de datos y procedimientos (calibración, detalles sobre la instalación, etc.) utilizados para hacer un de la zona de exploración. La Autoridad es consciente de que dichos métodos comprenden, entre otros, los siguientes:

i) Ecosonda de haz simple y multihaz (montada en el casco y/o desde vehículos operados por control remoto o vehículos submarinos autónomos);

ii) Elaboración de perfiles de sonar de barrido lateral (remolcado por el buque, por vehículos operados por control remoto, vehículos submarinos autónomos u otros);

iii) Elaboración de perfiles del subsuelo del fondo marino;

iv) Fotografías y grabaciones en vídeo hechas con pinza con cámara de vídeo, trineo, vehículos operados por control remoto, vehículos submarinos autónomos, sumergibles u otros.

b) Muestreo

Se pide al contratista que presente una descripción general del programa de muestreo realizado, incluso del equipo de muestreo y los procedimientos para su utilización; por ejemplo sacatestigos, palas, dragas, u otros métodos y equipo. Esta descripción debe formularse en apoyo de la presentación de informes relativos a los datos geológicos y ambientales sobre los nódulos polimetálicos en las plantillas correspondientes (véase el anexo IV).

c) Otras actividades

Se pide al contratista que presente una descripción general de cualesquier otras actividades realizadas para obtener información y datos pertinentes sobre los fondos marinos y/o su subsuelo.

5. Datos obtenidos

Se pide al contratista que proporcione los datos recogidos durante el levantamiento cartográfico, el muestreo o la realización de cualesquier otras actividades referentes a la exploración de los fondos marinos y su subsuelo durante sus expediciones de estudio.

a) Datos relativos a la navegación

La información completa sobre la navegación por coordenadas geográficas debe presentarse como parte de todos los conjuntos de datos. Sin embargo, para facilitar la consulta se pide a los contratistas que proporcionen también archivos electrónicos con las coordenadas de cada uno de los apartados siguientes:

i) Ubicación de las estaciones (Station locations);

ii) Estaciones de recopilación de datos (track lines) de haces múltiples, sonares y sísmicos;

iii) Ruta de navegación del buque (Ship track).

b) Batimetría

La Autoridad cuenta con que el contratista presente los datos batimétricos obtenidos como archivos digitales xyz en formato ASCII (Código Estadounidense Estándar para el Intercambio de Información), o en formato SIG (sistema de información geográfica) común.

c) Sonar de barrido lateral y datos sísmicos

La Autoridad cuenta con que el contratista presente los datos recogidos como archivos digitales (SEG-Y o XTF) y/o imágenes de alta resolución (JPG, PDF, TIFF, etc.).

d) Fotografías y vídeos

La Autoridad solicita que el contratista entregue las fotografías y vídeos como imágenes representativas de alta resolución (JPG, PDF, TIFF, etc.).

e) Características de los nódulos

Los nódulos se caracterizan por su abundancia, morfología, composición mineral y características químicas y propiedades físicas. Se pide al contratista que presente una descripción general de esas características y de los métodos analíticos aplicados. Los resultados concretos de los análisis de los nódulos y el sustrato en cada una de las estaciones de muestreo deben notificarse en un cuadro en el formato de la plantilla de datos geológicos sobre los nódulos polimetálicos (véase el anexo IV).

6. Interpretaciones y evaluaciones

Se pide al contratista que informe acerca de los resultados de las interpretaciones de la geología del yacimiento mineral y de las evaluaciones de los recursos efectuadas en base a los datos recogidos.

a) Interpretaciones del yacimiento mineral

Las interpretaciones hechas por el contratista en relación con los diferentes aspectos del yacimiento mineral podrán notificarse en forma de mapas comentados, por ejemplo en batimetría, morfología de los fondos marinos, geología o litología, abundancia de nódulos, distribución del metal, distribución de los recursos, etc. (en forma de archivos shape e imágenes digitales).

b) Estimaciones sobre los recursos minerales

Si el contratista ha llegado a la etapa de hacer estimaciones de recursos de los yacimientos minerales, se debe presentar información detallada sobre los apartados siguientes:

i) El método de estimación;

ii) La clasificación de los recursos/reservas, presentada de conformidad con la norma para la presentación de informes de la Autoridad (véase el anexo V).

c) El informe deberá también contener una declaración de la cantidad de nódulos extraídos como muestras o con fines de ensayo (incluso si la cantidad es nula).

7. Estrategia futura para las labores de exploración

Se pide al contratista que informe sobre toda novedad pertinente en su estrategia futura para las labores de exploración.

IV. Estudios ambientales de referencia (vigilancia y evaluación)

8. Para obtener orientación sobre los estudios ambientales de referencia, el contratista debe consultar las "Recomendaciones para información de los contratistas con respecto a la evaluación de los posibles efectos ambientales de la exploración de minerales marinos en la Zona" (ISBA/19/LTC/8, secc. III).

A. Vigilancia ambiental

9. Se pide también al contratista que presente:

a) Una descripción de los objetivos durante el período de que se informa (previstos, en marcha y cumplidos);

b) Información sobre el equipo técnico y metodologías utilizados en las profundidades marinas, a bordo y en el laboratorio (incluidos los programas informáticos de análisis);

c) Los resultados obtenidos (resumidos también en forma de representaciones gráficas de datos en que se basan los resultados);

d) Una interpretación de las conclusiones, incluidas comparaciones con los datos publicados correspondientes a otros estudios;

e) Información sobre la oceanografía física (características de la columna de agua y corrientes cercanas a los fondos marinos, incluidas la velocidad y dirección actual de las corrientes, las temperaturas y la turbidez a diferentes profundidades, así como la elaboración de modelos hidrodinámicos). Los datos han de corresponder a las observaciones desde los puestos de amarre a largo plazo;

f) Información sobre la oceanografía química (características del agua de mar, por ejemplo valor del pH, oxígeno disuelto, alcalinidad total, concentraciones de nutrientes, carbono orgánico disuelto y particular, estimación del flujo de masa, metales pesados, oligoelementos y clorofila a);

g) Información sobre las comunidades biológicas y estudios sobre la diversidad biológica (por ejemplo la megafauna, la macrofauna, la meiofauna, la micro flora, la fauna nodular, los detritívoros bentónicos y las comunidades pelágicas);

h) Información sobre el funcionamiento de los ecosistemas (por ejemplo medidas de la bioturbación, isótopos estables, consumo de oxígeno de la comunidad de sedimentos).

B. Evaluación ambiental

10. Se pide al contratista que presente:

a) Información sobre el impacto ambiental de las actividades de exploración, incluso información acerca de un programa de vigilancia antes, durante y después de las actividades concretas pasibles de provocar daños graves;

b) Una declaración de que las actividades realizadas en la zona del contrato durante el año a que se refiere el informe anual no han causado daños graves y las pruebas que indiquen cómo se ha llegado a esa conclusión;

c) Información sobre el impacto ambiental de las pruebas de extracción de minerales, medido en las zonas de referencia del impacto;

d) Una evaluación de la solidez/potencia estadística teniendo en cuenta el tamaño y el número de las muestras y, en lo referente a las comunidades biológicas, la abundancia de especies individuales (con pruebas de la importancia estadística);

e) Un análisis de las deficiencias y estrategia futura para lograr los objetivos del programa quinquenal de actividades y los requisitos indicados en ISBA/19/LTC/8;

f) Un examen de la recuperación a lo largo del tiempo de las comunidades de los fondos marinos tras los experimentos de perturbación a largo plazo realizados en los fondos marinos;

g) Una evaluación de las ventajas y desventajas de los diferentes métodos de muestreo y análisis (incluido el control de calidad);

h) Una comparación de los resultados ambientales en zonas similares para entender la distribución y dispersión de las especies a escala de las cuencas oceánicas.

11. Todos los datos utilizados en el informe (cifras, gráficos y fotografías) deben notificarse utilizando la plantilla Excel para datos ambientales referentes a los nódulos polimetálicos (véase el anexo IV).

V. Ensayos de extracción y tecnologías de extracción propuestas

12. Se pide al contratista que presente:

a) Datos e información sobre las características del equipo de extracción diseñado y ensayado, cuando proceda, así como datos relativos al uso del equipo no diseñado por el contratista;

b) Una descripción del equipo, las operaciones y de los resultados de los ensayos de extracción;

c) Una descripción de las características y de los resultados de los experimentos (cuando proceda);

d) Con respecto a las tecnologías de extracción: Información sobre los avances tecnológicos realizados por el contratista con su programa de elaboración del sistema de extracción (por ejemplo, los colectores, el tubo vertical, el buque de producción, u otros);

e) Con respecto a las tecnologías de procesamiento:

i) Información sobre el procesamiento de minerales, pruebas metalúrgicas y rutas de procesamiento, por ejemplo si son tres metales, cinco metales, tierras raras u otros elementos;

ii) Información sobre otros métodos.

VI. Programa de capacitación

13. Se pide al contratista que presente información detallada sobre la ejecución del programa de capacitación de conformidad con el anexo 3 del contrato, teniendo en cuenta los requisitos contenidos en las recomendaciones para la orientación de contratistas y Estados patrocinadores relativas a los programas de capacitación de conformidad con los planes de trabajo para la exploración (ISBA/19/LTC/14).

VII. Cooperación internacional

14. Se pide al contratista que presente información sobre:

a) Participación en programas de cooperación patrocinados por la Autoridad;

b) Cooperación con otros contratistas;

c) Cooperación internacional de otra índole.

VIII. Estado financiero certificado de gastos de exploración efectivos y directos

15. Se pide al contratista que presente un estado financiero detallado que se ajuste a recomendaciones relativas a las orientaciones de los contratistas para la presentación de informes sobre los gastos efectivos y directos de exploración (ISBA/21/LTC/11) conforme a lo dispuesto en el anexo IV, sección 10 del reglamento.

IX. Programa de actividades para el año siguiente

16. Se pide al contratista que:

a) Indique brevemente la labor que tenga previsto realizar el año siguiente;

b) Describa los ajustes propuestos en el programa original de actividades para el año siguiente en el marco del contrato;

c) Explique los motivos que justifican dichos ajustes.

X. Información adicional proporcionada por el contratista

17. Se pide al contratista que presente:

a) Una lista de publicaciones pertinentes en revistas revisadas por pares que se hayan editado durante el año objeto del informe;

b) Referencias completa a los documentos y publicaciones científicas pertinentes.

Anexo II

Contenido, formato y estructura de los informes anuales sobre la exploración de sulfuros polimetálicos en el marco de un contrato

I. Resumen

1. Se pide al contratista que presente un resumen de los principales logros y dificultades en 20xx [indicar el año] (máximo de cuatro páginas).

II. Generalidades

2. Se pide al contratista que presente:

   a) Información sobre los ajustes al programa de actividades, si lo hubiere, para 20XX [indicar el año];

   b) Una respuesta a las observaciones de la Autoridad Internacional de los Fondos Marinos sobre el anterior informe anual, si las hubiere.

III. Resultados de las labores de exploración

3. Información relativa al programa previsto y finalización efectiva

   Se pide al contratista que informe sobre el programa de trabajo anual llevado a término y acerca de toda desviación respecto al programa previsto.

4. Métodos y equipo

   Se pide al contratista que enumere y describa los métodos aplicados y el equipo utilizado para el levantamiento cartográfico, el muestreo o la realización de cualquier otra actividad referente a la exploración de los fondos marinos y su subsuelo durante sus expediciones de estudio.

   a) Levantamiento cartográfico

   Se pide al contratista que presente una descripción general de los métodos, equipo de obtención de datos y procedimientos (calibración, detalles sobre la instalación, etc.) utilizados para hacer un levantamiento cartográfico de la zona de exploración. La Autoridad es consciente de que dichos métodos comprenden, aunque no exclusivamente, los siguientes:

   i) Ecosonda de haz simple y multihaz (montada en el casco y/o desde vehículos operados por control remoto o vehículos submarinos autónomos);

   ii) Medición de la conductividad, temperatura y profundidad, ya sea con un *hydrocast* (método de medición tomando muestras de agua) o con un *tow-yo* (aparato de medición de las variables por movimiento vertical en la columna de agua);

iii) Elaboración de perfiles por sonar de barrido lateral (remolcado por el buque, por vehículos operados por control remoto, vehículos submarinos autónomos u otros);

v) Elaboración de perfiles del subsuelo del fondo marino;

vi) Elaboración de perfiles electromagnéticos;

vii) Fotografías y grabaciones en vídeo hechas con pinza con cámara de vídeo, trineo, vehículos operados por control remoto, vehículos submarinos autónomos, sumergibles u otros;

viii) Otros métodos.

b) Muestreo

Se pide al contratista que presente una descripción general del programa de muestreo realizado, incluida una descripción del equipo de muestreo y de los procedimientos para su uso, por ejemplo sacatestigos, palas, dragas, vehículos operados por control remoto, sumergibles u otros métodos y equipo. Esa descripción debe formularse en apoyo de la presentación de informes relativos a los datos geológicos y ambientales sobre los sulfuros polimetálicos en las plantillas correspondientes (véase el anexo IV).

c) Otras actividades

Se pide al contratista que presente una descripción general de cualesquiera otras actividades que haya realizado para obtener información y datos pertinentes relativos a los fondos marinos o el subsuelo.

5. Datos obtenidos

Se pide al contratista que proporcione los datos recogidos durante el levantamiento cartográfico, el muestreo o la realización de cualesquier otras actividades referentes a la exploración de los fondos marinos y su subsuelo durante sus expediciones de estudio.

a) Datos relativos a la navegación

La información completa sobre la navegación por coordenadas geográficas debe presentarse como parte de todos los conjuntos de datos. Sin embargo, para facilitar la consulta se pide a los contratistas que proporcionen también archivos electrónicos con las coordenadas para cada uno de los apartados siguientes:

i) Ubicación de las estaciones (Station locations);

ii) Estaciones de recopilación de datos (track lines) de haces múltiples, sonares y sísmicos;

iii) Ruta de navegación del buque (Ship track).

b) Batimetría

La Autoridad cuenta con que el contratista presente los datos batimétricos obtenidos y procesados como archivos digitales xyz en formato ASCII (Código Estadounidense Estándar para el Intercambio de

Información) o en formato SIG (sistema de información geográfico común). Debe describirse pormenorizadamente la secuencia del procesamiento.

    c) Sonar de barrido lateral y datos sísmicos

La Autoridad cuenta con que el contratista presente los datos obtenidos como archivos digitales (SEG-Y o XTF) y/o imágenes de alta resolución (JPG, PDF, TIFF, etc.).

    d) Datos electromagnéticos

La Autoridad cuenta con que el contratista presente los datos (electro)magnéticos recogidos en forma de modelos digitales en un formato SIG común.

    e) Datos de potencial eléctrico espontáneo

La Autoridad cuenta con que el contratista presente los datos de potencial espontáneo recogidos en forma de modelos digitales en un formato SIG común.

    f) Parámetros del agua cercana al fondo marino

La Autoridad cuenta con que el contratista presente los datos obtenidos acerca del agua cercana al fondo marino (temperatura, salinidad, turbidez/transparencia, Eh (potencial de oxidación-reducción), pH, etc.), en forma de cuadros (Excel, txt., etc.) y gráficos en formato digital.

    g) Fotografías y vídeo

La Autoridad cuenta con que el contratista presente las fotografías y vídeos en forma de imágenes representativas de alta resolución (JPEG, PDF, TIFF, etc.).

    h) Características de los sulfuros polimetálicos

Los depósitos de sulfuros polimetálicos se caracterizan por su composición mineral, sus características químicas y sus propiedades físicas. Se pide al contratista que presente una descripción general de esas características y de los métodos analíticos aplicados al propio yacimiento mineral y a los sedimentos metalíferos asociados. Los resultados concretos de los análisis de los sulfuros polimetálicos, la mineralización a baja temperatura y el sustrato en cada una de las estaciones de muestreo deben indicarse en un cuadro con el formato de la plantilla de datos geológicos de los sulfuros polimetálicos (véase el anexo IV).

6. Interpretaciones y evaluaciones

Se pide al contratista que informe acerca de los resultados de las interpretaciones de la geología del yacimiento mineral y de las evaluaciones de los recursos hechas en base a los datos recogidos.

    a) Interpretaciones del yacimiento de mineral

Las interpretaciones hechas por el contratista en relación con los diferentes aspectos del yacimiento de mineral podrán notificarse en forma de mapas comentados, por ejemplo en batimetría, morfología de los fondos marinos, geología (incluida la delineación de depósitos), litología, etc. (en forma de archivos shape e imágenes digitales).

b) Actividad hidrotérmica asociada a los yacimientos

En el caso de los yacimientos de sulfuros polimetálicos, reviste interés especial la información sobre la actividad hidrotérmica. Se pide al contratista que presente la siguiente información relativa a los yacimientos activos e inactivos:

i) Método de detección de la actividad hidrotérmica:

– Observación directa (visualización) – con fotografías representativas;

– Observación indirecta (anomalías en la columna de agua), con *hydrocast* (método de medición tomando muestras de agua) o con un *tow-yo* (aparato de medición de las variables por movimiento vertical en la columna de agua).

c) Estimaciones sobre recursos minerales

Si el contratista ha llegado a la etapa de hacer estimaciones de recursos de los yacimientos de minerales, se debe presentar información detallada sobre los apartados siguientes:

i) El método de estimación;

ii) La clasificación de los recursos/reservas, presentada de conformidad con la norma de presentación de informes de la Autoridad (véase el anexo V).

d) El informe deberá también contener una declaración de la cantidad de sulfuros polimetálicos extraídos como muestras o con fines de ensayo (incluso si la cantidad es nula).

7. Estrategia futura para las labores de exploración

Se pide al contratista que informe sobre toda novedad pertinente en su estrategia futura para las labores de exploración.

IV. Estudios ambientales de referencia (vigilancia y evaluación)

8. Para obtener orientación sobre los estudios ambientales de referencia, el contratista debe consultar las recomendaciones para información de los contratistas con respecto a la evaluación de los posibles efectos ambientales de la exploración de minerales marinos en la Zona (ISBA/19/LTC/8, secc. III).

A. Vigilancia ambiental

9. Se pide al contratista que presente:

a) Una descripción de los objetivos durante el período de que se informa (previstos, en marcha y cumplidos);

b) Información sobre el equipo técnico y metodologías utilizados en las profundidades marinas, a bordo y en el laboratorio (incluidos los programas informáticos de análisis);

c) Los resultados obtenidos (resumidos también en forma de representaciones gráficas de datos en que se basan los resultados);

d) Una interpretación de las conclusiones, incluidas comparaciones con los datos publicados correspondientes a otros estudios;

e) Información sobre la oceanografía física (características de la columna de agua y corrientes cercanas a los fondos marinos, incluida la velocidad y dirección actual de las corrientes, la temperatura y la turbidez a diferentes profundidades, transporte en pendiente descendente y elaboración de modelos hidrodinámicos). Los datos deben corresponder también a los puestos de amarre a largo plazo para la realización de las labores;

f) Información sobre la oceanografía química (características del agua de mar, por ejemplo valor del pH, oxígeno disuelto, alcalinidad total, concentraciones de nutrientes, carbono orgánico disuelto y particular, estimación del flujo de masa, metales pesados, oligoelementos, clorofila a);

g) Información sobre las comunidades biológicas y estudios sobre la diversidad biológica (por ejemplo la diversidad de hábitat, la megafauna, la macrofauna, la meiofauna, las capas de bacterias, los detritívoros bentónicos y las comunidades pelágicas);

h) Información sobre el funcionamiento de los ecosistemas (incluidas las redes alimentarias, isótopos estables, ácidos grasos y el metabolismo de sulfuro de hidrógeno y metano).

B. Evaluación ambiental

10. Se pide al contratista que presente:

a) Información sobre el impacto ambiental de las actividades de exploración, incluida información acerca de un programa de vigilancia antes, durante y después de las actividades concretas pasibles de provocar daños graves;

b) Una declaración de que las actividades realizadas en la zona del contrato durante el año a que se refiere el informe anual no han causado daños graves y las pruebas que indiquen cómo se ha llegado a esa conclusión;

c) Información sobre el impacto ambiental de las pruebas de extracción de minerales, medido en las zonas de referencia del impacto;

d) Evaluación de la solidez/potencia estadística teniendo en cuenta el tamaño y número de las muestras y, en lo referente a las comunidades biológicas, la abundancia de especies individuales (con pruebas de la importancia estadística);

e) Un análisis de las deficiencias y estrategia futura para lograr los objetivos del programa quinquenal de actividades y los requisitos indicados en ISBA/19/LTC/8;

f) Un examen del cambio y la recuperación del ecosistema a consecuencia de las perturbaciones naturales y antropogénicas, incluidas las actividades de perforación);

g) Una evaluación de las ventajas y desventajas de los diferentes métodos de muestreo y análisis, incluido el control de calidad;

h) Una comparación de los resultados ambientales en zonas similares para entender la distribución y dispersión de las especies a escala de las cuencas oceánicas.

11. Todos los datos utilizados en el informe (cifras, gráficos y fotografías) deben notificarse utilizando la plantilla Excel de datos ambientales referentes a los sulfuros polimetálicos (ver el anexo IV).

V. Ensayos de extracción y tecnologías de extracción propuestas

12. Se pide al contratista que presente:

a) Datos e información sobre las características del equipo de extracción diseñado y ensayado, cuando proceda, así como datos relativos al uso del equipo no diseñado por el contratista (por ejemplo, equipo de distribución general, o *off the shelf*);

b) Una descripción del equipo, las operaciones y, cuando proceda, los resultados de los ensayos;

c) Una descripción de las características y de los resultados de los experimentos (cuando proceda);

d) Con respecto a las tecnologías de extracción, información sobre los avances tecnológicos realizados por el contratista con su programa de elaboración del sistema de extracción (por ejemplo, los colectores, el tubo vertical, el buque de producción, u otros);

e) Con respecto a las tecnologías de procesamiento

i) Información sobre el procesamiento de minerales, pruebas metalúrgicas y rutas de procesamiento;

ii) Información sobre otros métodos.

VI. Programa de capacitación

13. Se pide al contratista que presente información detallada sobre la ejecución del programa de capacitación de conformidad con el anexo 3 del contrato, teniendo en cuenta los requisitos contenidos en las recomendaciones para la orientación de contratistas y Estados patrocinadores relativas a los programas de capacitación de conformidad con los planes de trabajo para la exploración (ISBA/19/LTC/14).

VII. Cooperación internacional

14. Se pide al contratista que presente información sobre:

 a) Su participación en programas de cooperación patrocinados por la Autoridad;

 b) Cooperación con otros contratistas;

 c) Cooperación internacional de otra índole.

VIII. Declaración financiera certificada de gastos de exploración efectivos y directos

15. Se pide al contratista que presente un estado financiero detallado que se ajuste a las recomendaciones relativas a las orientaciones de los contratistas para la presentación de informes sobre los gastos efectivos y directos de exploración (ISBA/21/LTC/11) conforme a lo dispuesto en el anexo 4, en la sección 10 del reglamento".

IX. Programa de actividades para el año siguiente

16. Se pide al contratista que:

 a) Indique brevemente la labor que se tiene previsto realizar el año siguiente;

 b) Describa los ajustes propuestos en el programa original de actividades para el año siguiente en el marco del contrato;

 c) Explique los motivos que justifican dichos ajustes.

X. Información adicional proporcionada por el contratista

17. Se pide al contratista que presente:

 a) Una lista de publicaciones pertinentes en revistas revisadas por pares que se hayan editado durante el año objeto del informe;

 b) Referencias completas a todos los documentos, comunicados de prensa y publicaciones científicas pertinentes citados en el informe.

Anexo III

Contenido, formato y estructura del informe anual sobre los contratos de exploración de costras de ferromanganeso con alto contenido de cobalto

I. Resumen

1. Se pide al contratista que presente un resumen de los principales logros y dificultades en 20xx [indicar el año] (máximo de cuatro páginas).

II. Generalidades

2. Se pide al contratista que presente:

    a) Información sobre los ajustes hechos al programa de actividades, cuando los hubiere, para 20xx (año);

    b) Una respuesta a las observaciones de la Autoridad Internacional de los Fondos Marinos sobre el anterior informe anual, si las hubiere.

III. Resultados de las labores de exploración

3. Información relativa al programa previsto y finalización efectiva

    Se pide al contratista que informe sobre el programa de trabajo anual realizado y acerca de toda desviación respecto al programa previsto.

4. Métodos y equipo

    Se pide al contratista que enumere y describa los métodos aplicados y el equipo utilizado para el levantamiento cartográfico, el muestreo o cualquier otra actividad referente a la exploración de los fondos marinos y su subsuelo durante sus expediciones de estudio.

    a) Levantamiento cartográfico

    Se pide al contratista que presente una descripción general de los métodos, equipo de obtención de datos y procedimientos (calibración, detalles sobre la instalación, etc.) utilizados para hacer un levantamiento cartográfico de la zona de exploración. La Autoridad es consciente de que dichos métodos comprenden, aunque no exclusivamente, los siguientes:

    i) Ecosonda de haz simple y multihaz (montada en el casco y/o desde vehículos operados por control remoto o vehículos submarinos autónomos;

    ii) Elaboración de perfiles por sonar de barrido lateral (remolcado por el buque, por vehículos operados por control remoto, vehículos submarinos autónomos u otros);

    iii) Elaboración de perfiles de fondo (montado en el casco y/o vehículo teledirigido o vehículo submarino autónomo);

iv) Fotografías y grabaciones en vídeo con pinza con cámara de vídeo, trineo, vehículos operados por control remoto, vehículos submarinos autónomos, sumergibles, u otros;

v) Otros métodos (por ejemplo, detección de rayos gamma).

b) Muestreo

Se pide al contratista que presente una descripción general del programa de muestreo que se haya llevado a término, incluido el equipo de muestreo y los procedimientos para su utilización, por ejemplo perforadoras, dragas, vehículos operados por control remoto, submarinos u otros métodos y equipo. Esta descripción debe formularse en apoyo de la presentación de informes relativos a los datos geológicos y ambientales sobre las costras de ferromanganeso con alto contenido de cobalto, que figuran en el anexo IV.

c) Otras actividades

Se pide al contratista que presente una descripción general de cualesquier otras actividades realizadas para obtener información y datos pertinentes sobre los fondos marinos y/o su subsuelo.

5. Datos obtenidos

Se pide al contratista que proporcione los datos que ha obtenido tras el levantamiento cartográfico, el muestreo o la realización de cualesquier otras actividades referentes a la exploración de los fondos marinos y su subsuelo durante sus expediciones de estudio.

a) Datos relativos a la navegación

La información completa sobre la navegación por coordenadas geográficas debe presentarse como parte de todos los conjuntos de datos. Sin embargo, para facilitar la consulta se pide a los contratistas que proporcionen también archivos electrónicos con las coordenadas para cada uno de los apartados siguientes:

i) Ubicación de las estaciones (Station locations);

ii) Estaciones de recopilación de datos (track lines) de haces múltiples, sonares y sísmicos;

iii) Ruta de navegación del buque (Ship track).

b) Batimetría

La Autoridad cuenta con que el contratista presente los datos batimétricos obtenidos como archivos digitales xyz en formato ASCII (Código Estadounidense Estándar para el Intercambio de Información), o en formato SIG (sistema de información geográfica) común.

c) Sonar de barrido lateral y datos sísmicos

La Autoridad cuenta con que el contratista presente los datos sísmicos obtenidos como archivos digitales (SEG-Y o XTF) y/o imágenes de alta resolución (JPG, PDF, TIFF, etc.).

d) Fotografías y vídeo

La Autoridad cuenta con que el contratista presente las fotografías y vídeo en forma de imágenes representativas de alta resolución (JPG, PDF, TIFF, etc.).

e) Características de las costras de ferromanganeso con alto contenido de cobalto

Los yacimientos de costras de ferromanganeso con alto contenido de cobalto se caracterizan por su grosor, cobertura de la corteza, composición mineral, características químicas y propiedades físicas. Se pide al contratista que presente una descripción general de esas características y de los métodos analíticos aplicados. Los resultados concretos de los análisis de las costras de ferromanganeso con alto contenido de cobalto en cada una de las estaciones de muestreo deben notificarse en un cuadro con formato de la plantilla de datos geológicos de las costras de ferromanganeso con alto contenido de cobalto (véase el anexo IV).

6. Interpretaciones y evaluaciones

Se pide al contratista que informe de los resultados de las interpretaciones de la geología del yacimiento mineral y de las evaluaciones de los recursos que haya hecho el contratista en base a los datos recogidos.

a) Interpretaciones del yacimiento mineral

Las interpretaciones hechas por el contratista en relación con los diferentes aspectos del yacimiento de mineral podrán notificarse en forma de mapas comentados, por ejemplo en batimetría, morfología de los fondos marinos, geología y litología, cobertura de la corteza, distribución del metal, distribución de los recursos, espesor de las costras y su variación especial y regional (en forma de archivos shape e imágenes digitales).

b) Estimaciones sobre recursos minerales

Si el contratista ha llegado a la etapa de hacer estimaciones de recursos de los yacimientos de minerales, se debe presentar información detallada sobre los apartados siguientes:

i) El método de estimación;

ii) La clasificación de los recursos/reservas presentada de conformidad con la norma para la presentación de informes de la Autoridad (véase el anexo V);

c) El informe deberá también contener una declaración de la cantidad de costras de ferromanganeso con alto contenido de cobalto extraídas como muestras o con fines de ensayo (incluso si la cantidad es nula).

7. Estrategia futura para las labores de exploración

Se pide al contratista que informe sobre toda novedad pertinente en su estrategia futura para las labores de exploración.

III. Estudios ambientales de referencia (vigilancia y evaluación)

8. Como orientación para los estudios ambientales de referencia, el contratista debe consultar las recomendaciones para información de los contratistas con respecto a la evaluación de los posibles efectos ambientales de la exploración de minerales marinos en la Zona (ISBA/19/LTC/8, secc. III).

A. Vigilancia ambiental

9. Se pide al contratista que presente:

a) Una descripción de los objetivos durante el período de que se informa (previstos, en marcha y cumplidos);

b) Información sobre el equipo técnico y metodologías utilizados en las profundidades marinas, a bordo y en el laboratorio (incluidos los programas informáticos de análisis);

c) Los resultados obtenidos (resumidos también en forma de representaciones gráficas de datos en que se basan los resultados);

d) Una interpretación de las conclusiones, incluidas comparaciones con los datos publicados correspondientes a otros estudios;

e) Información sobre la oceanografía física (características de la columna de agua y corrientes cercanas a los fondos marinos, incluida la velocidad y dirección actual de las corrientes, temperaturas, turbidez a diferentes profundidades, transporte en pendiente descendente y elaboración de modelos hidrodinámicos). Los datos deben corresponder a los puestos de amarre a largo plazo para la realización de las labores;

f) Información sobre la oceanografía química (características del agua de mar, por ejemplo valor del pH, oxígeno disuelto, alcalinidad total, concentraciones de nutrientes, carbono orgánico disuelto y particular, estimación del flujo de masa, metales pesados, oligoelementos, clorofila a);

g) Información sobre las comunidades biológicas y estudios sobre la diversidad biológica (incluidas la diversidad de hábitat, la megafauna, la macrofauna, la meiofauna, las capas de bacterias, los detritívoros bentónicos y las comunidades pelágicas);

h) Información sobre el funcionamiento de los ecosistemas (incluidas las redes alimentarias, los isótopos estables y los ácidos grasos).

B. Evaluación ambiental

10. Se pide al contratista que presente:

a) Información sobre el impacto ambiental de las actividades de exploración, incluida información sobre un programa de vigilancia antes, durante y después de las actividades concretas pasibles de provocar daños graves;

b) Una declaración de que las actividades realizadas en la zona del contrato durante el año a que se refiere el informe anual no han causado daños graves y las pruebas que indiquen cómo se ha llegado a esa conclusión;

c) Información sobre el impacto ambiental de las pruebas de extracción de minerales, medido en las zonas de referencia del impacto;

d) Una evaluación de la solidez/potencia estadística teniendo en cuenta el tamaño y número de las muestras y, en lo referente a las comunidades biológicas, la abundancia de especies (con pruebas de la importancia estadística);

e) Un análisis de las deficiencias y estrategia futura para lograr los objetivos del programa quinquenal de actividades y los requisitos señalados en ISBA/19/LTC/8;

f) Un examen del cambio y la recuperación del ecosistema a consecuencia de las perturbaciones naturales y antropogénicas, cuando corresponda;

g) Una evaluación de las ventajas y desventajas de los diferentes métodos de muestreo y análisis (incluido el control de calidad);

h) Una comparación de los resultados ambientales en zonas similares para entender la distribución y dispersión de las especies a escala de las cuencas oceánicas.

11. Todos los datos utilizados en el informe (cifras, gráficos y fotografías) deben notificarse utilizando la planilla Excel relativa a datos ambientales sobre las costras de ferromanganeso con alto contenido de cobalto (véase el anexo IV).

V. Ensayos de extracción y tecnologías de extracción propuestas

12. Se pide al contratista que presente:

a) Datos e información sobre las características del equipo de extracción diseñado y ensayado, cuando proceda, así como datos relativos al equipo no diseñado por el contratista;

b) Una descripción del equipo, las operaciones y, cuando proceda, los resultados de los ensayos;

c) Una descripción de las características y de los resultados de los experimentos (cuando proceda);

d) Con respecto a las tecnologías de extracción, información sobre los avances tecnológicos realizados por el contratista con su programa de elaboración del sistema de extracción (por ejemplo, los colectores, el tubo vertical, el buque de producción, u otros);

e) Con respecto a las tecnologías de procesamiento:

i) Información sobre el procesamiento de minerales, pruebas metalúrgicas y rutas de procesamiento;

ii) Información sobre otros métodos.

VI. Programa de capacitación

13. Se pide al contratista que presente información detallada sobre la ejecución del programa de capacitación de conformidad con el anexo 3 del contrato, teniendo en cuenta los requisitos contenidos en las recomendaciones para la orientación de contratistas y Estados patrocinadores relativas a los programas de capacitación de conformidad con los planes de trabajo para la exploración (ISBA/19/LTC/14).

VII. Cooperación internacional

14. Se pide al contratista que presente información sobre:

    a) Su participación en los programas de cooperación patrocinados por la Autoridad;

    b) Cooperación con otros contratistas;

    c) Cooperación internacional de otra índole.

VIII. Declaración financiera certificada de gastos de exploración efectivos y directos

15. Se pide al contratista que presente un estado financiero detallado que se ajuste a las recomendaciones relativas a las orientaciones de los contratistas para la presentación de informes sobre los gastos efectivos y directos de exploración (ISBA/21/LTC/11) conforme a lo dispuesto en el anexo IV, sección 10 del reglamento.

IX. Programa de actividades para el año siguiente

16. Se pide al contratista que:

    a) Indique brevemente la labor que se tiene previsto realizar el año siguiente;

    b) Describa los ajustes propuestos en el programa original de actividades para el año siguiente en el marco del contrato;

    c) Explique los motivos que justifican dichos ajustes.

X. Información adicional proporcionada por el contratista

17. Se pide al contratista que presente:

    a) Una lista de publicaciones pertinentes en revistas revisada por pares que se hayan editado durante el año objeto del informe;

    b) Referencias completas a todos los documentos, comunicados de prensa y publicaciones científicas pertinentes citados en el informe.

Anexo IV

Cuadro de las plantillas para la presentación de datos geológicos y ambientales tabulados

1. Plantilla de datos geológicos de los nódulos polimetálicos
2. Plantilla de datos geológicos de los sulfuros polimetálicos
3. Plantilla de datos geológicos de las costras de ferromanganeso con alto contenido de cobalto
4. Plantilla de datos ambientales de los nódulos polimetálicos
5. Plantilla de datos ambientales de los sulfuros polimetálicos
6. Plantilla de datos ambientales de las costras de ferromanganeso con alto contenido de cobalto

Anexo V

Norma de la Autoridad Internacional de los Fondos Marinos para la presentación de informes sobre las evaluaciones de los resultados de la exploración minera, los recursos y las reservas minerales

I. Introducción

1. El presente documento enuncia la norma que debe observarse en todos los documentos presentados a la Autoridad Internacional de los Fondos Marinos que incluyan la presentación de estimaciones de recursos en la Zona, que no estén destinados para su difusión al público ni tengan por objetivo principal informar a los inversores o posibles inversores y sus asesores. Estas estimaciones se deben presentar de conformidad con el sistema de clasificación de los recursos de la Autoridad, que se basa en las tres principales categorías de recursos: a) las evaluaciones de los resultados de la exploración de minerales; b) los recursos minerales; y c) las reservas minerales (véase el gráfico más abajo). Se basa en la plantilla internacional para la presentación de informes, edición de noviembre de 2013, del Comité de Normas Internacionales para la Presentación de Informes sobre Reservas Minerales (CRIRSCO)[1].

2. En el presente documento, los términos importantes se definen en párrafos en negrita. Cuando aparecen en la definición de otros términos, esos términos están subrayados. Las cláusulas modelo aparecen en letra normal. Los párrafos en cursiva ubicados después de las respectivas cláusulas tienen por objeto ayudar y orientar a los lectores para interpretar la aplicación de las cláusulas de la Norma de la Autoridad. El Apéndice 1 contiene una lista de términos genéricos y sus equivalentes y definiciones con el fin de evitar duplicaciones o ambigüedades.

---

[1] Este anexo fue preparado a petición de la Autoridad Internacional de los Fondos Marinos por un grupo integrado por C. Antrim, Directora Ejecutiva del Rule of Law Committee for Oceans (Estados Unidos de América), H. Parker, Presidente Adjunto del CRIRSCO y Geólogo y Geoestadístico Asesor en Minería de Amec Foster Wheeler (Estados Unidos), y P. R. Stephenson, antiguo Copresidente del CRIRSCO y Director/Geólogo Principal de AMC Consultants (Canadá), con aportaciones de los miembros del CRIRSCO. Se siguieron las directrices elaboradas por un grupo de trabajo en un seminario convocado por la Autoridad, en colaboración con el Ministerio de Ciencias de la Tierra de la India, sobre la clasificación de los recursos de nódulos polimetálicos, que tuvo lugar en Goa (India) del 13 al 17 de octubre de 2014. Los miembros del grupo de trabajo fueron los siguientes: Sr. Stephenson; Sra. Antrim; M. Nimmo, Geólogo Principal de Golder Associates (Australia); D. MacDonald, Presidente del Grupo de Expertos sobre Clasificación de los Recursos de la Comisión Económica para Europa; P. Kay, Gerente de Offshore Minerals, Geoscience (Australia); P. Madureira, Jefe Adjunto del Grupo de Tareas para la Extensión de la Plataforma Continental (Portugal); G. Cherkashov, Director Adjunto del Instituto de Geología y Recursos Minerales de Rusia para la Geología y los Recursos Minerales de los Océanos (Federación de Rusia); T. Ishiyama, Deep Ocean Resources Development (Japón); T. Abramowski, Director General de la Organización Conjunta Interoceanmetal (Polonia); J. Parionos, Geólogo Principal de Tonga Offshore Mining Limited (Tonga); y J. Paynjon, de TEC Sea Mineral Resources NV.

II. Alcance

3. Los principios fundamentales que rigen el funcionamiento y la aplicación de la Norma son la transparencia y la materialidad:

   a) La transparencia exige que la Autoridad, y en particular su Comisión Jurídica y Técnica, reciban información suficiente presentada en forma clara e inequívoca, a fin de que pueda comprenderlo y no se le induzca a error;

   b) La materialidad exige que el informe contenga toda la información pertinente que la Autoridad, y en particular su Comisión Jurídica y Técnica podrían esperar razonablemente encontrar en el informe, a fin de llegar a un juicio fundado y equilibrado respecto de los recursos o las reservas minerales de que se informa.

4. **La Norma especifica los criterios uniformes mínimos requeridos para que todos los documentos presentados a la Autoridad que incluyan evaluaciones de los resultados de la exploración minera, los recursos y las reservas minerales. No está destinada a ser difundida al público en general o cuyo objetivo principal sea informar a los inversores o posibles inversores y sus asesores**[2]. Se alienta a las entidades informantes a que proporcionen sus datos con la mayor amplitud posible en sus informes[3].

5. La estimación de los recursos y las reservas minerales es de por sí susceptible a un cierto grado de incertidumbre e inexactitud. Tal vez se necesiten aptitudes y experiencia considerables para interpretar los datos, como los de los mapas geológicos y los resultados analíticos basados en muestras que por lo general solo representan una pequeña parte de un yacimiento. En el informe se deberán exponer las dudas que se planteen, las que quedarán reflejadas en la elección de una determinada categoría de recursos y reservas minerales.

6. La Norma de Presentación de Informes es aplicable a todos los **recursos minerales** sobre los cuales la Autoridad exige la presentación de informes acerca de las **evaluaciones de los resultados de la exploración de minerales**, los **recursos y las reservas minerales**, con arreglo a sus normas, reglamentos y procedimientos.

7. Se reconoce que oportunamente será necesario volver a examinar la Norma de Presentación de Informes.

---

[2] Cuando los informes estén destinados principalmente al público en general o a los inversores o posibles inversores y sus asesores, la Autoridad recomienda que se ajusten a una de las normas de presentación de informes reconocidas por el CRIRSCO en consonancia con su plantilla internacional para la presentación de informes.

[3] Si bien se ha hecho todo lo posible por que la Norma de la Autoridad contemple la mayoría de las situaciones que puedan plantearse para presentar informes sobre las evaluaciones de los resultados de la exploración de minerales, recursos minerales y reservas minerales, es posible que en algunas ocasiones surjan dudas en cuanto a la forma más apropiada para divulgar la información. En tales caos, los usuarios de la Norma y quienes compilen los informes a fin de ajustarlos a dicha Norma deberán guiarse por su intención, que consiste en establecer un criterio mínimo para tales informes, y deberán velar porque estos contengan toda la información que puedan necesitar razonablemente los lectores y que esperen encontrar en ellos, a los fines de llegar a un juicio fundado y equilibrado respecto de las evaluaciones de los resultados de la exploración de minerales, recursos o reservas minerales de que se informa.

Relación general entre las evaluaciones de los resultados de la exploración
de minerales, recursos y reservas minerales

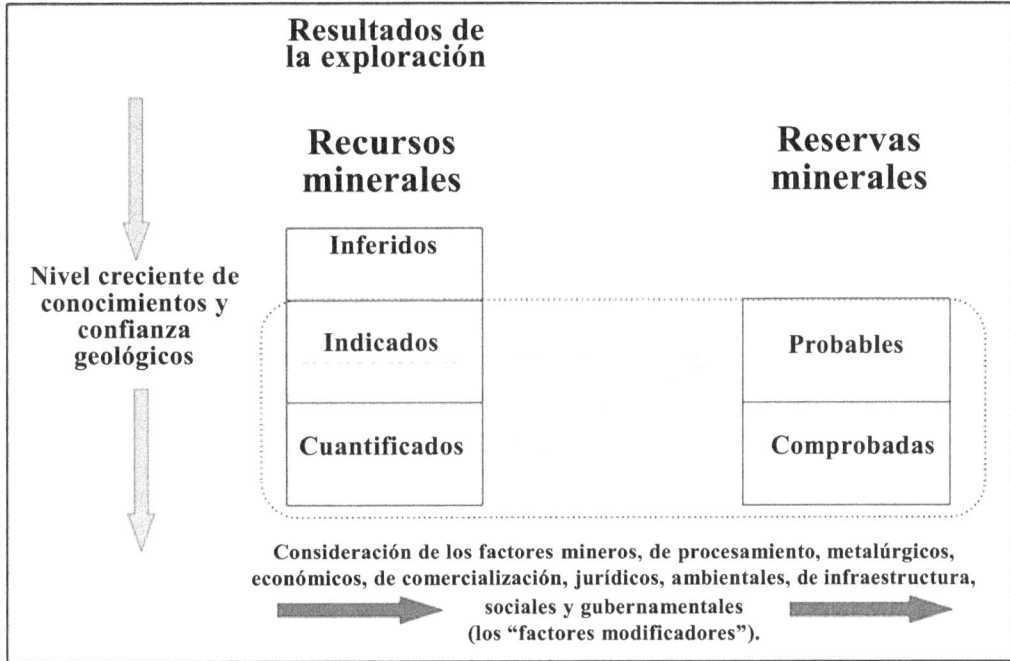

III. Terminología para la presentación de informes

8. Los factores modificadores se emplean para convertir <u>recursos minerales</u> en <u>reservas minerales</u>. Entre ellos figuran, entre otros, los factores relacionados con la explotación minera, el procesamiento, la metalurgia, la infraestructura, la economía y la comercialización, así como los factores jurídicos, ambientales, sociales y gubernamentales.

Orientación

9. *El gráfico del párrafo 7 ilustra el marco para la clasificación del tonelaje y las estimaciones de la ley de los metales para reflejar niveles distintos de confianza geológica y distintos grados de evaluación técnica y económica. Los recursos minerales pueden estimarse principalmente sobre la base de la información geológica con algunos aportes de otras disciplinas. Las reservas minerales, que son un subconjunto modificado de los recursos minerales indicados y cuantificados (señalados en el gráfico dentro del recuadro de rayas), requieren que se consideren los factores modificadores que afectan la extracción, y en la mayoría de los casos deben ser estimadas con las aportaciones de diversas disciplinas.*

10. *Los recursos minerales cuantificados pueden ser convertidos ya sea en reservas minerales comprobadas o en reservas minerales probables. Los recursos minerales cuantificados pueden ser convertidos en reservas de minerales probables a causa de las incertidumbres relacionadas con algunos o todos los factores modificadores que se tienen en cuenta en la conversión de los recursos minerales en reservas minerales. Esta relación se indica en el gráfico mediante una flecha*

cortada. Aunque la tendencia de la flecha cortada incluye un componente vertical, en este caso no implica una reducción en el nivel de conocimientos o confianza geológica. En tal situación, es preciso explicar cabalmente los factores modificadores (véase también en el párr. 21 una subdivisión de los recursos minerales).

IV. Informes generales

11. Los informes dirigidos a la Autoridad acerca de las evaluaciones de los resultados de la exploración de minerales, recursos y reservas minerales por un contratista deben incluir una descripción del estilo y la naturaleza de la mineralización.

12. Un contratista debe comunicar toda información pertinente relativa a un yacimiento que podría influir en el valor económico de dicho yacimiento para el contratista. Una empresa debe informar a la brevedad a la Autoridad de cualquier cambio material que ocurra en sus recursos o reservas minerales.

13. En la Norma de Presentación algunas palabras son utilizadas en un sentido genérico, aun cuando determinados grupos de la industria les asignen un significado más concreto. Para evitar reiteraciones o ambigüedades, esos términos figuran en el apéndice 1, junto con otros términos que pueden considerarse sinónimos a los efectos del presente documento[4].

V. Presentación de informes sobre las evaluaciones de los resultados de la exploración de minerales

14. **Un objetivo de exploración es una declaración o estimación de las posibilidades de exploración de un yacimiento en un entorno geológico definido en la que la declaración o estimación, dada como una escala de toneladas o de la ley o calidad del mineral, se refiere a la mineralización que no ha sido suficientemente explorada como para estimar los <u>recursos minerales</u>.**

15. **Las evaluaciones de los resultados de la exploración de minerales incluyen los datos y la información generados por los programas de exploración de minerales que podrían ser de utilidad para los lectores del informe, pero que no forman parte de una declaración de <u>recursos</u> o <u>reservas minerales</u>[5].**

---

[4] La utilización de un determinado término en este documento no significa que sea el preferido ni que sea ideal para toda circunstancia. Los contratistas han de seleccionar y utilizar la terminología más adecuada para el producto o la actividad de que se informe.

[5] Debe quedar claro en los informes que contienen evaluaciones de los resultados de la exploración de minerales, que no corresponde utilizar esa información para obtener estimaciones del tonelaje y la ley. Se recomienda que esos informes incluyan siempre una declaración que podría decir lo siguiente: "La información contenida en el presente informe/declaración indica las evaluaciones de los resultados de la exploración de minerales según la definición enunciada en la cláusula 24 de la Norma de Presentación de Informes de la Autoridad Internacional de los Fondos Marinos. No corresponde utilizar esa información para obtener estimaciones del tonelaje y la ley".

16. Este tipo de datos es común en las primeras etapas de la exploración, cuando la cantidad de datos disponibles no es suficiente en general para hacer estimaciones que no sean en forma de una meta de exploración a alcanzar.

17. Si un contratista informa de evaluaciones de resultados de la exploración de minerales en relación con una mineralización no clasificada como reserva o recurso mineral, entonces las estimaciones de tonelaje y la ley media conexa no deben indicarse de otro modo que no sea en forma de una meta de exploración[6].

18. Los informes de las evaluaciones de los resultados de la exploración de minerales relativos a una mineralización no clasificada como reserva o recurso mineral deben contener información suficiente para que pueda llegarse a un juicio ponderado y equilibrado acerca de la importancia de los resultados. Los informes de evaluaciones de los resultados de la exploración de minerales no deben ser presentados de modo tal que impliquen injustificadamente el descubrimiento de una mineralización de posible interés económico.

VI. Informes sobre recursos minerales

19. **Un recurso mineral es una concentración de material sólido de interés económico que se encuentra en o sobre la corteza terrestre y posee una forma, ley o calidad y cantidad tales que sugieran que hay perspectivas razonables de extracción con fines económicos**[7].

20. **La ubicación, la cantidad, la ley o la calidad, la continuidad y otras características geológicas de un recurso mineral se conocen, estiman o interpretan a partir de pruebas y conocimientos geológicos específicos, incluido el muestreo**.

21. Los recursos minerales se subdividen, en orden de confianza geológica creciente, en las categorías de inferidos, indicados y cuantificados.

22. Las partes de un yacimiento mineral que no ofrezcan perspectivas razonables para una posible extracción con fines económicos no deben ser incluidas en un recurso mineral[8].

---

[6] Las descripciones de las metas de exploración o de las posibilidades de exploración dadas en los informes deben expresarse de modo tal que no se confundan con una estimación de los recursos o las reservas minerales.

[7] El término "recurso mineral" comprende una mineralización que ha sido identificada y estimada mediante la exploración y el muestreo y en la que puedan definirse reservas minerales por el examen y aplicación de factores modificadores.

[8] La expresión "perspectivas razonables para la eventual extracción económica" implica un juicio (aunque preliminar) del contratista respecto de los factores económicos y técnicos que pueden influir en la perspectiva de extracción económica, incluidos los parámetros aproximados de explotación. En otras palabras, un recurso mineral no es un inventario de todas las mineralizaciones perforadas o de las que se tomaron muestras, independientemente de los parámetros de corte, las probables dimensiones de la explotación, la ubicación o la continuidad. Es un inventario realista de la mineralización realista que, en condiciones técnicas y económicas supuestas y justificables, podría, en su totalidad o en parte, tener posibilidades de extracción con fines económicos. Todos los supuestos materiales formulados al determinar las "perspectivas razonables de eventual extracción económica" deberían ser indicados claramente en el informe. Todo ajuste que se haga en los datos con el propósito de hacer una estimación del recurso

23. Un recurso mineral inferido es la parte de un <u>recurso mineral</u> del que se estima la cantidad y la ley o calidad a partir de pruebas geológicas y muestreos de carácter limitado. Las pruebas geológicas son suficientes para inferir pero no para verificar la continuidad geológica y la continuidad de la ley o calidad.

24. Un recurso mineral inferido tiene un menor nivel de confianza que se aplica a un <u>recurso mineral indicado</u> y no debe ser convertido en una <u>reserva mineral</u>. Es razonable esperar que con la continuación de las exploraciones la mayoría de los recursos minerales inferidos puedan ser calificados de recursos minerales indicados[9].

25. La categoría inferida tiene la finalidad de abarcar los casos en que se haya identificado una concentración de minerales y se hayan efectuado escasas mediciones y muestreos y los datos sean insuficientes para determinar con seguridad la continuidad geológica o de ley. Por lo general sería razonable esperar que la mayoría de los recursos minerales inferidos puedan ser calificados como recursos minerales indicados tras una mayor exploración. Sin embargo, debido a la incertidumbre que suscitan los recursos minerales inferidos, no debe suponerse que siempre habrá una recalificación.

26. Un recurso mineral indicado es aquella parte de un <u>recurso mineral</u> del que se estiman con suficiente confianza la cantidad, la ley o calidad, las densidades, la forma y las características físicas como para poder aplicar los <u>factores modificadores</u> con suficiente detalle a fin de facilitar la planificación y la evaluación de la viabilidad económica del yacimiento.

27. Las pruebas geológicas se derivan de exploraciones, muestreos y ensayos detallados y fiables que resulten suficientes para suponer que hay una continuidad geológica y de ley o calidad entre los puntos de observación.

28. Un recurso mineral indicado tiene un menor nivel de confianza que el que se aplica a un <u>recurso mineral cuantificado</u> y solo puede ser convertido en una <u>reserva mineral probable</u>[10].

29. Un recurso mineral cuantificado es aquella parte de un <u>recurso mineral</u> del que se estiman con suficiente confianza la cantidad, la ley o calidad, las densidades, la forma y las características físicas como para poder aplicar los <u>factores modificadores</u> a fin de facilitar una planificación detallada y una evaluación final de la viabilidad económica del yacimiento.

30. Las pruebas geológicas se derivan de exploraciones, muestreos y ensayos detallados y fiables que resulten suficientes para confirmar la continuidad geológica y de ley o calidad entre los puntos de observación.

---

mineral, por ejemplo, mediante el corte o el factoreo de las mediciones de la abundancia de nódulos en los fondos marinos, debe quedar expuesto y descrito con claridad en el informe.

[9] La confianza en la estimación no suele ser suficiente para que los resultados de la aplicación de los parámetros técnicos y económicos sean utilizados para una planificación detallada. Por este motivo, no existe un vínculo directo entre un recurso inferido con una categoría cualquiera de reservas minerales (véase el gráfico en el párr. 7). Es preciso proceder con cautela cuando esta categoría sea considerada en estudios técnicos y económicos.

[10] La mineralización puede clasificarse como un recurso mineral indicado cuando la naturaleza, la calidad, la cantidad y la distribución de los datos sean suficientes como para permitir una interpretación fiable del marco geológico y pueda suponerse que hay continuidad de mineralización. La confianza en la estimación es suficiente para permitir la aplicación de parámetros técnicos y económicos y para hacer una evaluación de la viabilidad económica.

31. **Un recurso mineral cuantificado** tiene un mayor nivel de confianza que el que se aplica ya sea a un <u>recurso mineral indicado</u> o a un <u>recurso mineral inferido</u>. Puede convertirse en una <u>reserva mineral comprobada</u> o en una <u>reserva mineral probable</u>.

Orientación

32. *La mineralización puede clasificarse como una reserva mineral cuantificada cuando la naturaleza, la calidad, la cantidad y la distribución de datos sean tales que no dejen duda razonable, a juicio del contratista que ha determinado el recurso mineral, de que el tonelaje y la ley de la mineralización pueden estimarse con bastante justeza, y que es poco probable que una variación de la estimación pueda afectar en forma considerable la posible viabilidad económica.*

33. *Esta categoría exige un alto nivel de confianza y conocimientos de la geología y los controles del yacimiento.*

34. *La confianza en la estimación es suficiente para que se puedan aplicar parámetros técnicos y económicos y se haga una evaluación de la viabilidad económica con un alto grado de confianza.*

35. *La elección de la categoría apropiada de recursos minerales depende de la cantidad, la distribución y la calidad de los datos disponibles y el grado de confianza que se tenga en tales datos.*

Orientación

36. *La clasificación de los recursos minerales exige discernimiento y el contratista debería tener en cuenta los elementos del cuadro del apéndice 1 que se refieren a la confianza en la estimación de los recursos minerales.*

37. *Al tener que decidir entre los recursos minerales indicados y los recursos minerales cuantificados, puede ser útil considerar, además de las explicaciones relativas a la continuidad geológica y de ley de los párrafos 26 y 29, lo dicho en la directriz adjunta a la definición de recursos minerales cuantificados, a saber que "... es poco probable que una variación de la estimación pueda afectar en forma considerable la posible viabilidad económica".*

38. *Al tener que decidir entre recursos minerales inferidos y recursos minerales indicados, puede ser útil considerar, además de las explicaciones de los párrafos 23 y 26 relativos a la continuidad geológica y de ley, la directriz adjunta a la definición de recursos minerales indicados, a saber que "la confianza en la estimación es suficiente para permitir la aplicación de parámetros técnicos y económicos y para hacer una evaluación de la viabilidad económica", la que contrasta con la directriz relativa a la definición de recursos minerales inferidos, a saber que "la confianza en la estimación de los recursos minerales inferidos no suele ser suficiente para que los resultados de la aplicación de los parámetros técnicos y económicos sean utilizados para una planificación detallada" y que "es preciso proceder con cautela cuando esta categoría sea considerada en estudios técnicos y económicos".*

39. *El contratista debería tener en cuenta el estilo de mineralización, la escala y los parámetros de corte a la hora de evaluar la continuidad geológica y de ley.*

40. Las estimaciones de recursos minerales no son cálculos precisos, ya que dependen de la interpretación de información limitada sobre la ubicación, la forma y la continuidad de la manifestación y de los resultados disponibles del muestreo. Las cifras del tonelaje y la ley deben reflejar la incertidumbre relativa de la estimación mediante el redondeo a cifras significativas y, en el caso de los recursos minerales inferidos, mediante el uso de términos como "aproximadamente"[11].

Orientación

41. *Se alienta al contratista a que, cuando proceda, analicen la exactitud relativa o fiabilidad de las estimaciones de recursos minerales. Deberían especificar si se refiere a estimaciones globales (la totalidad del recurso) o locales (un subconjunto de los recursos cuyo nivel de exactitud o confianza podría diferir respecto de la totalidad), y, si son locales, el tonelaje o volumen correspondiente. Si no fuera posible declarar el nivel relativo de exactitud o confianza, se debería incluir un análisis cualitativo de los factores de incertidumbre (véase el apéndice 1).*

42. Los informes sobre recursos minerales deben especificar una o más de las categorías de "inferidos", "indicados" y "cuantificados". Al informar sobre las categorías, no se las agrupar si no se proporcionan detalles acerca de cada una de ellas. De los recursos minerales no se debe indicar el contenido de metal o de minerales si no se indican también los tonelajes y la ley correspondientes. Los recursos minerales no deben ser agregados a las reservas minerales[12].

43. El apéndice 1 contiene, en forma resumida, una lista de los principales criterios que deberían considerarse a la hora de preparar informes sobre evaluaciones de resultados de exploración de minerales, recursos y reservas minerales. No es preciso analizar esos criterios en un informe si no afectan de manera sustancial la estimación o clasificación de los recursos minerales[13].

44. Las palabras "mineral metalífero" y "reservas" no deben ser utilizadas en las estimaciones de recursos minerales pues implican factibilidad técnica y viabilidad económica y solo resultan apropiados cuando se han considerado todos los factores modificadores. Los informes y declaraciones deben seguir refiriéndose a la

---

[11] En la mayoría de los casos, debería ser suficiente el redondeo a la segunda cifra significativa. Por ejemplo, 10.863.000 toneladas al 8,23% deberían ser 11 millones de toneladas al 8,2%. Habrá ocasiones, sin embargo, en que sea necesario redondear a la primera cifra significativa para reflejar debidamente la inexactitud de la estimación. Así ocurrirá muchas veces en el caso de los recursos minerales inferidos. Para subrayar la imprecisión de una estimación de los recursos minerales, el resultado final nunca será considerado como un cálculo sino como una estimación.

[12] No se permite indicar el tonelaje y la ley del mineral al margen de las categorías enunciadas en la Norma de Presentación de Informes de la Autoridad.

[13] No es necesario, al presentar un informe, formular observaciones sobre cada elemento del apéndice 1, pero es esencial analizar toda cuestión que podría dificultar la comprensión o interpretación por el lector de las evaluaciones de los resultados o las estimaciones. Ello tiene particular importancia cuando la insuficiencia o inexactitud de los datos afectan la fiabilidad de una exposición de las evaluaciones de los resultados de la exploración o una estimación de los recursos o las reservas minerales, o la confianza en ellas; por ejemplo, la recuperación de muestras de poca utilidad, el empleo de resultados de reconocimiento de los fondos marinos por imágenes de vídeo o señales acústicas. Si hubiera dudas acerca de lo que debe notificarse, es preferible ofrecer demasiada información antes que muy poca. Debe declararse todo factor de incertidumbre en relación con cualquiera de los criterios enunciados en el apéndice 1 que podría dar lugar a una subestimación o sobreestimación de los recursos.

categoría o categorías de recursos minerales que correspondan hasta que se haya determinado la factibilidad técnica y la viabilidad económica. Si la revaluación indica que alguna parte de las reservas minerales ya no resulta viable, habrá que reclasificar dichas reservas como recursos minerales o suprimirlas de las declaraciones de reservas o recursos minerales[14].

VII. Informes sobre reservas minerales

45. Una reserva mineral es la parte que se puede explotar con fines económicos de un <u>recurso mineral</u> cuantificado o <u>indicado</u>.

46. Incluye materiales de dilución y márgenes de pérdidas, que pueden ocurrir durante la explotación o extracción y se las define en los estudios de <u>prefactibilidad</u> o <u>factibilidad</u>, según proceda, que incluyan la aplicación de <u>factores modificadores</u>. Esos estudios demuestran que, al momento de presentar informes, la extracción podría estar razonablemente justificada.

47. Se debe indicar el punto de referencia en el que se definen las reservas, por lo general el punto donde el mineral es entregado a la planta de procesamiento. Es importante que cuando el punto de referencia sea distinto, se incluya una aclaración a fin de que el lector tenga pleno conocimiento acerca de lo que se informa.

Orientación

48. Las reservas minerales son aquellas partes de los recursos mineros que, tras la aplicación de todos los factores mineros, dan por resultado un tonelaje estimado y una ley que, a juicio del contratista que efectúa las estimaciones, pueden ser la base de un proyecto viable, después de tener en cuenta todos los factores modificadores pertinentes.

49. Al informar sobre reservas minerales, la información sobre los factores estimados de recuperación en el procesamiento de minerales tiene mucha importancia y siempre debe ser incluida en los informes.

50. El término "económicamente explotable" implica que se ha demostrado que la extracción de la reserva mineral es viable con arreglo a hipótesis financieras razonables. Lo que constituye un "supuesto realista" dependerá del tipo de yacimiento, el nivel del estudio que se ha llevado a cabo y los criterios financieros del contratista. Por esta razón, no puede haber una definición fija de la expresión "económicamente explotable". No obstante, se espera que las empresas traten de obtener un rendimiento aceptable del capital invertido, y que los beneficios para los inversores en el proyecto sean competitivos con inversiones alternativas de riesgo comparable.

51. A fin de lograr el nivel necesario de confianza en los recursos minerales y la totalidad de los factores modificadores, tendrán que realizarse estudios de

---

[14] No está previsto que se aplique la reclasificación de las reservas minerales como recursos minerales o viceversa como resultado de cambios de carácter temporal o a corto plazo, ni cuando un contratista haya decidido en forma deliberada que sus operaciones se realicen sin fines económicos. Como ejemplos de tales casos, cabe mencionar, entre otras, las fluctuaciones de corta duración de los precios de los productos básicos, una emergencia de carácter no permanente en una mina y una huelga de transporte.

prefactibilidad o factibilidad, según proceda, antes de determinar las reservas minerales. En el estudio se determinará un plan de explotación que sea técnicamente factible y económicamente viable y del que puedan derivarse las reservas minerales.

52. *La expresión "reservas minerales" no significa necesariamente que se hayan establecido o se encuentren en funcionamiento las instalaciones de extracción, ni que se hayan recibido todos los permisos necesarios ni los contratos de venta. Ello significa que hay expectativas razonables de recibir tales permisos o contratos. El contratista deberá considerar la importancia de cualquier cuestión no resuelta que dependa de un tercero al que se supedite la extracción.*

53. *Todo ajuste que se haga en los datos con el propósito de hacer una estimación de la reserva mineral, por ejemplo, mediante el corte o el factoreo de las leyes de los minerales, o el factoreo de las mediciones de la abundancia de nódulos en los fondos marinos, debe quedar expuesto y descrito con claridad en el informe.*

54. *Cabe señalar que la Norma de Presentación no implica que una operación económica deba tener reservas minerales comprobadas. Pueden plantearse casos en que las reservas minerales probables puedan ser suficientes para justificar la extracción. Esta cuestión ha de decidirla el contratista.*

55. **Una reserva mineral probable es la parte que se puede explotar con fines económicos de un recurso mineral indicado, y en algunas circunstancias, un recurso mineral cuantificado. La confianza en los factores modificadores que se aplican a una reserva mineral probable es menor que la que se aplica a una reserva mineral comprobada.**

56. Una reserva mineral probable tiene un menor nivel de confianza que una reserva mineral comprobada, pero es lo suficientemente fiable como para que sirva de base para la adopción de una decisión sobre el desarrollo del yacimiento.

57. **Una reserva mineral comprobada es la parte que se puede explotar con fines económicos de un recurso mineral cuantificado e implica un alto grado de confianza en los factores modificadores.**

58. Una reserva mineral comprobada constituye el nivel más alto de confianza de las estimaciones de reservas[15].

59. La elección de la categoría apropiada de reserva mineral se determina principalmente por el correspondiente nivel de confianza en el recurso mineral y tras examinar los factores de incertidumbre en los factores modificadores. La asignación de la categoría apropiada debe ser efectuada por el contratista.

60. La Norma de la Autoridad prevé una relación directa entre los recursos minerales indicados y las reservas minerales probables y entre los recursos minerales cuantificados y las reservas minerales comprobadas. En otras palabras, el grado de confianza geológica de las reservas minerales probables es similar al requerido para la determinación de los recursos minerales indicados. El grado de confianza geológica de las reservas minerales comprobadas es similar al requerido

---

[15] El estilo de mineralización u otros factores podrían significar que las reservas minerales comprobadas no son viables en algunos yacimientos. El contratista debe ser consciente de las consecuencias de declarar que un material es de la categoría más alta de confianza antes de haberse convencido de que se han establecido todos los parámetros de recursos pertinentes y los factores modificadores en un nivel de confianza igualmente elevado.

para la determinación de los recursos minerales cuantificados. Los recursos minerales inferidos siempre son adicionales a las reservas minerales.

Orientación

61. *La Norma también prevé una relación recíproca entre los recursos minerales cuantificados y las reservas minerales probables. Esta disposición se refiere a casos en que las incertidumbres vinculadas con algunos de los factores modificadores considerados al convertir recursos minerales en reservas minerales puedan dar lugar a un menor grado de confianza en las reservas minerales que en los recursos minerales correspondientes. Tal conversión no implicaría una reducción en el nivel de los conocimientos geológicos ni en la confianza.*

62. *Una reserva mineral probable derivada de un recurso mineral cuantificado puede convertirse en una reserva mineral comprobada si se eliminan las incertidumbres relativas a los factores modificadores. Por mayor confianza que haya en los factores modificadores para la conversión de un recurso mineral en una reserva mineral, ella no puede prevalecer sobre la confianza aún mayor en un recurso mineral. En ninguna circunstancia podrá convertirse directamente un recurso mineral indicado en una reserva mineral comprobada (véase el gráfico del párr. 7).*

63. *La aplicación de la categoría de reservas minerales comprobadas implica el más alto grado de confianza en la estimación, con las consiguientes expectativas de los lectores del informe. Habrá que tener en cuenta tales expectativas al clasificar un recurso mineral en la categoría de los cuantificados*[16]*.*

64. Las estimaciones de reservas minerales no son cálculos precisos. Las cifras de tonelaje y ley deben reflejar la incertidumbre relativa de la estimación mediante el redondeo a cifras significativas (véase también el párr. 40)[17].

Orientación

65. *Se alienta a los contratistas a que, cuando proceda, analicen la exactitud relativa o la confianza de las estimaciones de recursos minerales. En la declaración se debería especificar si se refiere a estimaciones globales (toda la reserva) o locales (un subconjunto de la reserva acerca de la cual el nivel de exactitud o confianza podría diferir respecto de la totalidad de la reserva), y, si fueran locales, se deberá indicar el tonelaje o volumen correspondiente. Si no fuera posible hacer una declaración de la exactitud o confianza relativa, se debería incluir un análisis cualitativo de los factores de incertidumbre (véase el apéndice 1 y las directrices del párr. 40).*

66. Los informes sobre reservas minerales deben especificar una de las categorías de "comprobados" y "probables", o ambas. Las categorías no deben indicarse en forma combinada (reserva mineral comprobada y probable) si no se especifican también las cifras correspondientes a cada una de las categorías. Los informes no deben indicar cifras de contenido en metal o mineral, si no se indican a su vez las

---

[16] Véanse también las directrices que figuran en los párrs. 32 a 34 respecto de la clasificación de los recursos minerales.
[17] Para subrayar la imprecisión de una reserva mineral, el resultado final nunca será considerado como un cálculo sino como una estimación.

cifras de tonelaje y ley correspondientes. Las reservas minerales no deben englobarse con los recursos minerales[13].

Orientación

67. *Las reservas minerales pueden incorporar material (dilución), que no forma parte del recurso mineral original. Es esencial tener presente esta diferencia fundamental entre los recursos minerales y las reservas minerales y proceder con cautela al tratar de extraer conclusiones de una comparación entre ambos.*

68. *Al declarar datos revisados sobre reservas minerales y recursos minerales, se debe proporcionar un cotejo con las declaraciones anteriores. No es preciso referir en forma detallada las diferencias entre las cifras, pero debe hacerse un comentario que permita que el lector comprenda los cambios más importantes.*

69. Cuando se indiquen las cifras correspondientes a los recursos minerales y a las reservas minerales, debe incluirse en el informe una declaración que indique con claridad si los recursos minerales incluyen a las reservas minerales, o si se suman a estas.

70. Las estimaciones de reservas minerales no deben ser incluidas en las estimaciones de recursos minerales en una única cifra combinada[18].

71. *Los recursos minerales cuantificados e indicados son adicionales a las reservas minerales. En el primer caso, si los recursos minerales cuantificados e indicados no han sido modificados para producir reservas minerales por razones económicas o de otra índole, los detalles pertinentes de tales recursos minerales no modificados deben ser incluidos en el informe. Ello sirve para que el lector del informe pueda evaluar las probabilidades de que los recursos minerales cuantificados e indicados no modificados sean convertidos en reservas minerales.*

72. *Los recursos minerales inferidos son siempre por definición adicionales a las reservas minerales. Por los motivos enunciados en el párrafo 24 y en este párrafo, las cifras de reservas minerales declaradas no deben incluirse en las cifras de los recursos minerales declarados. El total resultante puede dar lugar a equívocos y ser malinterpretado o puede ser usado indebidamente para dar una falsa impresión de las perspectivas de un contratista.*

VIII. Estudios técnicos

73. **Un estudio preliminar es un estudio económico de la viabilidad potencial de los <u>recursos minerales</u> que incluye evaluaciones apropiadas de <u>factores modificadores</u> basados en supuestos realistas, junto con todo otro factor operacional pertinente que sea necesario para demostrar a la hora de presentar un informe que puede justificarse razonablemente el avance hacia un <u>estudio de prefactibilidad</u>.**

74. **Un estudio de prefactibilidad un estudio amplio de diversas opciones para la viabilidad técnica y económica de un proyecto minero que ha avanzado hasta**

---

[18] En algunos casos, hay motivos para incluir las reservas minerales en los recursos minerales y en otros, para indicar los recursos minerales al margen de las reservas minerales. Debe quedar en claro la forma en que se han consignado. Para que las declaraciones no susciten dudas es posible adoptar formularios apropiados.

una etapa en que se ha establecido un método de explotación preferido y se ha determinado un método eficaz de procesamiento de minerales. El estudio incluye un análisis financiero basado en supuestos razonables respecto de los <u>factores modificadores</u> y la evaluación de cualquier otro factor pertinente que sea suficiente para que un contratista que, actuando de manera razonable, determine si la totalidad o una parte de los <u>recursos minerales</u> pueden convertirse en una <u>reserva mineral</u> al momento de presentar el informe. Un estudio de prefactibilidad tiene un nivel de confianza menor que el de un <u>estudio de factibilidad</u>.

75. Un estudio de factibilidad es un estudio técnico y económico amplio de la opción de desarrollo seleccionada para un proyecto minero que incluye evaluaciones suficientemente detalladas de los <u>factores modificadores</u> que se pueden aplicar, junto con todo otro factor operacional pertinente y los análisis financieros detallados que sean necesarios para demostrar al momento de presentar el informe que la extracción puede justificarse razonablemente (es económicamente explotable). Los resultados del estudio pueden servir razonablemente de base para que un patrocinador o una institución financiera se decidan a emprender o financiar el desarrollo del proyecto. El nivel de confianza del estudio será superior al de un <u>estudio de prefactibilidad</u>.

Orientación

76. *El apéndice 1 contiene, en forma resumida, una lista de los criterios que deberían considerarse a la hora de preparar informes sobre evaluaciones de resultados de exploración de minerales, recursos y reservas minerales. No es preciso analizar esos criterios en un informe si no afectan de manera sustancial la estimación o clasificación de las reservas minerales. Los cambios en los factores económicos o políticos por sí solos pueden ocasionar cambios significativos en las reservas minerales y por consiguiente deben ser notificados.*

Apéndice 1

Lista de criterios de evaluación y presentación de informes

1. El presente cuadro es una lista que deberán utilizar como referencia quienes preparen informes sobre las evaluaciones de los resultados de la exploración de minerales, recursos minerales y reservas minerales. La lista no es preceptiva y, como siempre, la pertinencia y la materialidad son principios primordiales que determinan la información que deba presentarse. Sin embargo, es importante comunicar cualquier cuestión que pueda incidir en la comprensión o interpretación por los lectores de las evaluaciones de los resultados o las estimaciones que se presentan. Ello tiene particular importancia cuando la insuficiencia o inexactitud de los datos afectan la fiabilidad de una exposición de las evaluaciones de los resultados de la exploración o una estimación de los recursos o las reservas minerales, o la confianza en ellas.

2. El orden y la agrupación de criterios en el cuadro reflejan el enfoque sistemático normal de la exploración y evaluación. Los criterios del primer grupo (técnicas y datos de muestreo), se aplican a todos los grupos siguientes. En el resto de la lista, los criterios enumerados en un grupo a menudo se aplican a los grupos sucesivos y deben tenerse en cuenta al hacer estimaciones y presentar informes.

Criterios	*Explicación*
Técnicas y datos de muestreo (los criterios de este grupo se aplican a todos los grupos sucesivos)	
Técnicas de muestreo	Naturaleza y calidad del muestreo (por ejemplo, dragas de pinza en caída libre, sacatestigos de caja, dragas de pinza con caja, etc.) y las medidas adoptadas para asegurar la representatividad de las muestras.
Recuperación de la muestra	• Indicación de si la recuperación de las muestras ha sido registrada correctamente y se han evaluado los resultados. • Medidas adoptadas para maximizar la recuperación de muestras y asegurar la representatividad de las muestras. • Indicación de si existe una relación entre la recuperación de muestras y la ley y si puede haber habido una falta de parcialidad respecto de las muestras debido a la pérdida o ganancia preferencial del material fino y grueso.
Registro y descripción de la muestra	• Indicación de si las muestras se han registrado o descrito con suficiente grado de detalle para facilitar una estimación apropiada de los recursos minerales, estudios de minería y estudios metalúrgicos. • Indicación de si el registro tiene carácter cualitativo o cuantitativo y suministro de fotos de las muestras.
Técnicas de submuestreo y preparación de muestras	• Carácter, calidad e idoneidad de la técnica de preparación de muestras. • Procedimientos de control de calidad adoptados para todas las etapas de submuestreo a fin de maximizar la representatividad de las muestras. • Medidas adoptadas para asegurar que el muestreo sea representativo del material recogido *in situ*.

Criterios	Explicación
	• Indicación de si los tamaños de las muestras son apropiados para el tamaño de los gránulos del material de que se toman muestras.
	• Se recomienda que se indiquen las medidas de seguridad adoptadas para velar por la integridad de las muestras.
Calidad de los datos de ensayo y las pruebas de laboratorio	• Naturaleza, calidad e idoneidad de los procedimientos de ensayo y laboratorio utilizados y si se considera que la técnica es parcial o total.
	• Naturaleza de los procedimientos de control de calidad adoptados (por ejemplo, normas, muestras en blanco, duplicados, controles de laboratorio externo) y si se han establecido niveles aceptables de exactitud y precisión (es decir, imparcialidad).
Ubicación de los puntos de datos	• Exactitud y calidad de los estudios realizados para determinar otros lugares de muestreo utilizados en la estimación de los recursos minerales.
	• Calidad e idoneidad del control topográfico (proporcionando planos de ubicación).
Espaciado y distribución de datos	• Espaciado de los datos para la presentación de informes sobre las evaluaciones de los resultados de la exploración de minerales.
	• Indicación de si el espaciado y la distribución de los datos son suficientes para determinar el grado de continuidad geológica y de ley apropiado para los procedimientos de estimación y las clasificaciones de los recursos y reservas minerales.
	• Indicación de si se han adoptado muestras compuestas.
Archivos de informes	Documentación sobre datos primarios, procedimientos de entrada de datos, verificación de datos, almacenamiento de datos (físicos y electrónicos) para preparar el informe
Auditorías o exámenes	Resultados de las auditorías o exámenes de las técnicas y datos de muestreo.
Presentación de informes sobre evaluaciones de los resultados de la exploración minera (los criterios enunciados en el grupo anterior se aplican también a este grupo)	
Derechos de explotación minera y propiedad	• Tipo, nombre y número de referencia, ubicación y propiedad, incluidos acuerdos o cuestiones importantes con terceros, como empresas mixtas, asociaciones de colaboración, regalías primarias, medio ambiente, etc.
	• Seguridad de la tenencia al momento de la presentación del informe, junto con todo impedimento conocido para la obtención de una licencia para operar en la zona.
	• Planos de ubicación de los derechos y títulos de explotación minera. La descripción del título de explotación minera consignada debe ser una opinión legal pero debe contener una descripción breve y clara de esa titularidad tal como la entiende el autor.
Exploración por otras partes	Reconocimiento y evaluación de la exploración por otras partes.
Geología	• Tipo de yacimiento, entorno geológico y estilo de mineralización.
	• Debe haber mapas geológicos fiables que sustenten las interpretaciones.
Métodos de presentación de datos	• Al informar sobre las evaluaciones de los resultados de la exploración minera, deben indicarse los niveles de corte máximos y mínimos (por ejemplo, el corte de los valores altos de la ley del mineral), y las leyes de corte por lo general tienen importancia y deben ser indicadas.

Criterios	Explicación
	• Las hipótesis utilizadas para indicar los valores metálicos equivalentes deben ser expuestas con claridad.
Diagramas	En la medida de lo posible, deben incluirse mapas y tabulaciones con escala de los resultados de las muestras para cualquier descubrimiento de material de que se informe, si tales diagramas sirvieran para aclarar considerablemente el informe.
Informes equilibrados	Cuando no resulte viable informar de manera amplia acerca de todas las evaluaciones de los resultados de la exploración de minerales, se deberán indicar los valores representativos mínimos y máximos de la ley y la anchura para evitar la presentación de datos que induzcan a error respecto de tales evaluaciones.
Otros datos sustantivos sobre exploración	Es preciso informar de los demás datos sobre la exploración, si fueran concretos y significativos, como las observaciones geológicas y sin limitarse a ellos; los resultados de estudios geofísicos; los resultados de estudios geoquímicos; fotografías de los fondos marinos o imágenes de sonar; muestras a granel y el tamaño y método de procesamiento; resultados de ensayos metalúrgicos; densidad aparente, y las características geotécnicas de las rocas; sustancias que puedan tener efectos nocivos o contaminantes.
Otras tareas	Naturaleza y magnitud de las otras tareas previstas (por ejemplo, ensayos de extensión lateral).
Estimación y presentación de informes sobre recursos minerales (los criterios enunciados en el primer grupo y, cuando procedía, en el segundo grupo, también se aplican a este grupo)	
Integridad de la base de datos	• Medidas adoptadas para cerciorarse de que no haya datos corruptos, por ejemplo, a causa de errores de transcripción o tipeado, entre el momento de la recolección y su utilización para fines de estimación de los recursos minerales.
	• Procedimientos empleados para la verificación o validación de los datos.
Interpretación geológica	• Confianza (o, por el contrario, incertidumbre) en la interpretación geológica del yacimiento mineral.
	• Naturaleza de los datos utilizados y de las hipótesis formuladas.
	• Posibles efectos de otras interpretaciones sobre la estimación de los recursos minerales
	• Utilización de la geología para orientar y controlar la estimación de los recursos minerales
	• Factores que afectan la continuidad de la ley y las características geológicas.
Dimensiones	Magnitud y variabilidad de los recursos minerales expresadas como longitud (a lo largo de la intersección u otro elemento) y ancho.
Estimación y técnicas de modelado	• Naturaleza e idoneidad de las técnicas de estimación aplicadas y supuestos fundamentales, incluidos el tratamiento de los valores extremos de la ley, determinación de dominios, parámetros de interpolación, distancia máxima de extrapolación a partir de puntos de datos.
	• Disponibilidad de estimaciones de verificación, estimaciones anteriores o registros de producción de las minas e indicación de si en la estimación de recursos minerales se toman o no debidamente en cuenta esos datos.

Criterios	Explicación
	• Supuestos relativos a la recuperación de productos derivados.
	• Estimación de los elementos nocivos o de otras variables no relacionadas con la ley del mineral que tienen importancia económica.
	• En el caso de la interpolación de modelo de bloque, el tamaño del bloque en relación con el espaciamiento medio de las muestras y el método de búsqueda utilizado.
	• Cualquier hipótesis de elaboración de modelos de unidades de extracción selectiva (por ejemplo, "kriging" no lineal).
	• Indicar toda hipótesis sobre la correlación entre las variables.
	• El proceso de validación, el proceso de verificación utilizado, la comparación de los datos modelo con los datos de muestreo y la utilización de datos de conciliación, si los hubiera.
	• Descripción detallada del método utilizado y los supuestos adoptados para estimar los tonelajes (o la abundancia) y la ley del mineral (método de sección, polígono, distancia inversa, geoestadístico u otro).
	• Descripción de la manera en que se utilizó la interpretación geológica para controlar las estimaciones de recursos.
	• Análisis de los motivos para utilizar o no un valor de corte o máximo de ley del mineral. Si se eligió un método informático, describir los programas y parámetros utilizados.
	• Los métodos geoestadísticos son sumamente variados y deben ser descritos en detalle. Es preciso justificar el método elegido. Deben analizarse los parámetros geoestadísticos, como el variograma, y su compatibilidad con la interpretación geológica.
	• Debe tenerse en cuenta la experiencia adquirida en la aplicación de la geoestadística a yacimientos similares.
Humedad.	Indicación de si los tonelajes o la abundancia se estiman en seco o con la humedad natural y el método de determinación del contenido de humedad.
Parámetro de corte	Justificación de los parámetros para el valor o valores de corte de la ley del mineral, la calidad o la cantidad que se han aplicado, incluida la justificación. si procede, de la fórmula metálica equivalente.
Factores o hipótesis de extracción	• Las hipótesis sobre posibles métodos de explotación minera, dimensiones mínimas de explotación y la dilución interna (o, en su caso, externa). No siempre es posible formular hipótesis sobre métodos y parámetros de explotación al estimar los recursos minerales. Cuando no se hayan formulado hipótesis, debe señalarse ese hecho.
	• Para demostrar que hay perspectivas realistas de una posible extracción económica, se necesitan hipótesis básicas. Como ejemplos cabe señalar los parámetros geotécnicos, la topografía de los fondos marinos, el tamaño de la zona de explotación minera en los fondos marinos, las necesidades en materia de infraestructura y la estimación de los costos de explotación. Todas las hipótesis deben ser expuestas con claridad.
Factores o hipótesis en materia de metalurgia	• Proceso metalúrgico propuesto e idoneidad de ese proceso para el tipo de mineralización. No siempre será posible formular hipótesis acerca de los procesos y parámetros de tratamiento metalúrgico al informar sobre los recursos minerales. Cuando no se hayan formulado hipótesis, debe señalarse ese hecho.

Criterios	Explicación
	• Para demostrar que hay perspectivas realistas de una posible extracción económica, se necesitan hipótesis básicas. Como ejemplos cabe señalar el alcance de los ensayos metalúrgicos, los factores de recuperación, las previsiones de créditos por subproductos o elementos nocivos, las necesidades en materia de infraestructura y las estimaciones de los costos de procesamiento. Todas las hipótesis deben ser expuestas con claridad.
Densidad aparente	Indicación de si la densidad aparente es supuesta o determinada. Si es supuesta, indicar los fundamentos. Si es determinada, indicar el método utilizado, si es o no en seco, la frecuencia de las mediciones, el carácter, el tamaño y la representatividad de las muestras.
Clasificación	• Fundamento de la clasificación de los recursos minerales en diversas categorías de confianza.
	• Indicación de si se han tomado debidamente en cuenta todos los factores pertinentes (es decir, la confianza relativa en los cálculos del tonelaje o la ley, la confianza en la continuidad de la geología y los valores metálicos, la calidad, la cantidad y la distribución de los datos.
	• Indicación de si el resultado refleja adecuadamente la opinión del contratista acerca del yacimiento.
Auditorías o exámenes	Resultados de las auditorías o exámenes de las estimaciones de recursos minerales.
Análisis de la exactitud/confianza relativa	• Cuando proceda, una declaración de la exactitud relativa o el nivel de confianza de la estimación de los recursos minerales mediante un enfoque o procedimiento considerado apropiado por el contratista. Por ejemplo, la aplicación de procedimientos estadísticos o geoestadísticos para cuantificar la exactitud relativa de los recursos dentro de determinados límites de confianza o, si tal enfoque no fuera considerado apropiado, un análisis cualitativo de los factores que podrían afectar la exactitud y el nivel de confianza relativas de la estimación.
	• La declaración deberá especificar si se refiere a las estimaciones globales o locales y, si fueran locales, habrá de indicar los tonelajes o las abundancias, las que deben servir para efectuar una evaluación técnica y económica.
	• La documentación debe incluir las hipótesis formuladas y los procedimientos utilizados.
	• Las declaraciones de exactitud y confianza relativas de la estimación deben compararse con los datos de producción, cuando se disponga de ellos.
Estimación y presentación de informes sobre recursos minerales **(los criterios enunciados en el primer grupo y, cuando proceda, en los demás grupos precedentes, también se aplican a este grupo)**	
Estimación de recursos minerales para la conversión en reservas minerales	• Descripción de la estimación de los recursos minerales utilizada como base para la conversión en reserva mineral.
	• Aclaración de si los recursos minerales se consideran adicionales a las reservas minerales o si las incluyen.
Situación del estudio	• El tipo y nivel de estudio realizado para que los recursos minerales se conviertan en reservas minerales.

Criterios	Explicación
	• La Norma de Presentación no exige la realización de un estudio de factibilidad definitivo para convertir los recursos minerales en reservas minerales, pero sí exige que se hayan efectuado estudios hasta un nivel mínimo de prefactibilidad con los que se haya determinado un plan de explotación que sea técnicamente factible y económicamente viable y que se hayan considerado todos los factores modificadores.
Parámetro de corte	Fundamento de los parámetros de la ley de corte o de calidad aplicados, incluido el fundamento, si procede, de la fórmula metálica equivalente. El parámetro de corte puede ser el valor económico por bloque en lugar de la ley.
Factores o hipótesis de extracción	• Método y supuestos utilizados para convertir el recurso mineral en reserva mineral (es decir, ya sea mediante la aplicación de factores apropiados por optimización o por diseño preliminar o detallado). • Elección, naturaleza e idoneidad de los métodos de explotación elegidos, el tamaño de la unidad de explotación y otros parámetros de explotación, incluidas cuestiones conexas de diseño. • Hipótesis adoptadas en relación con los parámetros geotécnicos (por ejemplo, la pendiente de los fondos marinos y las condiciones topográficas). • Factores de dilución, factores de recuperación y anchos mínimos de explotación. • Necesidades de infraestructura de los métodos de explotación elegidos. Cuando se conozca, fiabilidad histórica de los parámetros de rendimiento.
Factores o hipótesis en materia de metalurgia	• Proceso metalúrgico propuesto e idoneidad de ese proceso para el tipo de mineralización. • Indicación de si el proceso metalúrgico es una tecnología comprobada o es nueva. • Naturaleza, cantidad y representatividad de la labor de ensayo metalúrgico realizada y los factores de recuperación metalúrgica aplicados. • Hipótesis o márgenes adoptados para los elementos nocivos. • Existencia de muestras a granel o ensayos a escala experimental y grado en que esas muestras son representativas de la totalidad de la masa mineral. • Los tonelajes y las leyes de las reservas minerales deben indicar con claridad si corresponden al material enviado a la planta o son posteriores a la recuperación. • Formular observaciones sobre la planta y el equipo, incluida una indicación del valor de sustitución y salvamento.
Factores relacionados con costos e ingresos	• La derivación o las hipótesis en lo que respecta a los gastos operacionales y de capital previstos. • Las hipótesis en relación con los ingresos, incluida la ley media del mineral, los precios de los metales o productos básicos, los tipos de cambio, los gastos de transporte y tratamiento, multas, etc. • Previsiones por concepto de regalías a pagar, distribución internacional de los beneficios, etc. • Ingresos básicos en efectivo en un período determinado.

Criterios	Explicación
Evaluación de los mercados	- La demanda, la oferta y las existencias de un producto básico, las tendencias del consumo y los factores que podrían afectar la oferta y la demanda en el futuro.
- Análisis de clientes y competidores, junto con la determinación de las posibilidades de mercado del producto.
- Pronósticos de precios y volúmenes y fundamentos de esas previsiones.
Otros	- El efecto que hubiere de los factores sociales o gubernamentales y los relacionados con los riesgos naturales, la infraestructura, el medioambiente, las leyes y la comercialización sobre la viabilidad de un proyecto y sobre la estimación y clasificación de las reservas minerales.
- La situación de los títulos y permisos indispensables para la viabilidad del proyecto, como los arrendamientos mineros, los permisos de licencia, las autorizaciones oficiales y del gobierno.
- Descripciones de las obligaciones previstas en materia de medio ambiente.
- Planos de ubicación de los derechos y títulos de explotación minera.
Clasificación	- Fundamento de la clasificación de las reservas minerales en diversas categorías de confianza.
- Indicación de si el resultado refleja adecuadamente la opinión del contratista acerca del yacimiento.
- Proporción de reservas minerales probables que se han derivado de los recursos minerales cuantificados (si hubiere).
Auditorías o exámenes	Resultados de las auditorías o exámenes de las estimaciones de reserva mineral.
Análisis de la exactitud y la confianza relativas	- Cuando proceda, una declaración del nivel de exactitud o confianza relativa de la estimación de la reserva mineral mediante un enfoque o procedimiento considerado apropiado por el contratista. Por ejemplo, la aplicación de procedimientos estadísticos o geoestadísticos para cuantificar la exactitud relativa de la reserva dentro de determinados límites de confianza o, si tal enfoque no fuera considerado apropiado, un análisis cualitativo de los factores que podrían afectar el nivel de exactitud y confianza relativas de la estimación.
- La declaración deberá especificar si se refiere a las estimaciones globales o locales y, si fueran locales, habrá de indicar los tonelajes o las abundancias, las que deben servir para efectuar una evaluación técnica y económica. La documentación debe incluir las hipótesis formuladas y los procedimientos utilizados.
- Las declaraciones del nivel de exactitud o confianza relativas de la estimación deben compararse con los datos de producción, cuando se disponga de ellos.

Apéndice 2
Términos genéricos y equivalentes y definiciones

En la Norma de Presentación de Informes de la Autoridad algunas palabras son utilizadas en un sentido genérico, aun cuando determinados grupos de la industria podrían asignarles un significado más concreto. Para evitar la duplicación o la ambigüedad, a continuación se los define junto con otros términos que pueden ser considerados sinónimos a los efectos de la orientación.

Término genérico	Sinónimos o términos similares	Definición
Estudio de factibilidad	–	Un estudio amplio de un yacimiento mineral en el que se consideran con suficiente detalle todos los factores geológicos, de ingeniería, jurídicos, operacionales, económicos, sociales, ambientales y demás factores pertinentes como para que sirva razonablemente de base para que una institución financiera adopte una decisión definitiva respecto de la financiación del desarrollo del yacimiento para la producción de minerales.
Estudio de prefactibilidad	Estudio de prefactibilidad preliminar	Un estudio amplio de la viabilidad de un proyecto minero que: a) ha avanzado hasta una etapa en la que se ha establecido el método de explotación y en que se ha determinado un método eficaz de procesamiento de los minerales y b) que incluye un análisis financiero basado en supuestos razonables sobre los factores técnicos, de ingeniería, jurídicos, operacionales y económicos y la evaluación de otros factores pertinentes que sean suficientes para que una persona cualificada y con experiencia pueda determinar de manera razonable si la totalidad o una parte del recurso mineral puede ser clasificada como reserva mineral.
Extracción	Recolección en los fondos marinos	Todas las actividades relacionadas con la extracción de metales y minerales de la tierra, ya sea en la superficie, bajo tierra o en los fondos marinos.
Ley	Calidad, verificación, análisis: valor	Toda medida física o química de las características del material de interés en las muestras o el producto.
Ley de corte del mineral	Especificaciones de los productos	La ley o calidad más baja de material mineralizado que puede considerarse económicamente explotable que se encuentra en un yacimiento determinado. Puede definirse sobre la base de una evaluación económica, o de acuerdo con los atributos físicos o químicos que definen una especificación de producto aceptable.
Metalurgia	Procesamiento, beneficio, concentración de la preparación	Separación física o química de los componentes de interés de una masa de material mayor, métodos empleados para preparar un producto final comercializable a partir del material extraído. Ejemplos: selección, flotación, separación magnética, lixiviación, lavado y calcinación.

Término genérico	Sinónimos o términos similares	Definición
Mineralización	Tipo de yacimiento, estilo de mineralización	Un mineral o combinación de minerales que se encuentra en una masa o yacimiento de interés económico. Este término tiene la finalidad de abarcar todas las formas en que puede manifestarse la mineralización, ya sea por tipo de yacimiento, modalidad, génesis o composición.
Recuperación	Rendimiento	El porcentaje de material de interés inicial que se extrae en las actividades de explotación o procesamiento; una medida de la eficiencia de las operaciones de minería o procesamiento.
Reservas minerales	Reservas de mineral	Yacimiento clasificado como reserva. En la Norma se prefiere "mineral", pero "ore" es de uso corriente y tiene amplia aceptación. Pueden utilizarse otros elementos descriptivos para aclarar el significado, por ejemplo, "reservas de los fondos marinos".
Tonelaje	Cantidad, volumen, abundancia	Una expresión de la cantidad de material de interés independientemente de las unidades de medición (que deben ser indicadas al exponer las cifras).

Autoridad Internacional de los Fondos Marinos

Consejo

ISBA/21/C/19*

Distr. general
23 de julio de 2015
Español
Original: inglés

21º período de sesiones
Kingston (Jamaica)
13 a 24 de julio de 2015

Decisión del Consejo de la Autoridad Internacional de los Fondos Marinos relativa al procedimiento y los criterios para la prórroga de un plan de trabajo aprobado para la exploración de conformidad con lo dispuesto en la sección 1, párrafo 9, del anexo del Acuerdo relativo a la Aplicación de la Parte XI de la Convención de las Naciones Unidas sobre el Derecho del Mar de 10 de Diciembre de 1982

El Consejo de la Autoridad Internacional de los Fondos Marinos,

Recordando que, con arreglo al artículo 162, apartados 2 a) y l), de la Convención de las Naciones Unidas sobre el Derecho del Mar, el Consejo supervisará y coordinará la aplicación de las disposiciones de la Parte XI de la Convención respecto de todas las cuestiones y asuntos de la competencia de la Autoridad y ejercerá control sobre las actividades en la Zona, de conformidad con el artículo 153, párrafo 4, de la Convención y las normas, reglamentos y procedimientos de la Autoridad,

Recordando también el párrafo 2 de su decisión de 23 de julio de 2014[1], en el que solicitó a la Comisión Jurídica y Técnica que, con carácter urgente y como primera prioridad, elaborara un proyecto de procedimiento y criterios para las solicitudes de prórroga de contratos para la exploración, de conformidad con el artículo 3.2 de las cláusulas uniformes que figuran en el anexo 4 del Reglamento, para su examen por el Consejo en su 21º período de sesiones,

Teniendo en cuenta las recomendaciones de la Comisión Jurídica y Técnica sobre el procedimiento y los criterios para la prórroga de un plan de trabajo aprobado para la exploración de conformidad con lo dispuesto en la sección 1, párrafo 9, del anexo del Acuerdo relativo a la Aplicación de la Parte XI de la Convención de las Naciones Unidas sobre el Derecho del Mar de 10 de Diciembre de 1982[2], y las recomendaciones del Comité de Finanzas,

---

* Publicado nuevamente por razones técnicas el 24 de julio de 2015.
[1] ISBA/20/C/31.
[2] ISBA/21/C/WP.1.

Se ruega reciclar

1. *Aprueba* el procedimiento y los criterios para la prórroga de un plan de trabajo aprobado para la exploración de conformidad con lo dispuesto en la sección 1, párrafo 9, del anexo del Acuerdo relativo a la Aplicación de la Parte XI de la Convención de las Naciones Unidas sobre el Derecho del Mar de 10 de Diciembre de 1982, que figura en el anexo de la presente decisión;

2. *Reafirma* que, de conformidad con su mandato previsto en el artículo 165 de la Convención y el párrafo 9 de la sección 1 del anexo del Acuerdo de 1994, la Comisión Jurídica y Técnica deberá considerar si el contratista se ha esforzado de buena fe por cumplir con sus obligaciones establecidas en el contrato de exploración, pero por razones que escapen a su control, no ha podido completar el trabajo preparatorio necesario para pasar a la etapa de explotación, o si las circunstancias económicas imperantes no justifican que se pase a la etapa de explotación;

3. *Exhorta* al Estado o los Estados patrocinantes, a que, con arreglo a sus obligaciones, confirmen al Secretario General la continuación del patrocinio durante el período de prórroga;

4. *Solicita* al Secretario General que comunique la presente decisión a todos los contratistas de la Autoridad, y a los contratistas que solicitan prórrogas que recalquen las modificaciones y/o adiciones propuestas al programa de actividades.

212ª sesión
23 de julio de 2015

Anexo

Procedimiento y criterios para la prórroga de un plan de trabajo aprobado para la exploración de conformidad con lo dispuesto en la sección 1, párrafo 9, del anexo del Acuerdo relativo a la aplicación de la Parte XI de la Convención de las Naciones Unidas sobre el Derecho del Mar de 10 de diciembre de 1982

I. **Forma y contenido de las solicitudes de prórroga**

1. El titular de un contrato de exploración (en adelante, "el Contratista") puede presentar una solicitud de prórroga de ese contrato de conformidad con el procedimiento que figura a continuación. Los contratistas pueden solicitar la prórroga por un período máximo de cinco años cada uno.

2. Cada solicitud de prórroga de un contrato para la exploración se presentará por escrito, estará dirigida al Secretario General de la Autoridad Internacional de los Fondos Marinos y contendrá la información que figura en el anexo I del presente documento. Cada solicitud deberá ser presentada a más tardar seis meses antes del vencimiento del contrato en relación con el cual se presenta la solicitud.

3. Salvo que el Estado o los Estados patrocinantes indiquen otra cosa al momento de presentar la solicitud de prórroga, se considerará que el patrocinio continúa durante el período de prórroga y que el Estado o los Estados patrocinantes seguirán asumiendo la responsabilidad de conformidad con lo dispuesto en los artículos 139 y 153 4) de la Convención y el artículo 4 4) del anexo III de la Convención.

4. Los derechos de tramitación de la solicitud de prórroga de un contrato de exploración consistirán en una cantidad fija de 67.000 dólares o su equivalente en moneda de libre convertibilidad, que se pagará íntegramente al momento de presentar la solicitud.

5. Si los gastos administrativos en que incurre la Autoridad al tramitar una solicitud son inferiores a la suma fija que se indica en el párrafo 4 la Autoridad reembolsará la diferencia al Contratista. Si los gastos administrativos en que incurre la Autoridad al tramitar una solicitud son superiores a la suma fija que se indica en el párrafo 4, el Contratista abonará la diferencia a la Autoridad, siempre que la suma adicional que deba pagar el Contratista no sea superior al 10% de la suma fija a que se refiere el párrafo 4.

6. Teniendo en cuenta los criterios establecidos por el Comité de Finanzas con este propósito, el Secretario General determinará la suma de las diferencias que se indican en el párrafo 5 y la notificará al Contratista. La notificación incluirá una declaración de los gastos realizados por la Autoridad. La cantidad adeudada será abonada por el Contratista o reembolsada por la Autoridad en un plazo de tres meses a partir de la decisión final del Consejo respecto de la solicitud.

II. **Tramitación de la solicitud de prórroga de un contrato de exploración**

7. El Secretario General:

   a) Acusará recibo por escrito de las solicitudes de prórroga de un contrato de exploración y especificará la fecha de su recepción;

b) Notificará al Estado o los Estados patrocinantes de la recepción de la solicitud y del requisito establecido en el párrafo 3 del presente documento;

c) Conservará a buen recaudo la solicitud, junto con los documentos adjuntos y anexos, y asegurará la confidencialidad de todos los datos y la información confidenciales que se incluyan en la solicitud;

d) Notificará a los miembros de la Autoridad la recepción de las solicitudes y les transmitirá la información general sobre ellas que no tenga carácter confidencial;

e) Enviará una notificación a los miembros de la Comisión Jurídica y Técnica e incluirá el examen de la solicitud en el orden del día de la siguiente sesión de la Comisión.

III. Examen por la Comisión Jurídica y Técnica

8. La Comisión examinará las solicitudes de prórroga de los contratos de exploración en el orden en que se reciban.

9. La Comisión examinará y revisará los datos y la información facilitados por el Contratista en relación con la solicitud de prórroga del contrato de exploración. Para los fines del examen, la Comisión puede solicitar al Contratista que presente los datos e información adicionales que sean necesarios en lo que respecta a la aplicación del plan de trabajo y el cumplimiento de las cláusulas uniformes del contrato.

10. La Comisión, en el desempeño de sus funciones, aplicará este procedimiento y estos criterios y el reglamento para el recurso mineral específico y los procedimientos de la Autoridad sobre una base equitativa y no discriminatoria.

11. Si la Comisión determina que la solicitud de prórroga de un contrato de exploración no cumple este procedimiento o si el Contratista no cumple con proporcionar los datos y la información solicitados por la Comisión, la Comisión lo notificará por escrito, por conducto del Secretario General, e indicará las razones. El Contratista podrá enmendar su solicitud dentro de los 45 días siguientes a esa notificación. Si la Comisión, tras un nuevo examen, entiende que no debe recomendar la aprobación de la solicitud de prórroga del contrato de exploración, lo comunicará al Contratista, por conducto del Secretario General, y le concederá una nueva oportunidad para presentar sus observaciones en un plazo de 30 días. La Comisión tomará en consideración las observaciones del Contratista al preparar su informe y la recomendación al Consejo.

12. La Comisión recomendará que se apruebe la solicitud de prórroga del contrato de exploración si considera que el Contratista se ha esforzado de buena fe por cumplir los requisitos de dicho contrato, pero, por razones ajenas a su voluntad, no ha podido completar el trabajo preparatorio necesario para pasar a la etapa de explotación o si las circunstancias económicas imperantes no justifican que se pase a esa etapa.

13. La Comisión presentará al Consejo su informe y recomendaciones en la primera oportunidad posible, teniendo en cuenta el programa de reuniones de la Autoridad.

IV. Examen por parte del Consejo

14. El Consejo examinará los informes y las recomendaciones de la Comisión respecto de las solicitudes de prórroga de los planes de trabajo aprobados para la exploración de conformidad con los párrafos 11 y 12 de la sección 3 del anexo del Acuerdo relativo a la aplicación de la Parte XI de la Convención de las Naciones Unidas sobre el Derecho del Mar de 10 de diciembre de 1982.

15. Previa aprobación del Consejo, los contratos se prorrogarán mediante la ejecución por parte del Secretario General y del representante autorizado del Contratista de un acuerdo en la forma que figura en el anexo II del presente documento. Las condiciones aplicables a los contratos durante el período de prórroga serán las que estén en vigor en la fecha de la prórroga, de conformidad con la regulación pertinente[3].

V. Disposición transitoria

16. En el caso de que la solicitud de prórroga de un contrato se haya presentado debidamente de conformidad con este procedimiento y el contrato venciera en una fecha posterior a la siguiente reunión prevista de la Comisión Jurídica y Técnica, pero antes de la siguiente reunión prevista del Consejo, el contrato y todos los derechos y obligaciones contemplados en él se considerarán prorrogados hasta el momento en que el Consejo pueda reunirse y aprobar el informe y las recomendaciones de la Comisión respecto de ese contrato. En ningún caso la aplicación de la presente disposición dará lugar a una prórroga del contrato por un período superior a cinco años o un período más breve que el Contratista pueda haber solicitado, a partir de la fecha en que el contrato expiraría de no haber sido prorrogado con arreglo a estos procedimientos.

---

[3] Salvo que se indique otra cosa, las alusiones al "Reglamento" deberán considerarse referencias colectivas al Reglamento sobre Prospección y Exploración de Nódulos Polimetálicos en la Zona (ISBA/19/C/17, anexo), el Reglamento sobre Prospección y Exploración de Sulfuros Polimetálicos en la Zona (ISBA/16/A/12/Rev.1) y el Reglamento sobre Prospección y Exploración de Costras de Ferromanganeso con Alto Contenido de Cobalto en la Zona (ISBA/18/A/11).

Apéndice I

Información que ha de incluirse en una solicitud de prórroga de un contrato de exploración

1. Las solicitudes de prórroga de un contrato de exploración constarán de lo siguiente:

   a) Una declaración del Contratista de los motivos por los que solicita una prórroga del contrato de exploración. En esa declaración se indicará la duración de la prórroga solicitada (hasta cinco años) e incluirá:

   i) Los pormenores de las razones que escapen al control del Contratista que le hayan impedido completar el trabajo preparatorio necesario para pasar a la etapa de explotación; o

   ii) Una explicación de las razones por las que las circunstancias económicas imperantes no justifican que se pase a la etapa de explotación, incluida una explicación en cuanto a si las circunstancias económicas en cuestión se refieren a las condiciones del mercado mundial en general o a una evaluación de viabilidad en relación con el propio proyecto del Contratista.

   b) Un resumen detallado de la labor llevada a cabo por el Contratista durante todo el período del contrato hasta la fecha y los resultados obtenidos en comparación con el plan de trabajo aprobado para la exploración. En ese resumen se incluirá:

   i) Una estimación de los recursos minerales o las reservas de conformidad con las normas para la presentación de información sobre los distintos recursos minerales establecidas por la Autoridad, y su distribución espacial dentro de la zona de exploración;

   ii) Un cuadro en el que se resuman todos los datos ambientales de referencia reunidos en relación con las variables ambientales que figuran en las recomendaciones orientativas pertinentes para los contratistas[a];

   iii) Una lista completa de todos los informes presentados a la Autoridad de conformidad con el contrato de exploración;

   iv) Un inventario completo de todos los datos e información presentados a la Autoridad de conformidad con el contrato de exploración;

   v) Todos los datos que hayan sido solicitados por la Autoridad después de examinar los informes anuales de conformidad con el contrato de exploración o que debieran haberse presentado a la Autoridad en virtud del contrato y que todavía no se hayan facilitado o no se hayan proporcionado en el formato solicitado por la Autoridad o en un formato que esta considere aceptable;

   vi) Un desglose de los gastos conforme al contrato de exploración, con arreglo a las recomendaciones para información de los contratistas formuladas por la Comisión Jurídica y Técnica de conformidad con el Reglamento[b], y la indicación de cualquier desviación de los gastos anuales previstos durante el período de vigencia del contrato;

---

[a] ISBA/19/LTC/8.
[b] ISBA/21/LTC/11.

vii) Un resumen de la capacitación impartida de conformidad con el contrato de exploración;

c) Una descripción y un calendario del programa de exploración propuesto durante el período de prórroga, incluido un programa detallado de actividades, en el que se indiquen las modificaciones o adiciones propuestas al plan de trabajo aprobado para la exploración de conformidad con el contrato, y una declaración en que se indique que durante el período de prórroga el Contratista completará el trabajo preparatorio necesario para pasar a la etapa de explotación;

d) Los detalles de cualquier propuesta de cesión de alguna parte de la zona de exploración durante el período de prórroga, según sea necesario;

e) Un plan de los gastos anuales previstos en relación con el programa de actividades para el período de prórroga;

f) Un programa de capacitación propuesto para el período de prórroga de conformidad con las recomendaciones pertinentes para orientar a los contratistas formuladas por la Comisión Jurídica y Técnica con arreglo a lo dispuesto en el Reglamento[c].

2. Todos los datos y la información relativos a la solicitud de prórroga del contrato de exploración se presentarán en forma impresa y en el formato digital especificado por la Autoridad.

---

[c] ISBA/19/LTC/14.

Apéndice II

Acuerdo entre la Autoridad Internacional de los Fondos Marinos y [el Contratista] relativo a la prórroga del Contrato de Exploración de [recursos minerales] concertado entre la Autoridad Internacional de los Fondos Marinos y [el Contratista], de fecha [fecha]

La Autoridad Internacional de los Fondos Marinos, representada por su Secretario General (en adelante "la Autoridad"), y el [Contratista], representada por [...] (en adelante, "el Contratista"), convienen en que el Contrato de Exploración [de recursos minerales] concertado entre la Autoridad y el Contratista, firmado el [fecha] en [lugar], por un período de 15 años a partir de [fecha de entrada en vigor del contrato original], junto con los correspondientes anexos, se prorrogue por un período de [...] años hasta el [fecha], con sujeción a las siguientes enmiendas.

1. El anexo 2 del Contrato será reemplazado por el programa de actividades que se adjunta al presente Acuerdo como anexo I.

2. El anexo 3 del Contrato será reemplazado por el programa de capacitación que se adjunta al presente Acuerdo como anexo II.

3. Las cláusulas uniformes a que se hace referencia en el párrafo 1 de la parte dispositiva del Contrato serán reemplazadas por las cláusulas uniformes que se adjuntan al presente Acuerdo como anexo III[a], que quedarán incorporadas en el Contrato y surtirán los mismos efectos que si hubieran sido enunciadas expresamente en él.

Con sujeción a las enmiendas mencionadas, el Contrato continuará en todos sus restantes aspectos con pleno vigor y efecto. La presente enmienda entrará en vigor el [fecha].

EN TESTIMONIO DE LO CUAL, los abajo firmantes, debidamente autorizados por las respectivas partes, han firmado el presente Acuerdo en [lugar] el [fecha].

---

[a] En relación con los contratos que vencen en 2016 y 2017, esta es una referencia al Anexo IV del Reglamento sobre Prospección y Exploración de Nódulos Polimetálicos en la Zona, aprobado por el Consejo el 22 de julio de 2013 (ISBA/19/C/17, anexo), en su versión enmendada por ISBA/19/A/12.